素材を知って使いこなす
ビーントゥーバーの製法とチョコレートの菓子レシピ

チョコレート・バイブル

The bible of Chocolate

ナツメ社

はじめに

菓子の中でも絶えない人気を誇るチョコレート。
近年はビーントゥーバーへの関心の高まりもあり、
これまであまり知られてこなかった
チョコレートの魅力を表現した菓子も増えています。

本書では人気・実力派ショコラティエとパティシエを取材。
自家製チョコレートの製造工程、
ビーントゥーバーチョコレートとメーカーチョコレート
それぞれの特性を生かした菓子レシピを、
豊富なプロセス写真とともに紹介。

チョコレート専門店のボンボンショコラから、
パティスリーの焼き菓子や生菓子、ホテルのデザート、ドリンクまで
幅広いラインナップで掲載しています。

本書が読者の方々のチョコレート菓子作りの一助となれば幸いです。

目次　*contents*

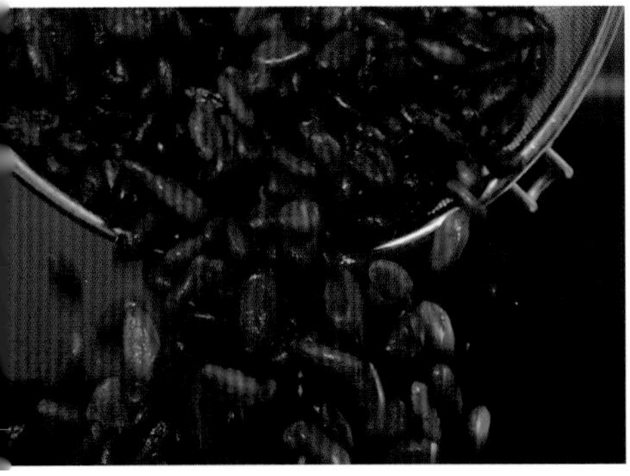

チョコレートの基礎知識

チョコレート菓子レシピ

Part1　コンフィズリー

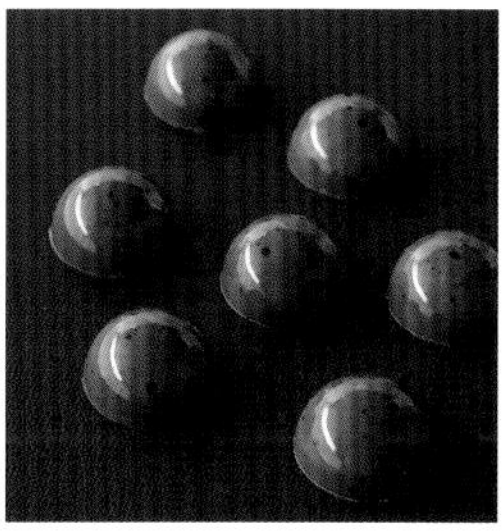

Part 2　焼き菓子、パン

焼き菓子

パン

Part 3　生菓子

タルト

ムース

ガナッシュ、クリーム

ジュレ

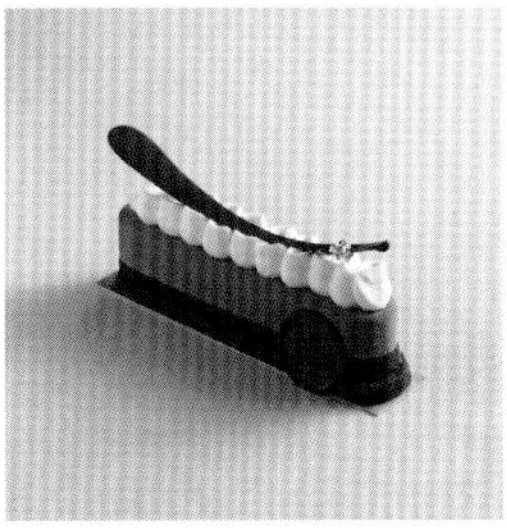

Part 4　デザート、氷菓、ドリンク

本書の使い方

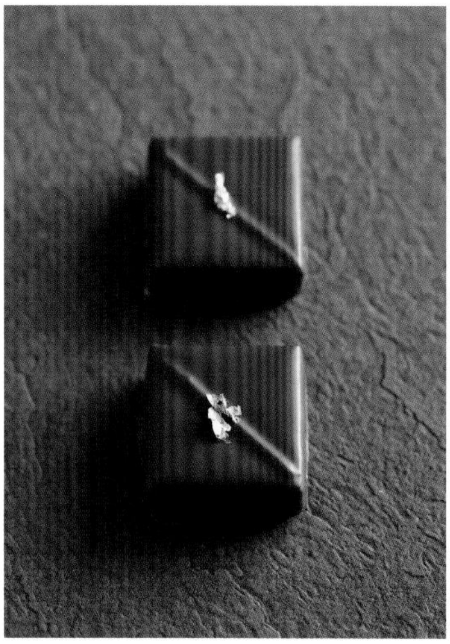

カルダモン

「パッションフルーツに近いアロマを持つ」と小抜氏が考える、カメルーン産カカオ豆で作った自家製チョコレートのガナッシュのボンボン。ガナッシュにはカルダモンの香りを移した生クリームを使用。清涼感あるカルダモンと、チョコレートのエキゾチックな余韻を楽しめる取り合わせです。

ミルクチョコレート
（コーティング）

カルダモンの
ガナッシュ

■ カルダモンのガナッシュ

材料（255㎜×390㎜×高さ1㎝のカードル1枚分）

生クリーム35% ── 363g
カルダモンホール ── 18.5g
はちみつ（ラベンダー）── 36g
＊カメルーン産カカオ豆使用
　自家製ミルクチョコレート42% ── 617g
＊ヴァローナ カライブ ── 121g
バター（室温）── 72g

作り方

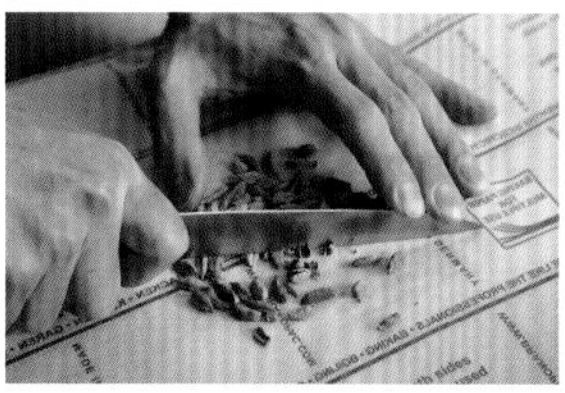

1 カルダモンは香りが出やすいよう刻む。

2 鍋に生クリーム、1を入れて火にかけ、沸いたらラップをかけて10分おいて風味を移し、漉す（前日から漬けておいてもよい。その場合沸かさず漉して使う）。

3 2の300gにはちみつを加えて混ぜ、溶かす。

4 ボウルにチョコレート2種を入れて40℃にして混ぜ、3を少量加えて混ぜる。

36

菓子の断面写真です。どこにどのパーツを使っているか示しています。

材料表の生クリームの%表記は乳脂肪分です。

材料表のチョコレートの末尾の%表記はカカオ分です。とくに指定のない場合は表記していません。また、メーカー製品は一部を除きカカオ分表記は省略しています。

材料表の＊マークはチョコレートです。メーカー名、銘柄名、使用カカオ豆等を表記しています。
作り方内ではメーカー名等は記載せず「チョコレート」と表記しています。
自家製チョコレートはとくに表記のない場合ブラックチョコレートです。

- バターは無塩バターを使います。
- 板ゼラチンは氷水で戻し、水気をしっかりと取って使います。
- 「ボーメ30°シロップ」は、とくに表記のない場合1ℓの沸騰した湯に1350gの砂糖を加えて溶かして冷ましたものです。
- コーティングのカカオバターに溶かす色粉はチョコレート用の油性色粉を使用しています。
- 「室温」は20℃程度を指します。
- 「ブレンダー」はハンドブレンダーを使います。
- 材料をミキサーにかける場合、表記がなくてもミキシングボウルに入れます。
- ミキサーでメレンゲを立てる場合、アタッチメントは泡立て器を使用します。
- 調理温度、時間は目安です。使用する機器や厨房環境、材料の状態により調整してください。

各店のテンパリング

■ **レ・カカオ、ショコラトリーヒサシ、プレスキル・ショコラトリー**

基本的にテンパリングマシン(p.16)を使用。その他、p.16下で紹介しているテンパリング方法をチョコレートの量等に応じて使い分ける。

■ **フォーシーズンズホテル東京大手町**

基本的にマジックテンパリング(下記参照)を使用。ブラック、ミルク、ホワイトいずれのチョコレートも下記の温度で作業。

■ **パティスリーアヴランシュゲネー、エクラデジュールパティスリー**

p.16で紹介しているテンパリング方法をチョコレートの量等に応じて使い分ける。

マジックテンパリング

専用器具「マジックテンパー」を使ってカカオバターをテンパリングに最適な結晶状態に保ち、それをチョコレートに加えることでテンパリングを正確に素早く行う方法。

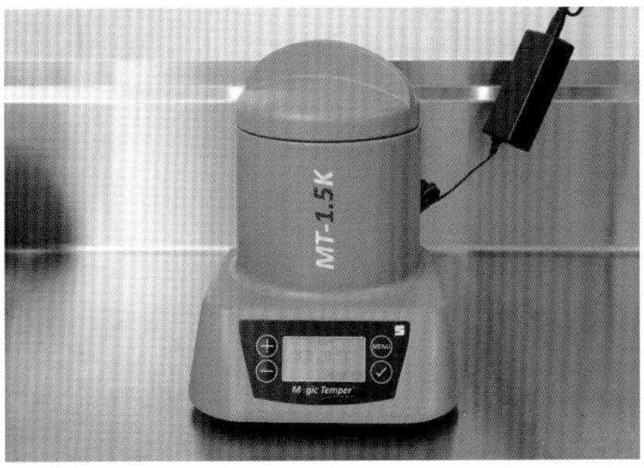

1 カカオバターをマジックテンパーで33.2℃に保温しておく。

2 テンパリングしたいチョコレートを溶かして31～32℃にする。

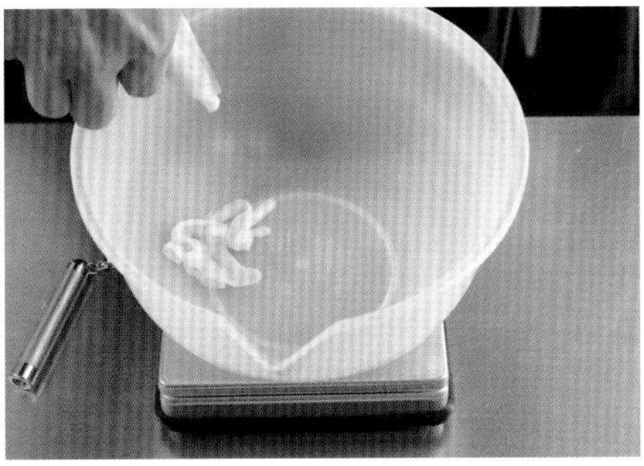

3 チョコレートの1%の重量の1をボウルに入れる。

4 3に2の少量を加えてダマのないように混ぜる。

5 残りの2と合わせてよく混ぜる。この間チョコレートは31℃を保つ。

チョコレートの基礎知識

主原料カカオ豆について

熱帯で育つカカオの木

チョコレートの主原料である「カカオ豆」は、カカオの木の種子です。木に花が咲き、カカオポッドと呼ばれる果実がみのり、果肉（カカオパルプ）の中にカカオ豆ができます。カカオの木が育つのは、赤道付近を中心とした、年間を通して気温が高く降水量が多く、湿度も高めの地域で、たとえば南米北部のベネズエラやエクアドル、アフリカのガーナやカメルーン、アジアのインドネシアやマレーシアなど。とくに赤道を挟んで南北緯度20度以内の地域はカカオの栽培地が集中しており、「カカオベルト」と呼ばれます。

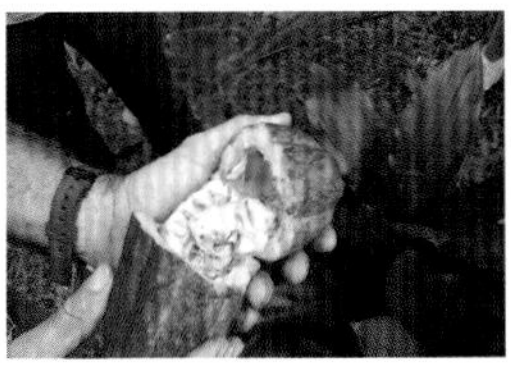

写真提供：LES CACAOS

豆の種類は大きく分けて３つ

カカオの木はクリオロ種、フォラステロ種、そのふたつの掛け合わせであるトリニタリオ種の大きく３つに分類され、中でも古いのはクリオロ種と言われています。フォラステロ種は病害に強く収穫量が多いことから、現在世界のカカオ生産量の８～９割を占めます。これらが各地に伝播し交雑する過程で派生品種も生まれています。近年ではエクアドル原産の「アリバ種」が主要品種のひとつに加えられることがあります。

産地の味を決める要素のひとつは発酵

カカオ豆は、収穫後カカオポッドから果肉ごと取り出して発酵させ、この過程で多くの香り成分が生まれます。発酵の代表的な方法は、バナナの葉の上に豆入りの果肉を積んでさらにバナナの葉で覆う、木箱の中に入れてバナナの葉や麻袋で覆うなどで、農園内の土の上や、建物に運んで行います。いずれも、その土地や場所に住む微生物が発酵に関わり、温度や湿度などの環境も影響します。これが、たとえ同じ品種のカカオ豆であっても、産地により異なるフレーバーになる要因のひとつになっています。その後乾燥させ、多くが輸出されていきますが、天日、機械といった乾燥方法も風味に影響をもたらしている場合があります。

さまざまに加工されるカカオ豆

発酵・乾燥済みのカカオ豆を焙煎して殻を除き粗く砕いたものはカカオニブ、すり潰して固めたものはカカオマスと呼ばれます。カカオマスに砂糖などを混ぜて練り、固めたものがチョコレート。カカオマスを圧搾して取り出した油脂がカカオバターで、残った固形分を粉末にしたものがカカオパウダーです。いずれも加工済みの製品が流通していますが、本書ではカカオ豆からカカオニブやカカオマス、チョコレートを自家製する方法も紹介しています。

チョコレートの種類の決まり方

カカオ豆は、約55%が油脂（カカオバター）で、残りはカカオ固形分と呼ばれ、カカオの香りや味を担います。チョコレートに加工する際は、ペースト状にしたカカオ豆（カカオマス）に、砂糖や粉乳、カカオバターを加えて練り、固めますが、カカオマスと砂糖が主原料でカカオマスの含有量が40～60%以上（55～80%程度が一般的）のものがブラックチョコレート、カカオマス・砂糖・粉乳などの乳原料が主原料のもの（カカオマス含有量30～40%程度が一般的）がミルクチョコレートと言われます。ホワイトチョコレートはカカオバターと砂糖、乳原料が主原料で、カカオ固形分を含みません。
いずれも「クーベルチュール」の場合、カカオバターを31%以上含むことが国際規格で定められ、ブラックチョコレートとミルクチョコレートにはカカオマスがもともと含む分以外にカカオバターが添加されています。また、乳化剤のレシチンと、多くの場合香料も添加されています。

チョコレートができるまで

LES CACAOS　黒木琢磨

■チョコレート製造の流れ

1　豆を仕入れる
↓
2　焙煎(ロースト)する
↓
3　脱穀する(皮と芽を除く)
↓
4　粉砕する(ペーストにする)
↓
5　砂糖と混合する
↓
6　コンチングする
↓
7　漉す
↓
8　テンパリングする
↓
9　型どりする
↓
10　結晶化を待ち型から外す

1 豆を仕入れる

レ・カカオの仕入れ先は、複数の国の豆を扱う比較的規模の大きな業者、単一産地に限定した小規模業者など複数。気になる豆を試しながら仕入れて豆の種類を増やしてきた。昔はカビの生えた豆や石が混ざっていることもあったが、生産地の発酵技術が向上し、管理方法も改善されたことから現在は選別の必要はほぼない。また、以前は輸入時の麻袋に入った状態で仕入れていたが、麻の繊維が厨房内に入るのを防ぐためアルミ袋に入れ替えてもらっている。

2 焙煎(ロースト)する

カカオ豆の持つ香り成分を引き出しながら、不要な香りを飛ばす工程。レ・カカオではコンベクションオーブンを使用。カカオ豆はロースト後に皮をむきやすいように水でざっとすすぎ、すぐに水気をきって天板に広げ、130℃程度のコンベクションオーブンに入れる。10分ほどでスチーム状態になるので、一度扉を開けて蒸気を抜く。途中天板を回転させて向きを替え、計30分程度ローストする。温度、時間とも好みによって変わるが、香りを引き出しながら、発酵等による豆の酸味を加熱で抑えて(あるいは生かして)味のバランスを作るのがポイント。

ローストしたカカオ豆

カカオ豆の皮
(カカオハスク)

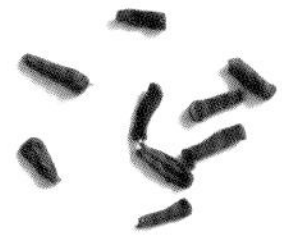
カカオ豆の芽

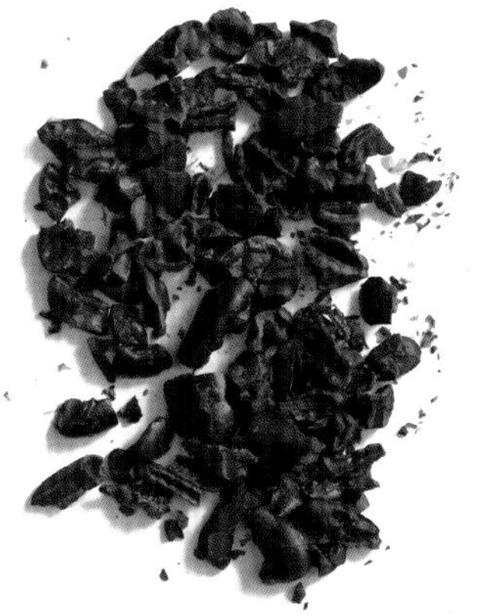
皮をむいたカカオ豆
(カカオニブ)

3 脱穀する
(皮と芽を除く)

焙煎の終わったカカオ豆の皮をむき、内部にある芽を取り除く。カカオ豆の皮はカカオハスクと呼ばれ、カカオの香りがあるため湯で煎じてお茶にするなどして使われることがある。

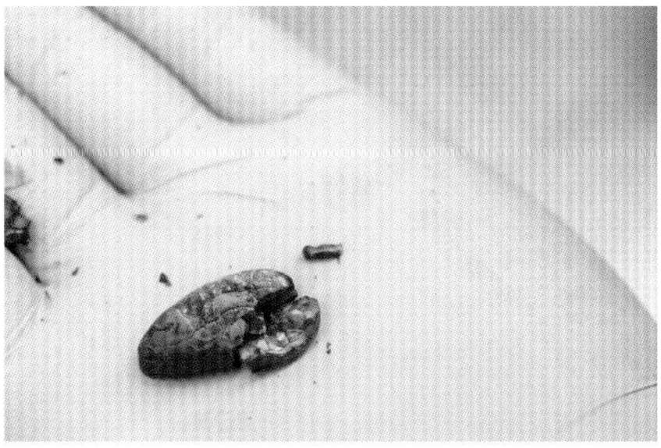
↑芽はカカオ豆のすぼまっていない側にあり、割ると取れる(写真上)。カカオニブに比べてかたく、この後のコンチングでも残る。

→カカオニブ。芽を取る際に割れて大小のかけらになる。このまま製菓に使う場合もある。

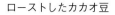

4 粉砕する（ペーストにする）

カカオニブをフードプロセッサーにかけ、ペーストにする。あればプラリネのようにローラーにかけるとよい。ツヤと香りが出て、ペーストになればよい。ツヤはカカオ豆の油脂分（カカオバター）によるもので、全体の55％程度がカカオバター。

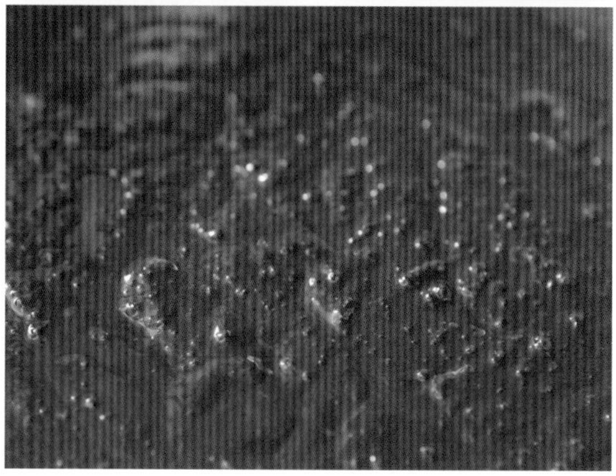

↑ツヤのあるペーストになったカカオ豆。油脂分が冷えて固まったものは「カカオマス」と呼ばれる。

5 砂糖と混合する

4のペーストをコンチングマシンに移し、砂糖を加える（ブラックチョコレートの場合）。ミルクチョコレートの場合、次のコンチングでなめらかになったタイミングで粉乳を加える。この全体量のうち、カカオ豆のペーストを含む割合がカカオ含有量となる。7kgのペーストと3kgの砂糖のブラックチョコレートであれば、カカオ分70％となる。

6 コンチングする
(練る)

コンチングマシンに2日半(60時間程度)を目安にかける。レ・カカオで使用しているマシンは、ローラーとドラムの底が花崗岩でできており、この間でペーストをすり潰してなめらかにしながら練り上げていく。香りもカドが取れて洗練されていくが、長時間かけすぎると必要な香りまで失われるため時間を調整する。同店で使用しているマシンには温度管理機能はなく、摩擦熱で温度が上がるため、室温を調整しながら45℃前後を保つ。

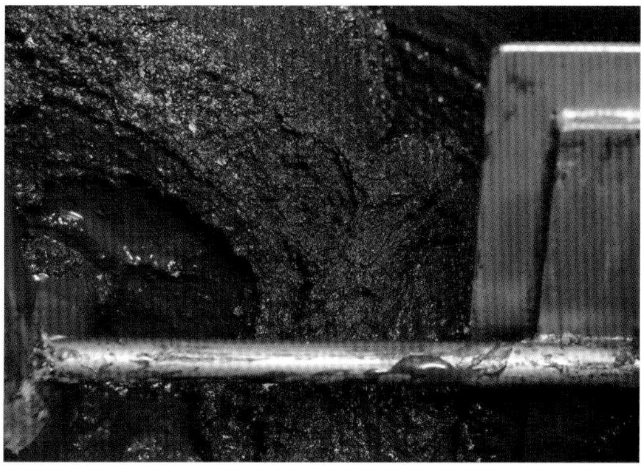

7 漉す

コンチングの終わった液体(チョコレート)を漉し、残った粒子を除く。レ・カカオでは粉ふるい機に目の細かいメッシュをつけた特注品を使用(写真下)。

8 テンパリング*する

レ・カカオではテンパリングマシンを使用(写真左)。液状のチョコレートを入れると、マシン内で45℃程度に温められてから結晶点まで冷やされ、作業温度に温められて蛇口から出てくる。

*テンパリングとは

チョコレートが固まるのは、カカオバターが結晶化するためで、温度によって結晶の形や安定性が異なる。テンパリングは、密で均一な結晶ができる適温を狙って温度調整する作業で、テンパリングしたチョコレートは固まるとツヤが生まれ、型離れがよく、パキッとした質感で口どけがなめらか。製造作業や食感のうえで硬度が邪魔になる場合はテンパリングをしないなど、適宜使い分ける。
テンパリングの基本手順は右記で、コーティング用などのカカオバターのテンパリングも手順は同様。
テンパリングの方法にはこの他にも、45℃程度に溶かしたチョコレートに固形のクーベルチュール(テンパリングされてきれいに結晶化している)を入れて作業温度と結晶点の間の温度帯で溶かし、追加した結晶を利用する方法や、マジックテンパリング(p.9参照)などがある。

■ テンパリングの基本手順

1 チョコレートを溶解温度まで上げ、カカオバターの結晶を完全になくす。
2 カカオバターの粒子がきれいに並んだ結晶ができ始める温度(結晶点)まで下げる。結晶ができ始めると、流動性が弱まる。
3 作業しやすい温度(作業温度)に上げる。

※テンパリング作業中にチョコレートに水が入ると食感のざらつきやブルームの原因になるため注意。

■ テンパリングの温度の目安

	ブラックチョコレート	ミルクチョコレート	ホワイトチョコレート
溶解温度	45～50℃	40～45℃	40～45℃
結晶点(結晶化温度)	27～28℃	26～27℃	25～26℃
作業温度	31～32℃	28～29℃	26～28℃

9 型どりする

タブレット型など、目的に応じた型にテンパリングしたチョコレートを詰める。型のフチですりきり、底を叩くかマシンの振動などにあてて空気を抜く。

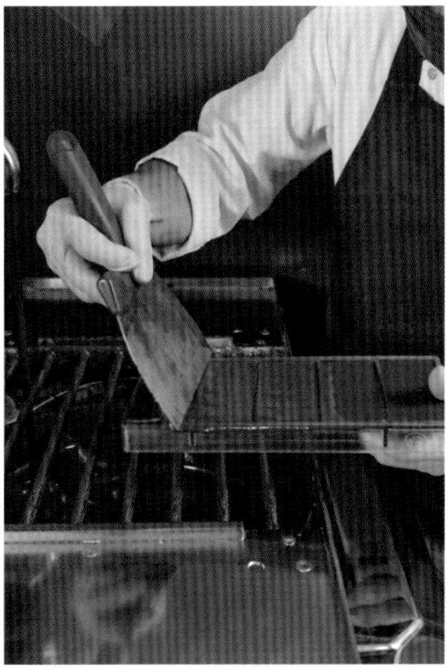

＊製菓用はバットに固めて保管

レ・カカオでは焼き菓子、生菓子ほか各種菓子にも自家製チョコレートを使用。製菓に使う分はバットに流し固めて真空パックし、適宜必要な分を切り出す。

10 結晶化を待ち型から外す

18 ～ 20℃湿度45 ～ 50％の場所に１日おいてしっかりと結晶化させ、型から外す。チョコレートはその後も味の変化が続くため、レ・カカオではチョコレートの種類によってさらに１～３か月同じ条件下でおき、販売する。

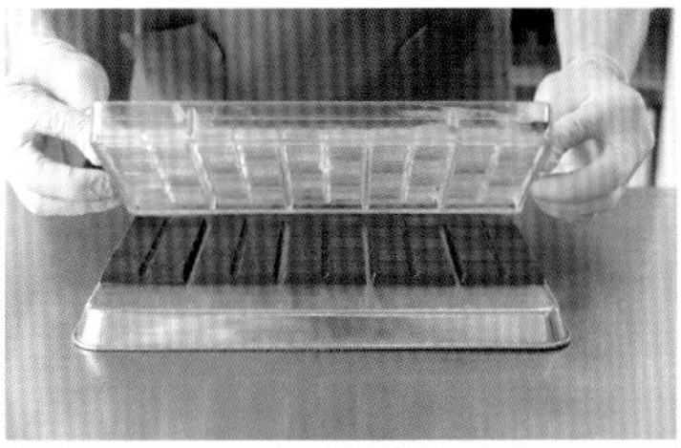
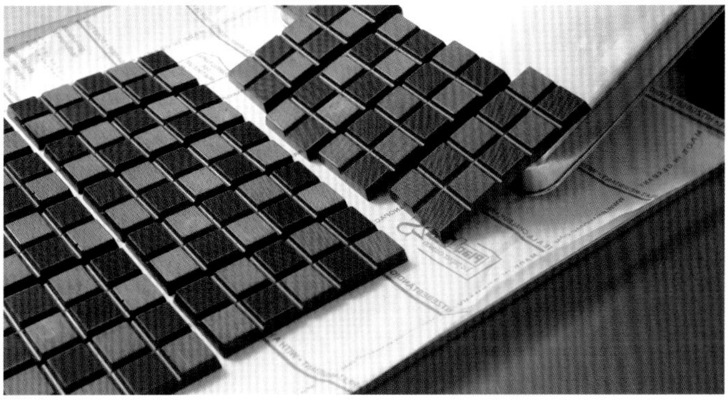

■ カカオ豆の産地と味わい例

プレスキル・ショコラトリー のビーントゥーバー

国・地域によるフレーバーの違いや、農作物らしい年によるカカオ豆の味わいの変化をチョコレートで伝える同店。現在は南米産のカカオを中心にタブレットを製造しており、カカオ分は、その豆の個性が最も生きる含有量を探り、決めている。自家製チョコレートを各種菓子にも使用し、ビーントゥーバーならではのフレーバーのフレッシュ感や強さ、余韻の長さを生かす。

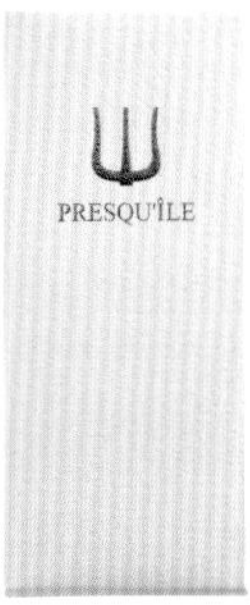

ブラジル 70%

心地よい苦味と軽い酸味、ウッディな精油のようなフレーバーを持つ。ブラジルのカカオ豆生産量は世界有数。

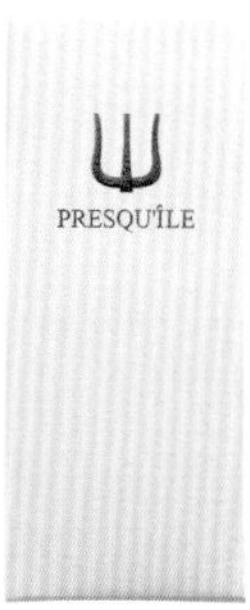

コスタリカ 70%

ベリー系の爽やかな酸味と甘くマイルドな香りの中に、渋味を感じるビター感を持つ。中米の南部に位置し、カカオ豆生産量は少なく希少。

ハイチ 72%

ナッティなコクを感じる味わいで、レモンやオレンジのような柑橘のアロマを感じる。ハイカカオにしてもそれぞれの風味が生きる。

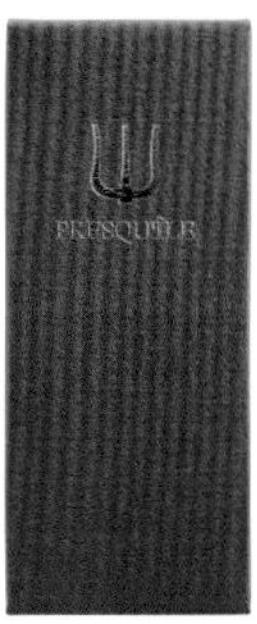

グレナダ 65%

完熟イチジク様のミルキーな香りを持ち、カカオ分を65%に抑えることでその風味を引き出す。グレナダはカリブ海に浮かぶ小さな島国。

コロンビア 70%

中南米の中では比較的生産量が多い。同店では白ブドウのようなフルーティさに柑橘系のアロマ、上品なビター感を持つチョコレートを製造。

レ・カカオの
ビーントゥーバー

輸入業者と生産地の情報を共有し、親しみやすい味わいから個性的なものまで多様なタブレットを製造。ラインナップは不定期で変わり、下記以外にも、赤ワインやブランデー様のフレーバーを持つ「パッハリート70%」、フルーティで親しみやすい「ベリーズ72%」、さっぱりとして柑橘様の酸味を持つ「ベネズエラ・チュアオ72%」などを扱い、各種菓子にも使用する。

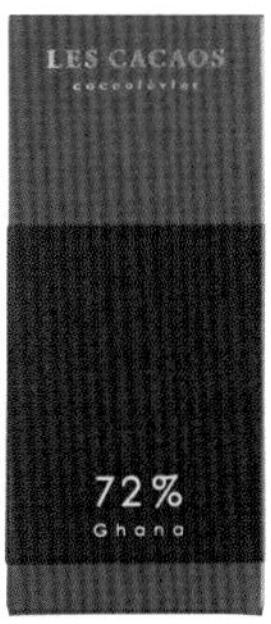

ガーナ 72%

適度なカカオ感とクセのなさで日本人になじみ深く、ビーントゥーバーの入門としてもすすめやすい味わい。ブレンドのベースに使われることも多い。

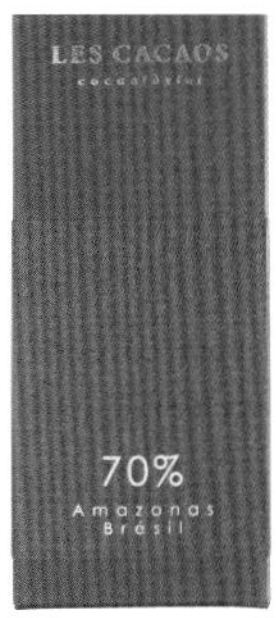

ブラジル・アマゾナス 70%

原生林のような場所で自生する、原種に近いカカオ豆を使用。素朴でやさしいビター感とミルキーさ、ナッティな香りを持つ。

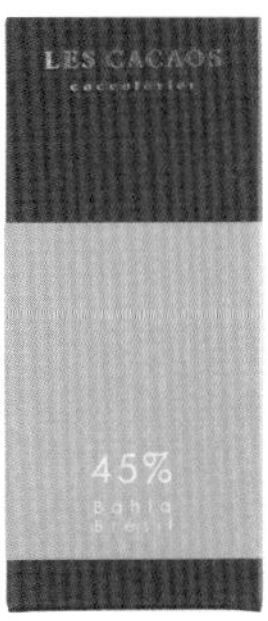

ブラジル・バイア 45%

「バイア」は州名。カカオ感が強く、粉乳を加えても適度に感じられるため、レ・カカオでは45%のミルクチョコレートを製造。

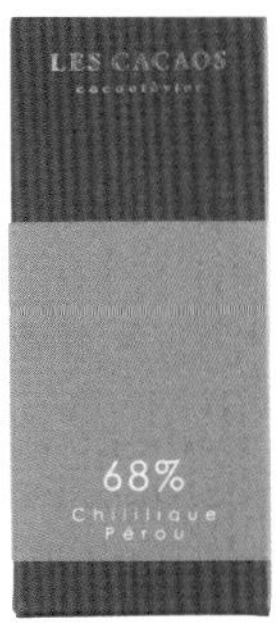

ペルー・チリリケ 68%

クリオロの割合が高い交配種のホワイトカカオで、レーズンのような繊細な風味とふくよかな香り。チリリケは村の名前で小規模農家が生産。

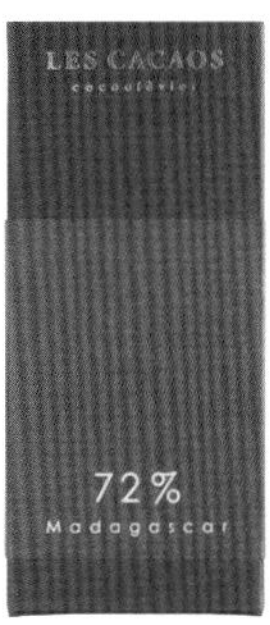

マダガスカル 72%

ベリー系の酸味と香りがゆっくりと口中に広がり、長く香りの余韻が残る。繊細なカカオ感が華やかなフレーバーとのバランスをとる。

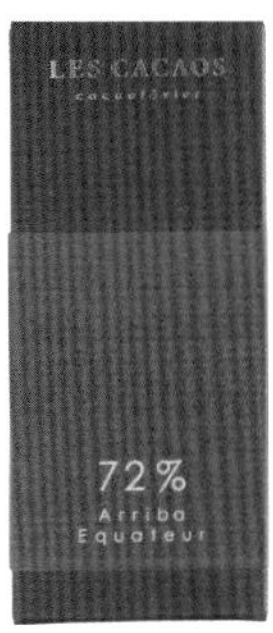

エクアドル・アリバ 72%

アリバは近年主要品種のひとつに挙げられることが増えているカカオ豆で、ジャスミンのようなフローラルな香りとナッティな苦味を持つ。

■ 本書で使用している主なチョコレート

VALRHONA（ヴァローナ）

フランスのチョコレートメーカー。本書ではブラックチョコレート「カライブ 66%」や、ミルクチョコレート「ジヴァラ・ラクテ 40%」、ホワイトチョコレート「オパリス 34%」、果実の風味と色を生かした「インスピレーション」シリーズなど多数使用。

カライブ 66%

ジヴァラ・ラクテ 40%

オパリス 34%

インスピレーション・ユズ

KAOKA（カオカ）

フランスの100%オーガニック・フェアトレードのチョコレートメーカー。本書ではホワイトチョコレート「アンカ35%」、ミルクチョコレート「ミコロ32%」を使用。

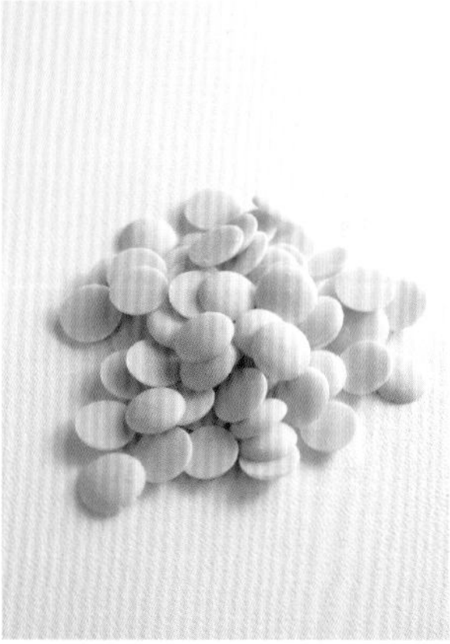
アンカ 35%

ミコロ 32%

アリバナシオナルミルク50%（受注生産製品）

DOMORI（ドモーリ）

イタリアのチョコレートメーカー。本書では「アリバナシオナルミルク50%」などを使用。

CACAO BARRY（カカオバリー）

フランスの老舗チョコレートブランド。本書では「エキストラビター64％」、「ガーナ40%」、ホワイトチョコレート「ゼフィール34％」などを使用。

エキストラビター 64%

ガーナ 40%

ゼフィール 34%

株式会社明治

日本の大手食品メーカーで業務用チョコレートも展開。本書では、抹茶フレーバーの「彩味〈抹茶〉」、幻のカカオと呼ばれているホワイトカカオを使用したFarm to Barチョコレート「メキシコホワイトカカオ」(数量限定展開)を使用。

ザ・チョコレート
メキシコホワイトカカオ

彩味〈抹茶〉

サステナブルチョコレート
ダークカカオ 70%

日新化工株式会社

日本の業務用製菓材料メーカー。本書では、同社が2022年に製造販売を開始した、売り上げの一部がカカオの森を守る植樹活動、カカオ農家の収入向上等につながるプロジェクトの活動に充当されるプログラム付帯チョコレート「サステナブルチョコレート ダークカカオ70%」を使用。

自家製
ビーントゥーバーチョコレート

本書ではレ・カカオ、プレスキル・ショコラトリー、パティスリーアヴランシュゲネーで自家製チョコレートを使用。基本的な作り方はレ・カカオを例にp.12から紹介。各店で扱うカカオ豆や、ロースト方法、コンチングの時間などが異なり、味わいの違いを生んでいるが、いずれも香りの高さや余韻の長さが特徴として表れている。

■ 本書で使用しているその他の主なカカオ製品

カカオパウダー

焙煎したカカオ豆をすり潰してカカオマスにした後、カカオバターを分離させたもの。カカオパウダーにも油脂分は11～20%程度残っており、高脂質の製品もある。多くは主に酸味を抑える目的でアルカリ処理がされているが、非アルカリ処理のものは淡いチョコレート色でカカオ本来の風味が多く残る。写真は非アルカリ処理のカカオパウダー。

カカオバター

カカオマスから分離した油脂分。クーベルチュールの材料となったり、コーティング他菓子作りの材料となる。チョコレートの凝固はこのカカオバターによるもので、チョコレートと同様にテンパリングすることできれいに並んだ結晶ができ、ツヤが出るなどする。写真左はチョコレート用の色粉で着色したカカオバター。着色済みの製品も販売されている。

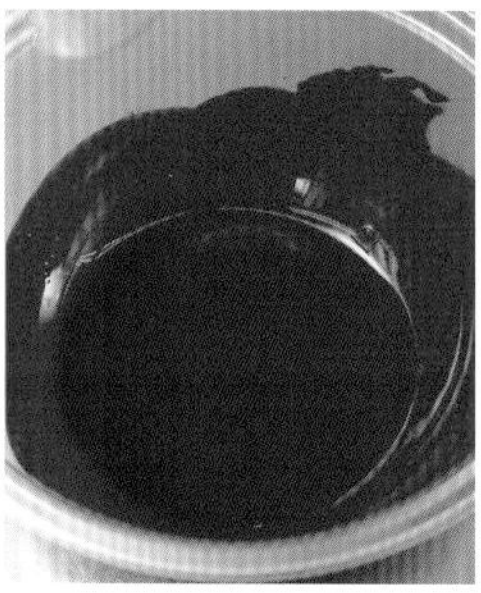

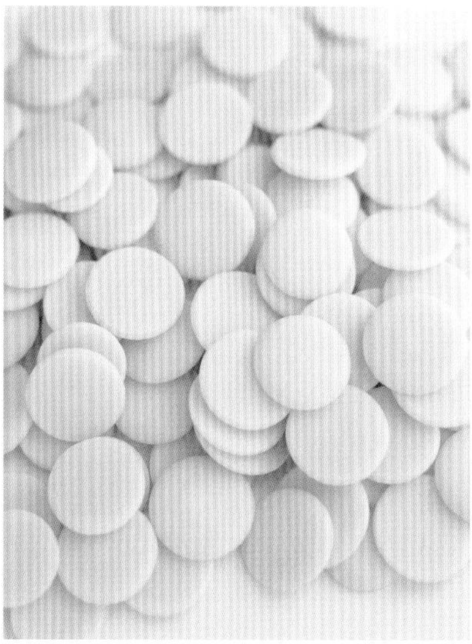

カカオパルプ

カカオの果肉。ライチのような風味で、日本では写真のようにピュレに加工されたものが手に入る。ジュースやソルベなどに使われる。

チョコレート菓子レシピ

Part
1

confiserie
コンフィズリー

各種ボンボンと、チョコレートを生かしたペースト、ギモーヴ、マカロンを紹介。
ボンボンは各ショコラトリーの個性が光るさまざまなタイプを掲載しています。

ボンボン1
PRESQU'ÎLE chocolaterie　小抜知博

フレーバーをどう楽しませるかによって、自家製チョコレートと
メーカーチョコレートを使い分ける小抜氏。
「自家製チョコレートの一番の特徴は香りの持続感」と考え、
年ごとに変わるカカオの香りを生かすフレーバーを考えるほか、
メーカーチョコレートを使うことで香りのキレのよいボンボンにするなど、
多様なアプローチを提案しています。

フィグ

クリーミーな完熟イチジク様のアロマを感じる、グレナダ産カカオ豆で作った自家製チョコレートを使用。赤ワインに漬けたカリフォルニア産のドライ黒イチジクを混ぜ込んでガナッシュにし、風味の相乗効果で余韻をのばします。漬け込む赤ワインは、ある程度のボディと酸味のあるものを使用。

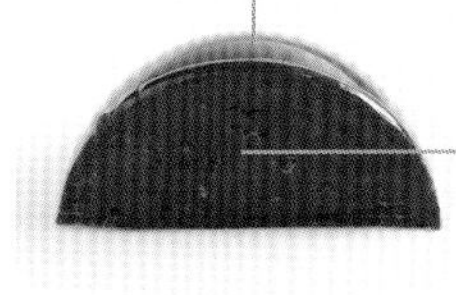

型どり

材料

カカオバター —— 適量
赤色粉 —— 適量
*型どり用チョコレート（ブラックチョコレート66%）
—— 適量
※直径2.7㎝の半球型は20℃にしておく。

作り方

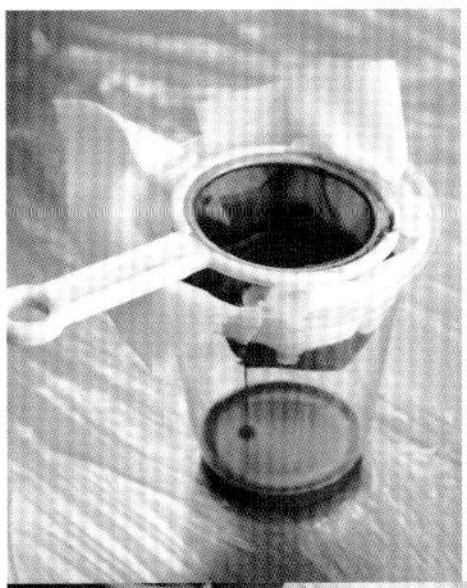

1 カカオバターを溶かして色粉を溶かし、漉す。テンパリングをして28℃にする。

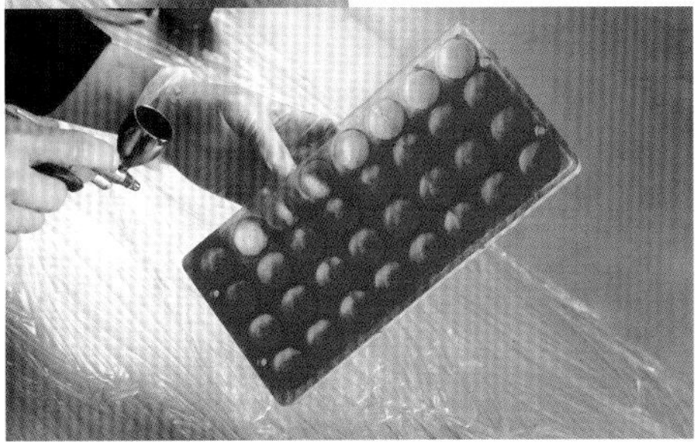

2 1を型にピストレする。型の角度を変えながら均一に吹きつける。

3 カカオバターが固まったら、型のフチについたカカオバターをパレットで削り取る

4 さらにペーパーに型をこすりつけてフチのカカオバターを取りきる。18℃湿度60％の保管庫で1日おく。

5 型を22℃にし、テンパリングした30℃前後の型どり用チョコレートを型に流し入れる。側面や底を叩いて空気を抜く。

6 型を逆さにし、軽く台に叩きつけて余分なチョコレートを落とす。

7 パレットでフチのチョコレートを削り取る。

8 網を敷いたバットに型を逆さにのせ、18℃湿度60％の保管庫で1日おく。

■ イチジクと赤ワインのガナッシュ

材料（直径 2.7㎝の半球型 600 個分）

ドライ黒イチジク（カリフォルニア産）── 300g
赤ワイン（ミディアムボディ）── 適量＋330g
＊グレナダ産カカオ豆使用自家製チョコレート65％
── 990g
イチジクピュレ ── 270g
はちみつ（ラベンダー）── 470g
バター（室温）── 147g

作り方

1 ドライ黒イチジクは適量の赤ワインに1週間漬け込む。写真左が漬けたもの、写真右が漬ける前のイチジク。

2 1のイチジクの赤ワインをきる。

3 チョコレート、イチジクピュレはそれぞれ40℃にする。

4 2のイチジク330gに赤ワイン330g、3のイチジクピュレを加える。

5 ブレンダーで撹拌する。イチジクの種のプチプチとした食感を残す。

6 3のチョコレートに5のペースト887gを数回に分けて加え、そのつど混ぜて乳化させる。

7 40℃にしたはちみつを加えて混ぜる。

8 バターを加えて混ぜ、ブレンダーでさらになめらかに撹拌する。イチジクの種を潰しすぎないように注意。30℃にする（イチジクと赤ワインのガナッシュ）。

9 8のイチジクと赤ワインのガナッシュを30℃に下げ、型に4g程度絞る。フチいっぱいよりもやや低い位置までガナッシュが入った状態。

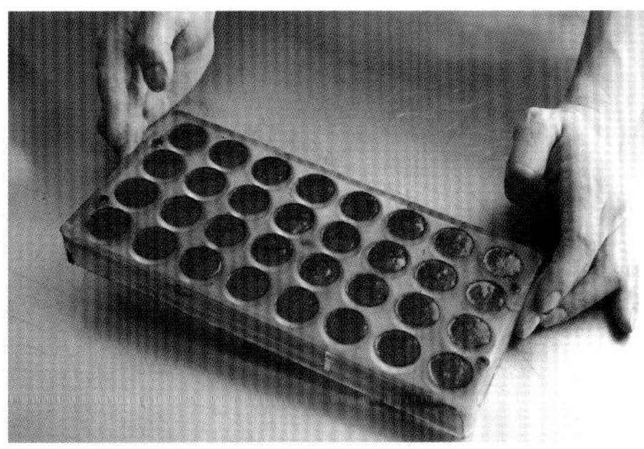

10 型の端を持ち上げて落とし、空気を抜く。18℃湿度60％の保管庫で1日おく。

蓋をする

材料

*蓋用チョコレート（ブラックチョコレート66%）
── 適量

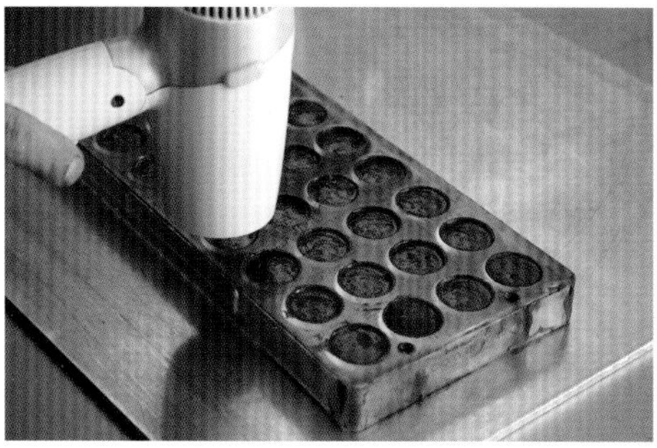

1 ガナッシュの周囲の、型どりしたチョコレートを軽く溶かすようにドライヤーの温風をあてる。蓋のチョコレートが接着しやすく、3で削り取る前に固まるのを防ぐ目的もある。

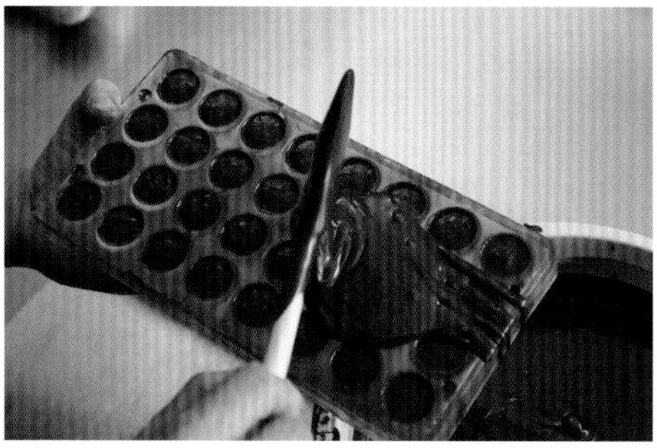

2 型を覆うようにテンパリングした30℃程度の蓋用チョコレートを流して蓋をする。

3 パレットでフチについたチョコレートを削り取る。

4 写真左がよい例。写真右は蓋ができなかった例で、ガナッシュの日持ちが悪くなる。18℃湿度60％の保管庫で1日以上おく。

取り出す

1 型の裏を見てチョコレートが型から離れているか確認する（チョコレートが離れていない部分と色が違う）。

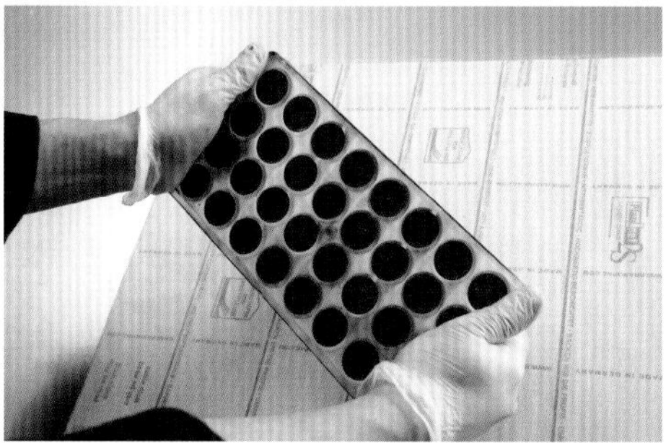

2 ペーパーの上で型をひねりチョコレートを外す。

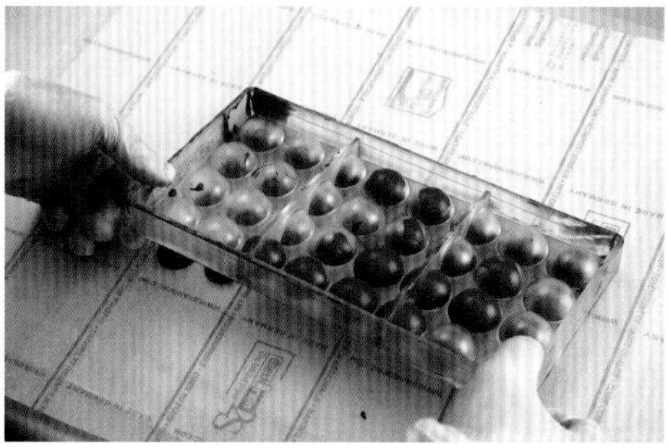

3 型を逆さにし、軽く作業台に叩きつけ、型を静かに外す。

レミーマルタン

ホワイトチョコレートとミルクチョコレートをベースにし、カカオ感は抑え、抹茶とブランデーのフレーバーを際立たせたボンボン。最初に下の層の抹茶のガナッシュが溶けて苦味をはじめとした風味が広がり、後から上の層のブランデーのガナッシュが溶けて香りが立ち、余韻となります。

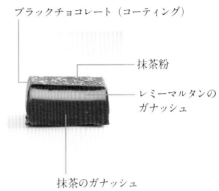

■ レミーマルタンのガナッシュ

材料（37cm×25cm×高さ3mmのカードル１枚分）

*ヴァローナオパリス —— 260g
生クリーム 35% —— 60g
転化糖 —— 11g
ブランデー（レミーマルタン）—— 46g
バター（室温）—— 13g

作り方

1 生クリーム、転化糖は合わせて温め、転化糖を溶かして40℃にする。

2 ボウルにチョコレートを入れて40℃にし、1を少量加える。

3 ゆっくりと混ぜる。すぐに分離するため、強く分離しないうちに再び1を少量加える。油脂が浮くほど分離すると、最終的な乳化を得づらくなる。

4 3を数回繰り返して1を全量加える。

5 ブランデーを加えて混ぜ、乳化させる。

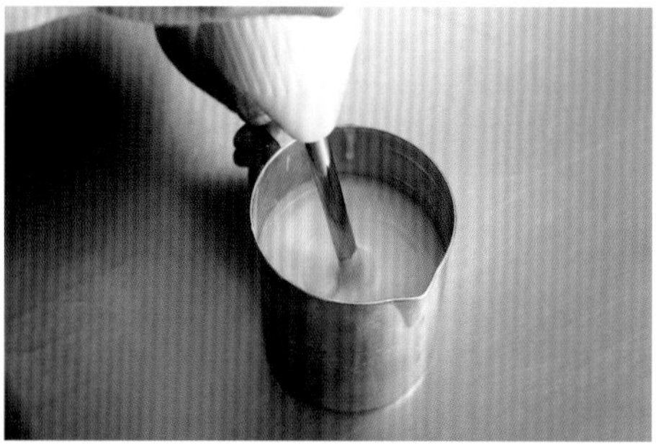

6 ブレンダーで撹拌しさらになめらかにする。仕上がり30℃（レミーマルタンのガナッシュ）。

7 OPPシートを敷いた天板にカードルをのせ、ラクレットパスカルをセットし、ラクレットパスカルのある側に7のレミーマルタンのガナッシュを流す。

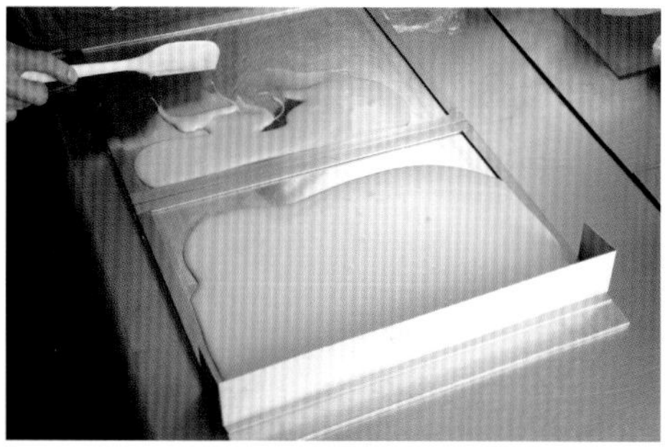

8 カードルが2つに分かれる場合は、後からすりきるほうにも少量7を流し、カードルの隅に7がゆきわたりやすいようにしておく。

9 ラクレットパスカルを静かに動かして7をカードルの高さにのばす。

10 18℃湿度60％の保管庫で1日おく。ここでしっかりと結晶化させないと抹茶のガナッシュをのせたときに沈む。

■ 抹茶のガナッシュ

材料（37cm×25cm×高さ7mmのカードル1枚分／ここでは高さ１cmのカードルを使用）

抹茶粉（愛知県南山園製）── 32g

A
- 生クリーム35% ── 35g
- 転化糖 ── 28g

B
- ＊カオカアンカ ── 207g
- ＊カオカミコロ ── 207g
- カカオバター ── 16g

バター（室温）── 59g

※抹茶粉は光にあたると劣化が進むため直前に計量する。

作り方

1 Aは合わせて温め、転化糖を溶かして40℃にする。

2 ボウルにBを入れて40℃にする。

3 2に抹茶粉を加えて混ぜる。

4 3に1を少量加えてゆっくりと混ぜる。

5 レミーマルタンのガナッシュ工程3～4と同様に激しく分離しないよう何度かに分けて加えていく。

6 1を全量加えたらバターを加えて乳化させる。

7 フードプロセッサーでさらになめらかにする。仕上がり32℃（抹茶のガナッシュ）。

8 レミーマルタンのガナッシュとカードルの境目にナイフを入れ、カードルを外す。

9 同じ縦横サイズで高さ1cmのカードルをセットする。

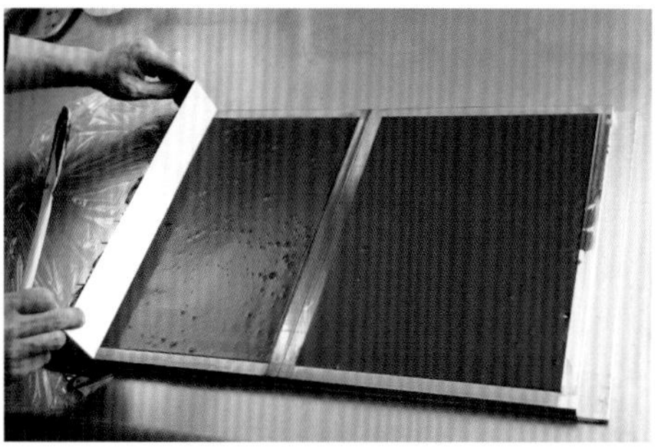

10 ラクレットパスカルをセットして抹茶のガナッシュを流し、均一な厚さにのばす。18℃湿度60%の保管庫で1日おく。

ギターカッターで切る

材料

*シャブロネ用チョコレート（ブラックチョコレート66%）―― 適量

1 ガナッシュのカードルを外し、抹茶のガナッシュの面にテンパリングしていない34℃のシャブロネ用チョコレートを薄くのばす。

2 すぐにOPPシートをかぶせて裏返し、チョコレートが締まって反るのを防ぐ。

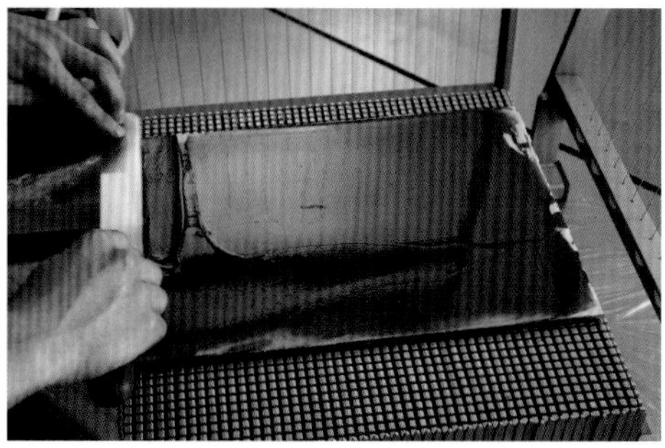

3 チョコレートが固まったらシートを外し、レミーマルタンのガナッシュを上にしてギターカッターの上に移し、テンパリングしていない34℃のシャブロネ用チョコレートを表面に薄くのばす。

4 チョコレートが固まったらギターカッターで22㎜四方に切る。

5 ペーパーを敷いた天板の上にガナッシュを移す。

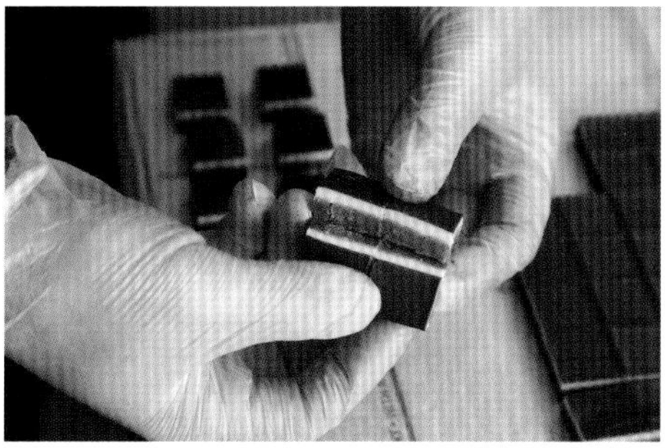

6 ガナッシュを1個ずつに分け、くっつかないよう間隔をあけて並べる。18℃湿度60％の保管庫で保管する。

コーティング・仕上げ

材料

*コーティング用チョコレート（ブラックチョコレート66％）—— 適量
抹茶粉 —— 適量

1 ガナッシュを21℃にし、テンパリングした32℃のチョコレートにガナッシュ一粒を底面を上にして入れ、チョコレートフォークですぐに裏返す。

2 ドライヤーの冷風で表面の余分なチョコレートを落とす。

3 ゴムベラでガナッシュの底を2～3回叩き、すって余分なチョコレートを落とす。

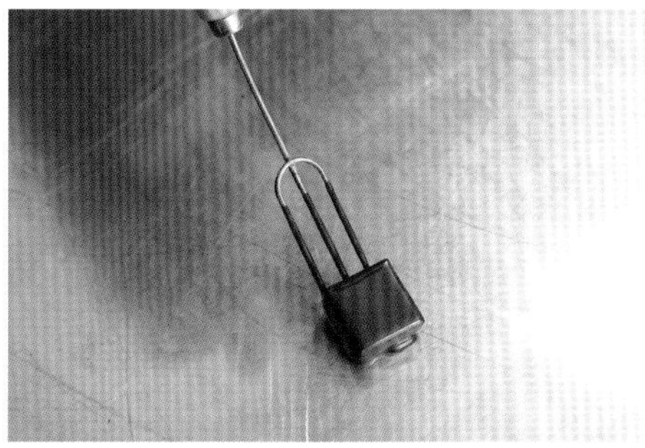

4 天板の上に3をのせる。コーティングしたチョコレートを薄くまとい、底部に垂れて広がらない状態であればOK。

5 チョコレートが乾かないうちに抹茶粉をふる。

カルダモン

「パッションフルーツに近いアロマを持つ」と小抜氏が考える、カメルーン産カカオ豆で作った自家製チョコレートのガナッシュのボンボン。ガナッシュにはカルダモンの香りを移した生クリームを使用。清涼感あるカルダモンと、チョコレートのエキゾチックな余韻を楽しめる取り合わせです。

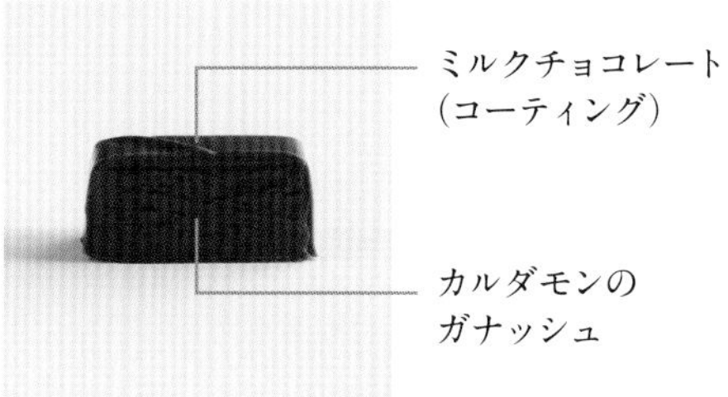

■ カルダモンのガナッシュ

材料 (255mm×390mm×高さ1cmのカードル1枚分)

生クリーム35%── 363g
カルダモンホール── 18.5g
はちみつ(ラベンダー)── 36g
*カメルーン産カカオ豆使用
　自家製ミルクチョコレート42%── 617g
*ヴァローナカライブ── 121g
バター(室温)── 72g

作り方

1 カルダモンは香りが出やすいよう刻む。

2 鍋に生クリーム、1を入れて火にかけ、沸いたらラップをかけて10分おいて風味を移し、漉す(前日から漬けておいてもよい。その場合沸かさず漉して使う)。

3 2の300gにはちみつを加えて混ぜ、溶かす。

4 ボウルにチョコレート2種を入れて40℃にして混ぜ、3を少量加えて混ぜる。

5　チョコレートの脂肪分が多く分離しやすいため、激しく分離する前に3を少量加えては混ぜていく。

6　3の全量が入ったところ。38℃。混ぜている間に温度が下がりすぎると乳化に時間がかかる、空気が入りやすくなるなどするため注意。

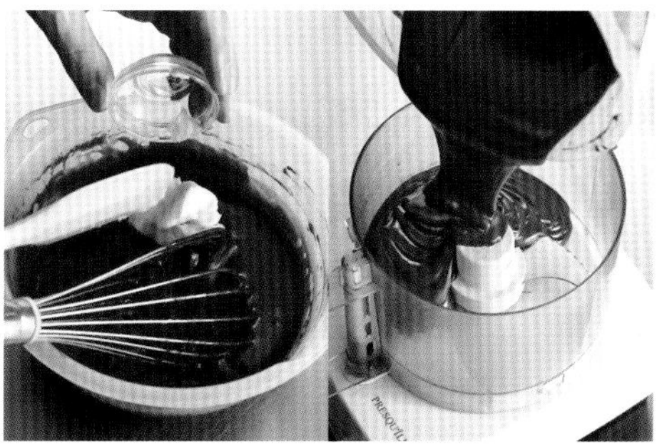

7　バターを加えて混ぜて乳化させ、フードプロセッサーでなめらかにする。仕上がり35℃。

8　OPPシートを敷いた天板にカードルをのせ、7を流し、パレットナイフで平らにならす。18℃湿度60％の保管庫で1日おく。

ギターカッターで切る

材料

*シャブロネ用チョコレート（ミルクチョコレート42%）―― 適量

1　カルダモンのガナッシュをカードルから外し、テンパリングしていない34℃のシャブロネ用チョコレートを表面に薄く塗り広げる。

2　OPPシートをかぶせて天板で挟み、裏返す。チョコレートが固まるまでおく。

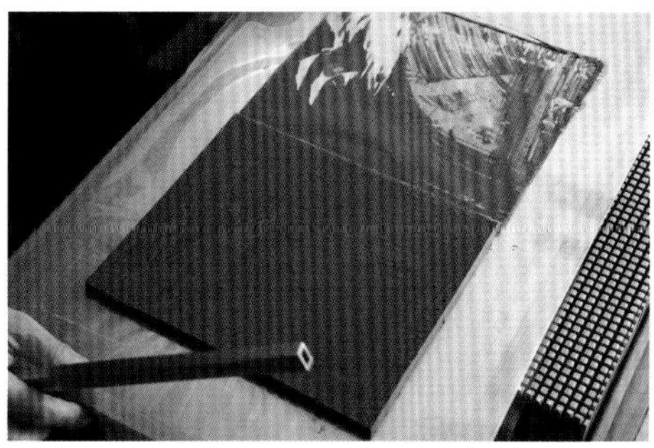

3　2を裏返し、シートを外す。

4 1でチョコレートを塗っていない面を上にしてギターカッターにのせ、34℃のテンパリングしていないシャブロネ用チョコレートを薄く塗り広げる。

5 チョコレートが固まったらギターカッターで22㎜四方に切る。

6 作業台の上にガナッシュを移す。

7 ガナッシュを1個ずつに分け、くっつかないよう間隔をあけて並べる。

コーティング・仕上げ

材料

*コーティング用チョコレート（ミルクチョコレート42%）—— 適量

1 ガナッシュをエンローバーにのせ、テンパリングした30℃のコーティング用チョコレートをかける。

2 送風口の下とベルトの最後の部分で余分なチョコレートが落とされる。

3 チョコレートフォークなどを上面に斜めにあて、手前に引いて線の模様をつける。

4 中央を少し溶かし、そこに金箔（分量外）をつける。

ライチ

クリームを使わず、ライチピュレとリキュールで作る、キレのよいガナッシュのボンボン。風味をダイレクトに感じやすいピュレと、揮発性の香りが特徴的なリキュールで、ライチの風味を立体的に感じさせます。繊細な果実感を立たせるため、チョコレートはカカオ分、使用量とも抑え、カカオバターを加えて保形性を保っています。

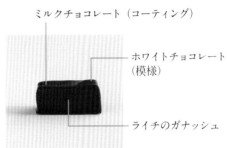

■ ライチのガナッシュ

材料（255mm×390mm×高さ1cmのカードル1枚分）

*ヴァローナカライブ —— 280g
*ヴァローナジヴァラ・ラクテ —— 323g
カカオバター —— 40g
A［ライチピュレ —— 323g
　 転化糖 —— 73g
バター（室温）—— 40g
フイナリキュール —— 24g

作り方

1 チョコレート2種、カカオバターをともに40℃にしてよく混ぜ合わせる。

2 鍋にAを入れて一度沸かす。風味が飛ぶため沸かしすぎないように注意。

3 1に2の少量を加えて混ぜる。確実に乳化させるため、最初は状態がわかりやすいようにしっかりと分離させる。

4 2を少しずつ加えてのばすように混ぜ、乳化させていく。

5 2を全量加えたところ。温度が下がりすぎないよう手早く作業する。

6 ライチリキュールを加えてよく混ぜる。

7 バターを加えて混ぜる。仕上がり37℃。

8 ブレンダーでしっかりと乳化させながら空気を抜く。

9 OPPシートを敷いた天板にカードルをのせ、8を流してパレットナイフで平らにならす。18℃湿度60％の保管庫で1日おく。

ギターカッターで切る

材料

*シャブロネ用チョコレート —— 適量（ミルクチョコレート42%）

1 ライチのガナッシュを型から外し、テンパリングしていない34℃のシャブロネ用チョコレートを表面に薄くのばす。すぐにOPPシートをかぶせて天板で挟み、裏返す。チョコレートが固まったらシートをはがす。

2 1でチョコレートを塗っていない面を上にしてギターカッターにのせ、テンパリングしていない34℃のシャブロネ用チョコレートを表面に薄くのばす。

3 チョコレートが固まったらギターカッターで22㎜四方に切る。

4 作業台に移し、ガナッシュを1個ずつに分ける。

コーティング・仕上げ

材料

*飾り用ホワイトチョコレート —— 適量
赤く着色したカカオバター —— 適量
サラダ油 —— 適量
*コーティング用チョコレート（ミルクチョコレート42%）—— 適量

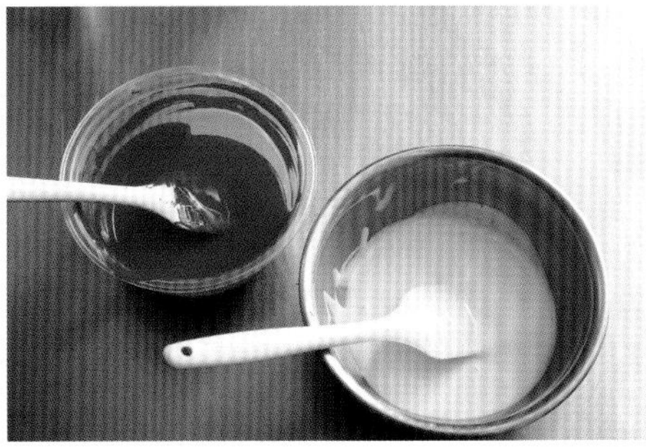

1 テンパリングした30℃の飾り用ホワイトチョコレートと、その半量を取り分けて赤のカカオバター少量とチョコレートの5～10％のサラダ油を混ぜて26℃にしたものを用意。それぞれコルネに入れる。

2 エンローバーにガナッシュをのせ、テンパリングした30℃のコーティング用チョコレートをかける。

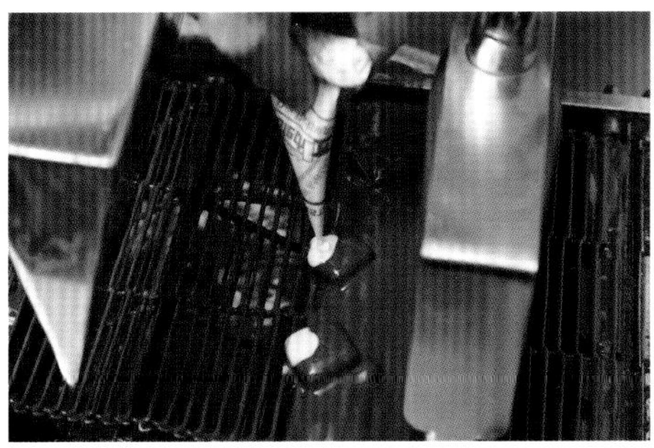

3 すぐに1を少量ずつかける。

4 送風口の下を通り、コーティングが薄くなるとともにホワイトチョコレートも広がり模様ができる。

ボンボン 2

LES CACAOS　黒木琢磨

安定した相性のよさと意図の伝わりやすい味の組み合わせを心がける黒木氏。とくに自家製しているチョコレートのフレーバーを損なわないためにも、シンプルな構成がほとんど。ボンボンには基本的に日本で広く親しまれているガーナ産カカオのチョコレートをあえて使い、ミルクとビターを組み合わせてカカオ感のバランスをとりながら、合わせる素材のフレーバーも尊重します。

Bon Bon chocolat Caramel framboise

(キャラメル・フランボワーズ)

フランボワーズピュレとキャラメルを順にチョコレートに加えて乳化させた、ガナッシュ1種のボンボン。チョコレートは副材料のフレーバーが引き立つようカカオ感が抑え気味ですが、自家製チョコレートならではの豊かな風味により、それぞれのフレーバーとカカオ感がほどよく主張しながら調和します。

型どり

材料

カカオバター —— 適量
赤色粉 —— 適量
飾り用ホワイトチョコレート —— 適量
*型どり用チョコレート（ガーナ産カカオ豆使用 自家製チョコレート66%）—— 適量
※3cm×3cm×深さ2.5cmの型を使用。

作り方

1 カカオバターをテンパリングし、赤色粉を溶かして32℃にする。

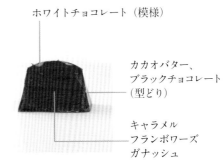

2 1を型の内側に均一にピストレし、フチについたカカオバターを布巾で拭き取る。

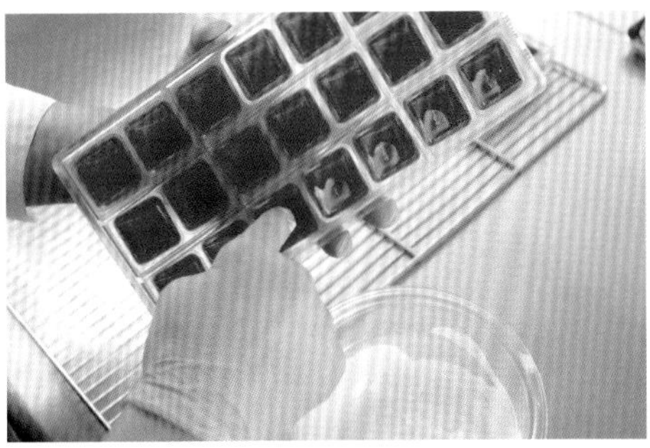

3 型の内側の一角にテンパリングした29℃の飾り用チョコレートを塗る。

4 固まるまで室温におく。

5 型の内側いっぱいにテンパリングした31℃の型どり用チョコレートを絞り入れる。

6 底を叩くかテンパリングマシーンの振動にあてて空気を抜く。

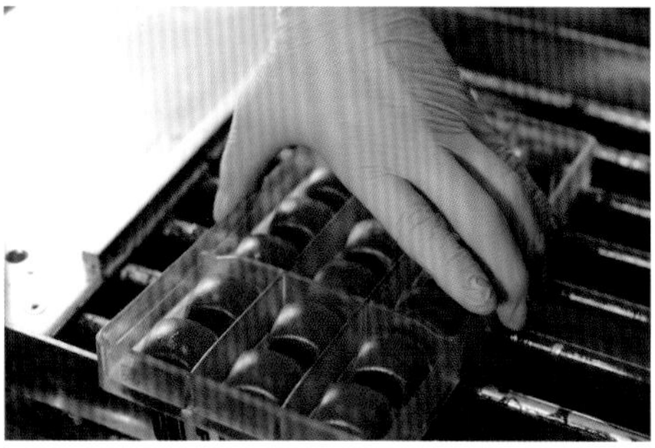

7 型を逆さにしてチョコレートを落とす。

8 フチについたチョコレートをパレットで削り取る。

9 固まるまで室温におく。

■ キャラメルフランボワーズガナッシュ

材料（90個分）

*ガーナ産カカオ豆使用自家製チョコレート66% —— 88g
*ガーナ産カカオ豆使用自家製ミルクチョコレート45% —— 200g
カカオバター —— 20g
グラニュー糖 —— 93g
生クリーム35% —— 214g
フランボワーズピュレ —— 120g
転化糖 —— 28g
バター（室温）—— 58g

作り方

1 鍋にグラニュー糖を入れて火にかけ、キャラメルの苦味と酸味が感じられるよう強めに色づけて火を止める。

2 沸騰直前まで温めた生クリームを⅓量程度加えて混ぜる。

3 残りの生クリームも2回に分けて加え、混ぜる。再び火にかけて混ぜ、ダマをなくす。

4 ボウルにチョコレート2種を合わせて溶かし、溶かしたカカオバターを加える。

5 4を30℃にする（熱いキャラメルを加えるため低めの温度）。

6 3の¼〜⅓量を加える。一度に加えるとチョコレートの温度が上がりすぎる。

7 乳化するまでよく混ぜる。

8 残りの3を2〜3回に分けて加えては混ぜ、乳化させる。

9 鍋にフランボワーズピュレ、転化糖を合わせて火にかけ、90℃にする。

10 9の$\frac{1}{3}$量程度を8に加え、よく混ぜる。

11 残りの9を2〜3回に分けて加えては混ぜ、乳化させる。

12 ピュレが入ると乳化しにくいため、ブレンダーでさらにしっかりと乳化させる。

13 乳化した状態。このときの温度は45℃。

14 バターを加え、ブレンダーで乳化させる。

15 型どりのチョコレートが溶けず作業性のよい31〜32℃にする（キャラメルフランボワーズガナッシュ）。

16 型に15のキャラメルフランボワーズガナッシュを8gずつ絞り入れる。高さの目安は型のすりきりから1㎜下まで。

17 室温で1日おく。

蓋をする

材料
*蓋用チョコレート（ガーナ産カカオ豆使用自家製チョコレート66%）―― 適量

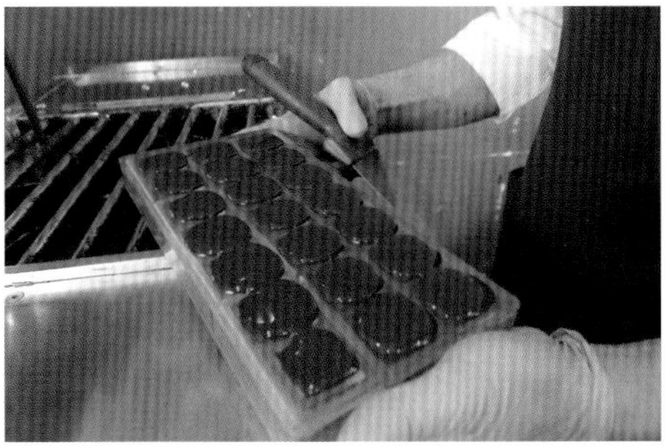

1 テンパリングをした31℃の蓋用チョコレートをガナッシュの上に絞る。

2 パレットですりきり、室温で一晩おく。

3 一晩おいたもの。蓋のチョコレートが締まり、表面がすりきりよりもやや下がっている。

型から外す

1 ボンボンが外れやすいよう型をねじり、バットの底を下にしてをのせる。

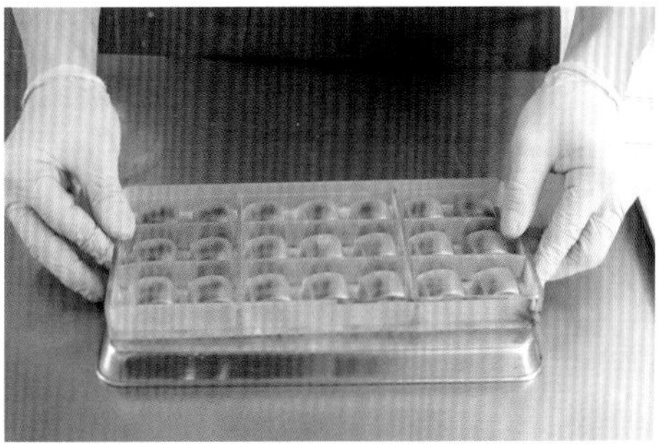

2 逆さまにして型の片側をバットに打ちつける。

3 ボンボンを取り出す。

4 つややかな仕上がり。温度管理がうまくいっていないと型離れが悪かったりツヤが出なかったりする。

Bon Bon chocolat Kalamansi banane
(カラマンシー・バナーヌ)

華やかで香り高いカラマンシーのフレーバーが主役のボンボン。強い酸味とえぐみを中和するために、相性がよくマイルドなバナナフレーバーを組み合わせます。チョコレートもややミルク感を強めに調整していますが、そのやさしい味わいの中で、鼻に抜けていくカラマンシーの香りがさらに際立ちます。

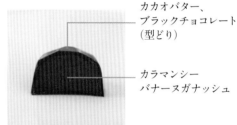

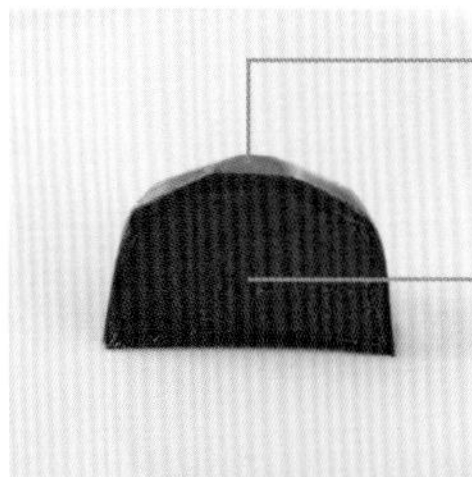

型どり

材料

カカオバター —— 適量
黄色粉、緑色粉 —— 各適量
*型どり用チョコレート(ガーナ産カカオ豆使用
　自家製チョコレート66%) —— 適量
※2.8cm×2.8cm×深さ2cmの型を使用。

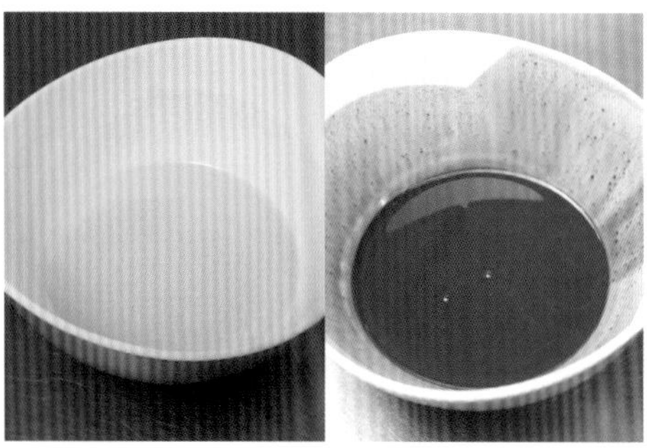

1　カカオバターをテンパリングして2つに分け、黄と緑の色粉を溶かして32℃にする。

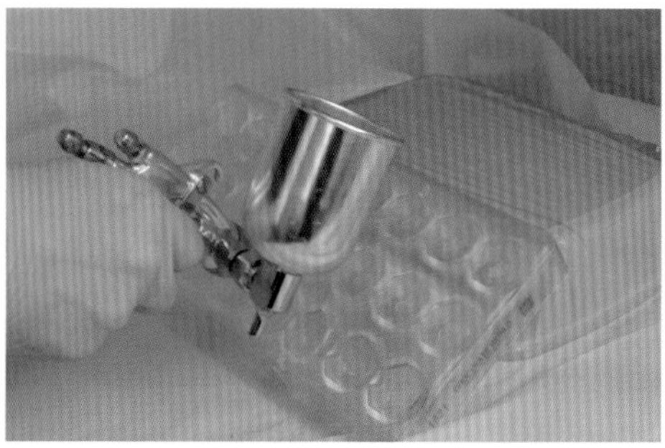

2　黄のカカオバターを型の片側にピストレする。

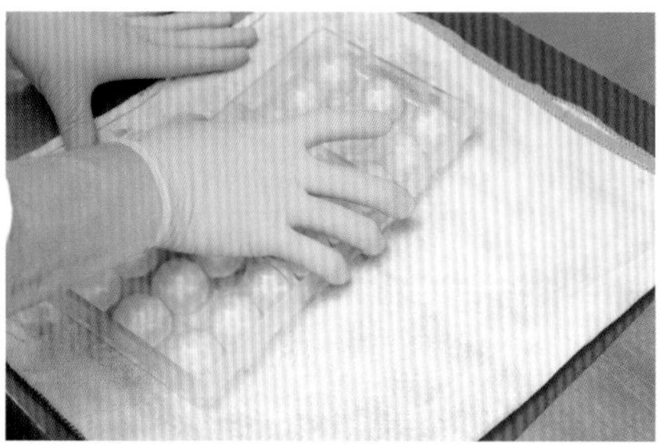

3　型のフチについたカカオバターを布巾で拭き取る。

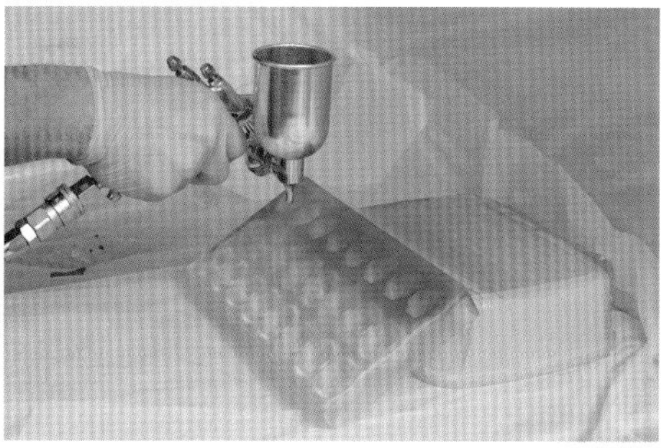

4　3が固まったら緑のカカオバターを型に均一にピストレする。

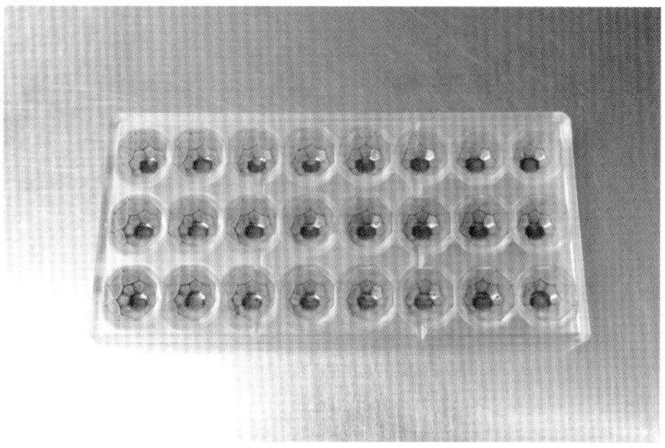

5　固まるまで室温におく。

6　型の内側いっぱいにテンパリングした31℃の型どり用チョコレートを絞り入れる。キャラメルフランボワーズの工程6〜7（p.44）と同様に、底を叩くかテンパリングマシーンの振動にあてて空気を抜き、型を逆さにしてチョコレートを落とす。

7　フチについたチョコレートをパレットで削り取り、固まるまで室温におく。

■ カラマンシーバナーヌガナッシュ

材料（100個分）

A
- ＊ガーナ産カカオ使用自家製チョコレート66%—— 256g
- ＊ガーナ産カカオ使用自家製ミルクチョコレート45%—— 330g
- カカオバター—— 48g

B
- カラマンシーピュレ—— 170g
- バナナピュレ—— 222g
- 転化糖—— 56g

バター（室温）—— 48g

作り方

1　Aは溶かして混ぜ合わせ、30〜40℃にする。

2　鍋にBを合わせて火にかけ、90℃にする。

3 1に2を3～4回に分けて加えては混ぜ、きれいに乳化させる。

4 さらにブレンダーでなめらかにする。

5 バターが乳化しやすい45℃にする。

6 バターを加え、ブレンダーで乳化させる。

7 型どりのチョコレートが溶けず作業性のよい31～32℃にする（カラマンシーバナーヌガナッシュ）。

8 型に7のカラマンシーバナーヌガナッシュを10gずつ絞り入れる。高さの目安は型のすりきりから1㎜下まで。室温で1日おく。

蓋をする

材料

＊蓋用チョコレート（ガーナ産カカオ豆使用自家製チョコレート66%）―― 適量

1 テンパリングした31℃の蓋用チョコレートをガナッシュの上に絞る。

2 パレットですりきり、室温で一晩おく。

型から外す

1 ボンボンが外れやすいよう型をねじり、バットをのせる。逆さまにして型の片側をバットに打ちつけてボンボンを取り出す。

Bon Bon chocolat Pasonage
(パソナージュ)

シンプルな構成のものが多いレ・カカオのラインナップの中でも、少し変化をつけたボンボン。チョコレートはフローラルな香りのする「アリバ」を使用し、相性のよいパッションオレンジのジュレを合わせ、その酸味をギモーヴの甘みで受け止め食感の面白さも加えています。

■ パートドフリュイ

材料（50個分）

A
- オレンジピュレ —— 183g
- パッションフルーツピュレ —— 44g
- グラニュー糖 —— 150g

B
- ペクチン —— 4g
- グラニュー糖 —— 38g

※5cm×2.5cm×深さ2cmのシリコン楕円型を使用。
※Bは混ぜ合わせておく。

作り方

1 Aを鍋に入れ火にかける。グラニュー糖が溶けたらBを加えて混ぜる。

2 混ぜながら103℃まで煮詰める。一度泡がめいっぱいに増えた後に減るタイミングが目安（パートドフリュイ）。

3 シリコン型に2のパートドフリュイを8gずつ流し入れる。

■ ガナッシュアリバ

材料（50個分）

A
- 生クリーム35%――170g
- 転化糖――20g
- 水飴――10g

*エクアドル産アリバ・ナシオナル種カカオ豆使用
自家製チョコレート72%――200g
バター（室温）――29g

作り方

1 Aを鍋に入れて火にかけ、90℃まで上げる。

2 チョコレートを溶かして40℃にし、1の⅓量を加えて混ぜ、乳化させる。

3 残りの1も2回に分け混ぜ入れ、乳化させる。仕上げにブレンダーでしっかりと乳化させる。

4 バターを加えて混ぜ、乳化させる。さらにブレンダーでなめらかにする。仕上がり40℃（ガナッシュアリバ）。

5 パートドフリュイを流し固めた型に4のガナッシュアリバを8gずつ絞り入れる。

6 型を落として空気を抜く。室温に1日おく。

7 固まったら取り出し、パートドフリュイを上にしてシリコンペーパーの上に並べる。

■ ギモーヴ

材料（90個分）
卵白（常温）── 150g
グラニュー糖 ── 300g
水 ── 75g
水飴 ── 120g
転化糖 ── 105g
板ゼラチン（エバルドシルバー）── 36g

作り方

1 グラニュー糖、水を鍋に入れ火にかけ、溶かした水飴と転化糖を加えて118℃まで煮詰める（シロップ）。

2 卵白をミキサーの高速で立てながら1を加える。

3 しっかりとメレンゲが立ち粗熱が取れたら、溶かして48℃にしたゼラチンを加え、人肌まで冷めるまでさらに攪拌し、空気を十分に含ませてしっかりと角が立った状態にする。

4 ガナッシュアリバとパートドフリュイの上に、9㎜の丸口金で3を波状に絞る。

5 室温に1日おいて乾かす（ギモーヴをのせたセンター）。

仕上げ

材料
*コーティング用チョコレート（エクアドル産アリバ・ナシオナル種カカオ豆使用自家製チョコレート72%）── 適量

1 テンパリングして31℃にしたコーティング用チョコレートに、ギモーヴをのせたセンターをくぐらせ、ペーパーの上に並べる。

2 金箔（分量外）を飾る。

ボンボン 3
Chocolaterie HISASHI　小野林 範

自身の「おいしい」という感覚を大切に
振り幅広くボンボンを手がける小野林氏。
今回は時間と手間がかかる分、味わいがひとしおのチェリーボンボン、
ガナッシュとパートドフリュイのセンターで
チョコレートとフレーバーの組み合わせを楽しませるボンボン、
プルーンの素材感を生かした詰め物状のボンボンの3種を紹介。

チェリーボンボン

ブランデー漬けにしたサクランボをフォンダン、チョコレートでコーティング。時間が経過するとフォンダンがブランデーを吸ってシロップとなり、サクランボには凝縮感が出ます。サクランボは工房のある滋賀県の農家産で、年ごとに皮の厚み、軸の丈夫さなどチェリーボンボンに向くものを選んでいます。

■ 紅秀峰のブランデー漬け

材料（作りやすい分量）

サクランボ（紅秀峰）—— 3kg以上
コニャック（ナポレオン）—— 適量
グラニュー糖 —— コニャックの10%

作り方

1 サクランボは真水ですすいで汚れを落とし、水気を取る。

2 保存瓶にサクランボを詰め、かぶる量のコニャックとその10%の量のグラニュー糖を加えて密閉する。

3 約1年漬ける。途中1か月ごとに一度、2の中身をボウルに出し、再び瓶に戻して密閉する（酸素を入れることで酒の浸透を進める）。

1年漬けたもの。左は使用ブランデー「ボージュ コニャック ナポレオン」。

サクランボは実の食感や風味がしっかりしていることに加え、中にアルコールの風味を浸透させるため皮が薄いことが大切。また、軸が強く取れにくいこともこの菓子では重要。

■ フォンダンのコーティング

材料（作りやすい分量）

フォンダン —— 500g（小ボウル1杯）
サクランボを漬けたコニャック —— 100mℓ〜
※オーブンペーパーを敷いた天板に粉糖をふっておく。

1 必要な数の紅秀峰のブランデー漬けを取り出し、網の上で1日乾かす。グラニュー糖と果実の糖分が表面に凝縮され、手でさわると少しベタついた感触。

2 ボウルにフォンダンを入れてひたひたのコニャックを加え、湯煎にかけてときどき混ぜながら50〜60℃に温める。

3 流動性とツヤが出て、サクランボに1㎜ほどの厚さでまとわるかたさになればOK。かたければ適宜コニャックを、やわらかければフォンダンを足す。

4 サクランボの軸を持ち、上部5㎜ほどを残して3のフォンダンのコーティングに入れ、数回上下にバウンドさせる。

5 サクランボの底部を3の液面にくるくるとこするようにして持ち上げ、フォンダンの余分をきる。

6 粉糖をふった天板に直立するように置く。フォンダンは室温ですぐに固まる状態がベスト。途中フォンダンがかたくなりきれいにまとわなくなってきたらコニャックを足す。

7 フォンダンが固まるまで1時間ほど室温におく。

■ チョコレートの板

材料
*ヴァローナカライブ —— 適量

1 チョコレートをテンパリングしてOPPシートに挟み、2㎜厚さにのばし、18℃湿度45％の保管庫で1日おく。直径1.5㎝の、丸型で抜く。

厚みが薄いとアルコールで溶けてしまう。

仕上げ

材料
*コーティング用チョコレート（ヴァローナカライブ）—— 適量

1 コーティング用チョコレートをテンパリングして31～32℃にする。カカオバターの結晶化により適度な厚みの出る温度。

2 フォンダンでコーティングした紅秀峰のブランデー漬けの軸を持って1に漬け、何度か上下させて余分を落とす。

3 最後にくるくるとチョコレートの液面をすべらせて底についた余分を落とす。

4 すぐにチョコレートの板にのせる。

5 天板に並べ、1か月ほど18℃湿度45％の保管庫におく。

6 時間を経る間にチョコレートの内部でサクランボの水分をフォンダンが吸って液状になる。この際、外を覆うチョコレートが薄いとアルコールによる溶解に耐えられない。

アジャン

大きく味わいのしっかりとした、南仏アジャン産のプルーンを使ったボンボン。プルーンはコニャックでフランベしてしっかりと風味を含んだコンポートにし、チョコレートの味わいの濃厚さとのバランスをとります。中に詰めるガナッシュにも、ピュレにしたコンポートを混ぜ込み、一体感を作ります。

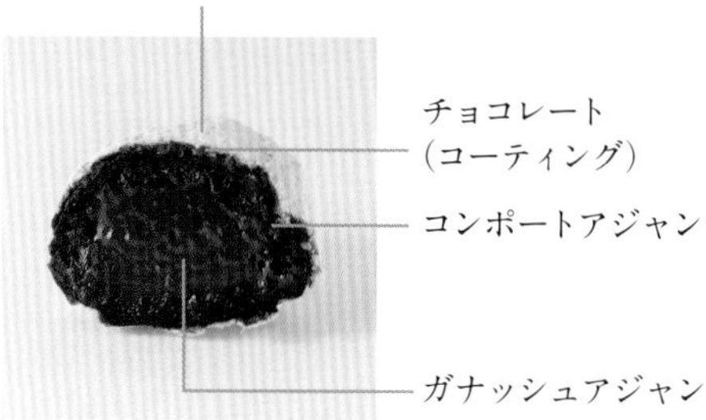

■ コンポートアジャン

材料（作りやすい分量）

アジャン産プルーン（セミドライ／種なし）
—— 500g
コニャック（ナポレオン）—— 300g
オレンジ果皮（ワタを除きサッとゆでたもの）
—— 1個分
シナモンスティック —— 1本

作り方

1 鍋に全ての材料を入れて火にかける。

2 沸騰したら鍋の中に火を入れてフランベする。

3 炎が消えたら鍋の中身を全てボウルに移す。

4 落としラップをして冷まし、冷蔵庫で1日おいて味をなじませる。

5 4のプルーンの穴を広げ、ガナッシュを入れやすい形に成形する。

6 バットに並べ、さらに1日おいて乾燥させる。

■ ガナッシュアジャン

材料（作りやすい分量）

A［ *カカオバリーアルトエルソル —— 150g
　 *カカオバリーガーナ —— 350g

トリモリン —— 45g

コンポートアジャン（左ページ参照）—— 100g

バター —— 60g

作り方

1 A、トリモリンは合わせて溶かし、45℃にする。

2 コンポートアジャンを1と同じ程度の温度に温めて1に加える。

3 バターを加え、フードプロセッサーまたはブレンダーで攪拌する。

詰める

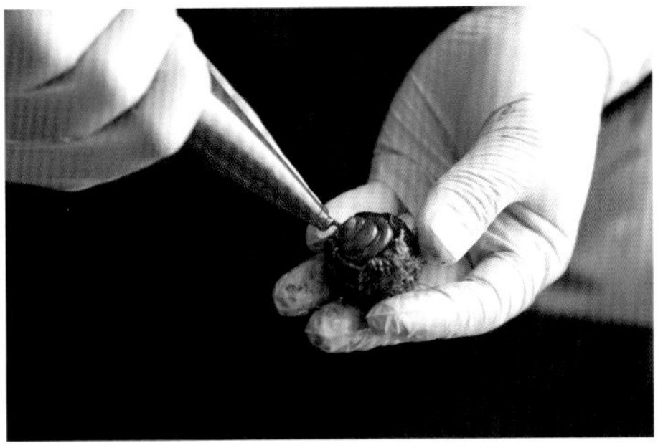

1 ガナッシュアジャンを乾燥させたコンポートアジャンに絞り込み、（18℃湿度45％の保管庫で）一日おく。

仕上げ

材料（作りやすい分量）

*コーティング用チョコレート（ヴァローナカラク）
—— 適量

A［ 粉糖 —— 500g
　 シナモンパウダー —— 15g

1 Aは合わせてバットに広げる。

2 コーティング用チョコレートをテンパリングして31～32℃にし、ガナッシュアジャンを詰めたコンポートアジャンをくぐらせ、余分を落として1にのせ、まぶす。

エキゾティック

パッションフルーツ、マンゴー、バナナなど南国フルーツのピュレをブレンドした華やかなガナッシュのボンボン。ひときわ鋭い風味で香り高いパッションフルーツのパートドフリュイがはっきりとした果実感を感じさせますが、ガナッシュがまろやかにまとめ、やわらかな余韻を残します。

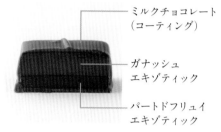

■ パートドフリュイエキゾティック

材料（275㎜×275㎜×高さ5㎜のカードル1枚分）

パッションフルーツピュレ —— 212g
ハローデックス —— 65g
トリモリン —— 30g
トレハロース —— 130g
A［グラニュー糖 —— 48g
　 ペクチンイエローリボン —— 5.3g
クエン酸 —— 3.6g
水 —— 3.6g
※Aはよく混ぜ合わせておく。

作り方

1 パッションフルーツピュレ、ハローデックス、トリモリンを火にかける。
2 1が溶けたら、トレハロース、Aの順に加えて沸騰させる。
3 Brix65％まで炊き、水に溶いたクエン酸を加える。
4 カードルに流して冷やし固める。
5 固まったらカードルをきれいに外し、275㎜×275㎜×高さ10㎜のカードルをはめる。

■ ガナッシュエキゾティック

材料（275㎜× 275㎜×高さ10㎜のカードル1枚分）

*カカオバリーガーナ —— 662g
*カカオバリー GAIA71% —— 165g
トリモリン —— 76g
生クリーム35% —— 200g
ソルビトール —— 17g
A パッションフルーツピュレ —— 74g
　マンゴーピュレ —— 74g
　ココナッツピュレ —— 50g
　バナナピュレ —— 30g
　ライムピュレ —— 20g
バター（ポマード状）—— 65g

作り方

1. チョコレート、トリモリンはボウルに合わせておく。
2. 鍋に生クリーム、ソルビトールを合わせて火にかけ、沸騰させる。
3. 2を1に一度に加え、泡立て器で混ぜ合わせて乳化させる。
4. Aを混ぜ合わせて34℃にし、3に一度に加え、ブレンダーで乳化させる。
5. バターを加え、再びブレンダーで乳化させる。
6. 型をはめたパートドフリュイエキゾティックの上に流し、平らにならす。
7. 18℃湿度45%の保管庫に2日おいて固める（センター）。

仕上げ

材料

*シャブロネ・コーティング用チョコレート（カカオバリーガーナ）—— 各適量

作り方

1. テンパリングした31～32℃のシャブロネ用チョコレートを、センターのパートドフリュイエキゾティック側に薄く塗り、ギターカッターで25㎜四方にカットする。
2. 1日おいて乾燥させる。
3. 2をテンパリングした31～32℃のコーティング用チョコレートにくぐらせ、上面に金串などをあてて模様をつけ、18℃湿度45%の保管庫に1日おいて固める。

Column

チョコレートの乳化

Chocolaterie HISASHI　小野林 範

油脂分の多いチョコレートを使った菓子作りでは、油脂分と水分の乳化(結びついた状態にする)がポイントのひとつです。
乳化には強さの程度があり、同じ材料を混ぜ合わせた場合、強く乳化しているほど粘度、保形性が生まれ、逆に乳化が弱いとゆるいテクスチャーになります。
しっかりと乳化させるには、チョコレートに水分を少しずつ加えては混ぜ、分離するのを確認しながら水分量を増やしていくのが近年の一般的な方法のひとつです。最初は分離しても、確実に均一に混ぜていくことでダマを防げ、ある程度の水分が入るときれいに乳化し始めて最終的に強いテクスチャーが得られます。一方、ハンドブレンダーを使えば一度に多くの水分を加えてダマを作らず乳化させることができますが、少しずつ水分を加えて分離を繰り返しながら乳化させた場合よりもやわらかなテクスチャーになります。
このふたつの乳化は、どちらが正しいということではありません。私の場合、たとえばダレない生地に仕上げたい場合や、ねっとりとした食感が欲しい場合は強い乳化が得られる方法を選びますし、逆に、ボンボンショコラなどで、粘度が低く口中に長くとどまりすぎないようなテクスチャーが欲しい場合は乳化が弱いほうがよいこともあります。素材の性質と製法の特性を知り、求める仕上がりに必要なものを選択することが大切なのだと思っています。

ボンボン 4

Four Seasons Hotel TOKYO AT OTEMACHI

青木裕介

特定のチョコレートの風味を前に出すよりも、
表現したいフレーバーがあり
それに適したチョコレートを選ぶことが多い青木氏。
また、型を使う場合は「型でこそできる表現を」と、
センターはやわらかなコンフィチュールと
ガナッシュの組み合わせが定番。
細かな温度管理と工夫に富んだ装飾による
華やかなコーティングも、ホテルらしい
ラグジュアリー感を演出します。

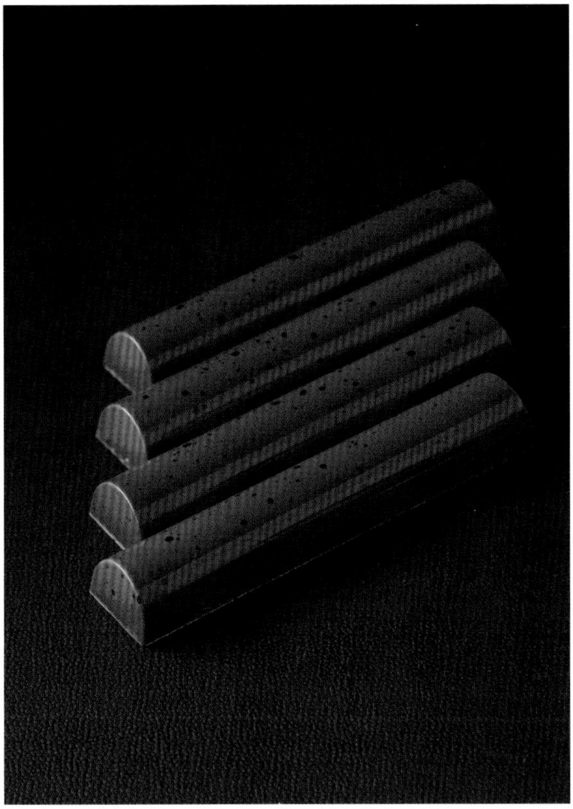

ボンボン バナナラム

飲用の質の高いラムの風味をガナッシュで楽しむボンボン。ラムの風味が負けないようミルクチョコレートを使用しますが、甘やかなラムの香りでチョコレートの甘みが強調されるため、カカオ分がやや高めのものを選びます。ラムと相性のよい南国フルーツのジュレと合わせて。

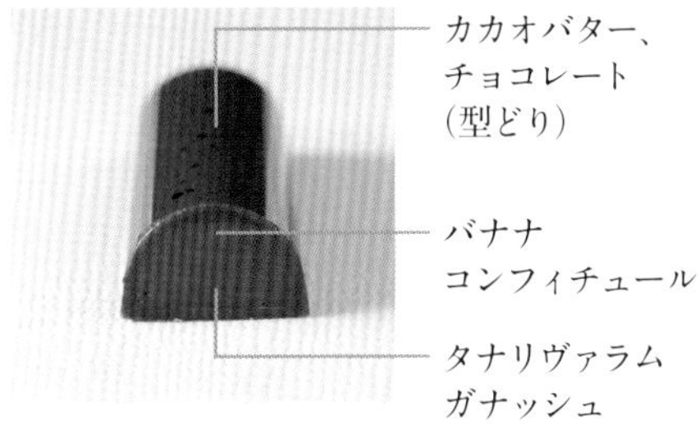

型どり

材料
カカオバター —— 適量
黒色粉、オレンジ色粉、黄色粉 —— 各適量
*型どり用チョコレート（ヴァローナタナリヴァ・ラクテ）—— 適量
※12㎝×2.3㎝×深さ1.5㎝の半円筒型を使用。

1 カカオバターをテンパリングして28℃にし、3つに分け、それぞれ黒色粉、オレンジ色粉と黄色粉（褐色にする）、黄色粉を溶かす。

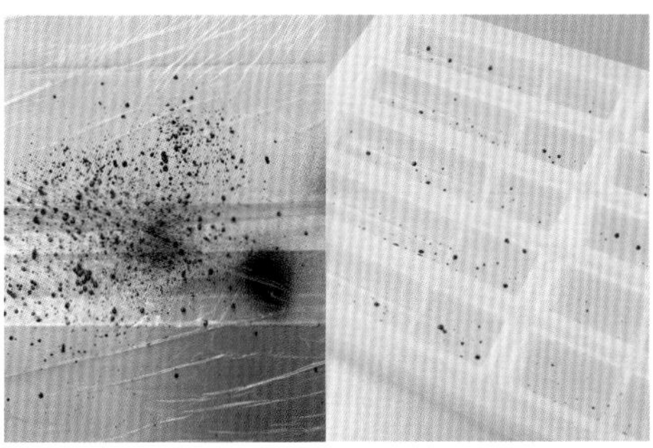

2 黒のカカオバターを27℃にして同じ温度のスプレーガンに入れ、レバーを弱く握ってピストレし、大きさの不均一なドットを描く。写真左のように最初に養生シートに吹きつけて握り具合を確認するとよい。

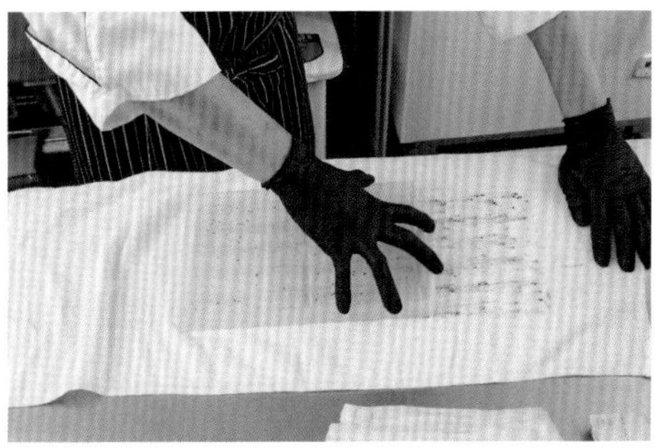

3 型のフチについたカカオバターは布巾で拭き取る。以降もカカオバターは27℃でピストレし、フチのカカオバターを拭き取る。

4 型を写真左のように角度をつけて持ち、褐色のカカオバターを型の長辺のフチ近くに吹きつける。

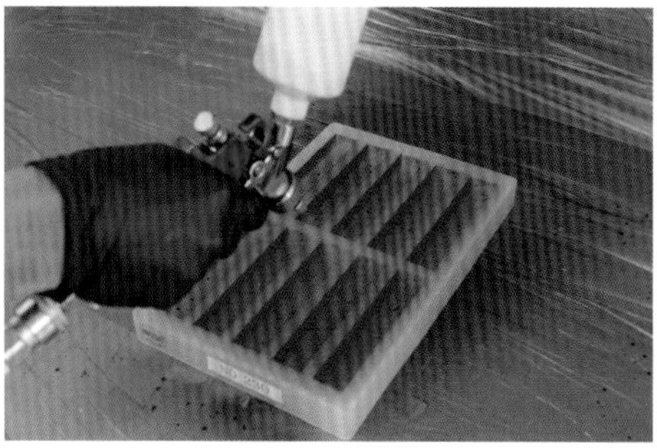

5 型の中央に黄のカカオバターを吹きつける。

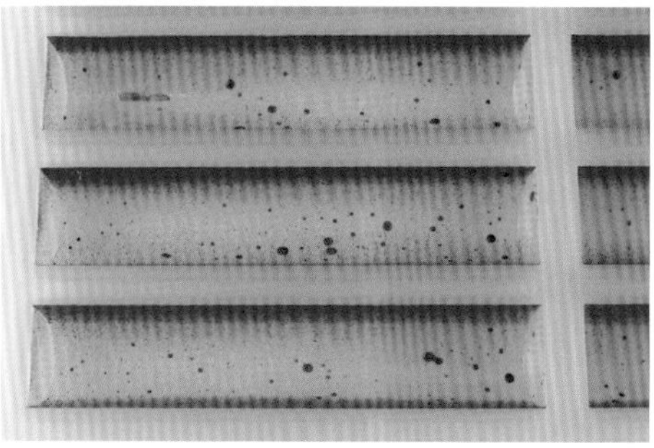

6 フチの近くは褐色、中央は黄のグラデーションに仕上げる。17℃の場所に2時間ほどおきカカオバターを結晶化させる。

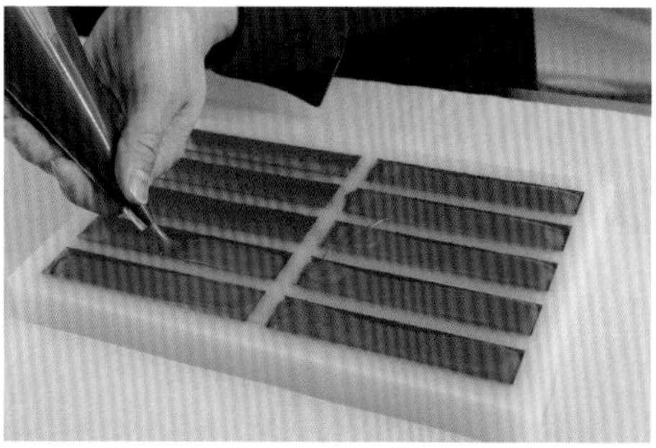

7 テンパリングした31℃の型どり用チョコレートを型いっぱいに流す。

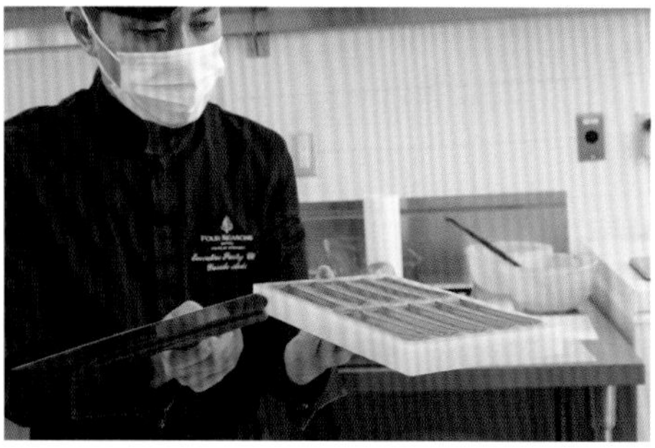

8 型の側面や底を叩いて空気を抜く。

9 型からチョコレートを出す。

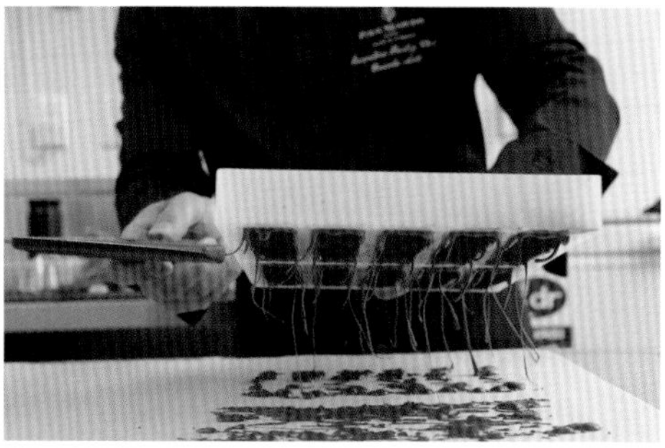

10 型を逆さにして側面を叩き、余分なチョコレートを落とす。

11 型を立ててチョコレートが固まるまで室温におく。型を寝かせると余分なチョコレートが型の底にたまって厚くなるため。

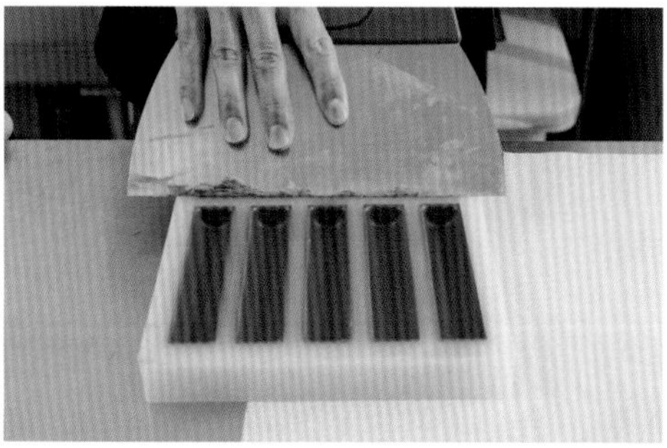

12 型のフチについたチョコレートをパレットで削り取る。18℃の場所で3時間おく。

■ バナナコンフィチュール

材料（20個分）

- A
  - バナナピュレ —— 180g
  - パッションフルーツピュレ —— 40g
  - マンゴーピュレ —— 30g
  - 水飴 —— 64g
  - バニラペースト —— 1g
- B
  - グラニュー糖 —— 74g
  - ペクチンNH —— 4g
- グラニュー糖 —— 160g

※Bは混ぜ合わせておく。

作り方

1 鍋にAを入れ温め、40℃くらいになったらBを加えて混ぜる。

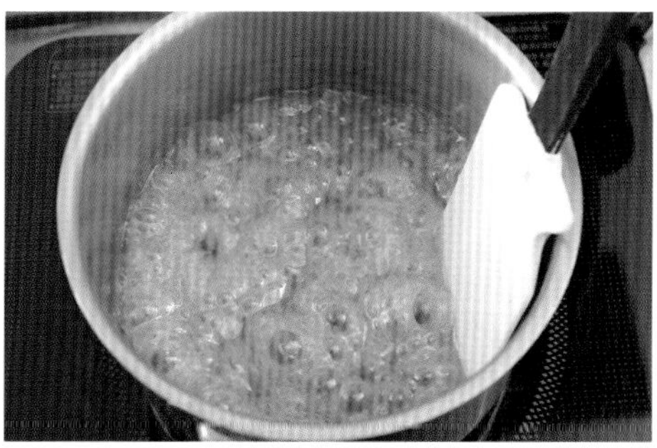

2 残りのグラニュー糖も加え、Brix72％まで煮詰める。ピュレの色が濃くなり、混ぜると表面に少ししわができるのが目安。ボウルに出して粗熱を取る（バナナコンフィチュール）。

3 型どりしたチョコレートに2のバナナコンフィチュールを8gずつ絞り入れる。

■ タナリヴァラムガナッシュ

材料（20個分）

- *ヴァローナタナリヴァ・ラクテ —— 240g
- 生クリーム35％ —— 144g
- 転化糖 —— 14g
- バター（室温）—— 12g
- ラム（プランテーショントラディショナルダークラム）—— 37g

作り方

1 筒状の容器にチョコレートを入れて温めて軽く溶かし、転化糖も加えておく。

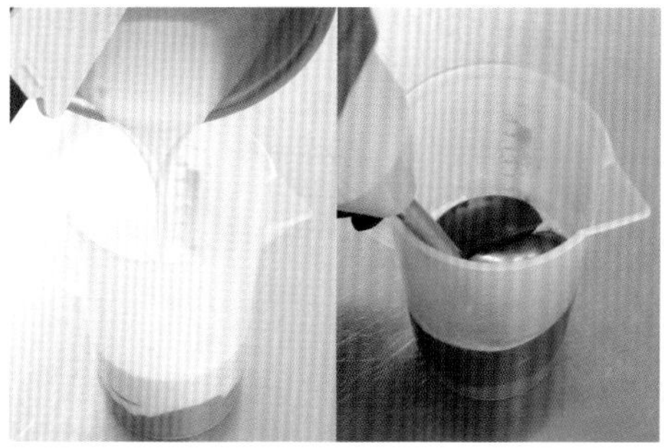

2 生クリームを60℃くらいに温めて1に加え、ブレンダーで乳化させる。

3 1が40℃のときにバターを加え、ブレンダーで乳化させる。

4 ラムを少しずつ加え、ブレンダーで乳化させ、30℃にする。30℃は型どりしたチョコレートが溶けず、かつ作業性のよい温度（タナリヴァラムガナッシュ）。

5 絞ったバナナコンフィチュールの上に、4のタナリヴァラムガナッシュを20gずつ（型の9割程度まで）絞り入れる。

6 17℃の場所で一晩おき、結晶化させる。

蓋をする

材料

*蓋用チョコレート（ヴァローナタナリヴァ・ラクテ）―― 適量

1 蓋のチョコレートがつきやすいよう、型どりしたチョコレートのフチをヒートガンで軽く温めて溶かす。

2 テンパリングした31℃の蓋用チョコレートをガナッシュの上に流し、型の半分に塗り広げる。

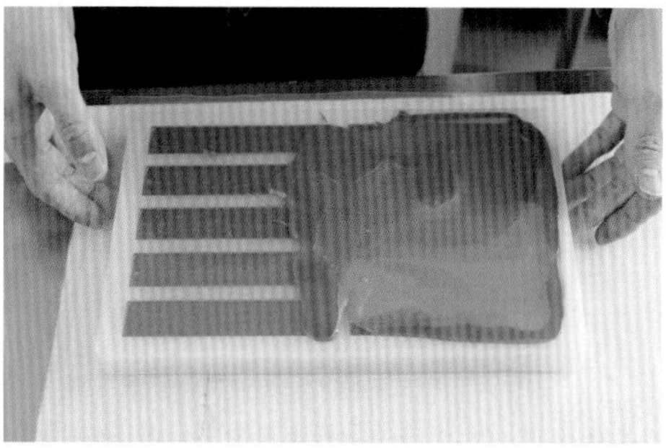

3 2のチョコレートとの間に空気が入らないようにフィルムをかぶせる。

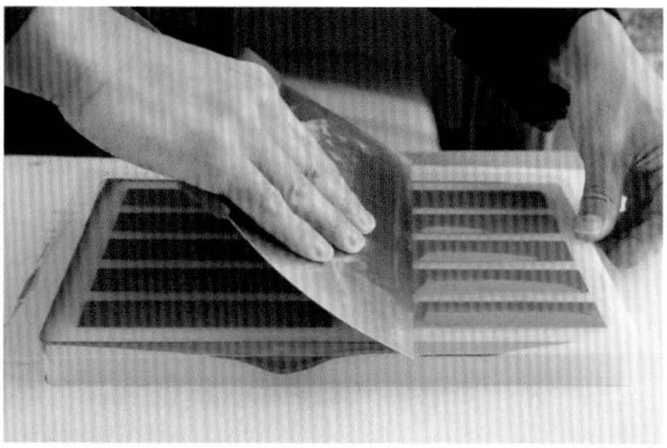

4 パレットでしっかりと圧をかけてチョコレートを全体にのばし、ガナッシュに蓋をする（単にすりきるよりもフィルムを使ったほうが仕上がりが美しい）。18℃の場所で2時間おく。

型から外す

1 型を逆さにし、型をねじってボンボンを取り出す。

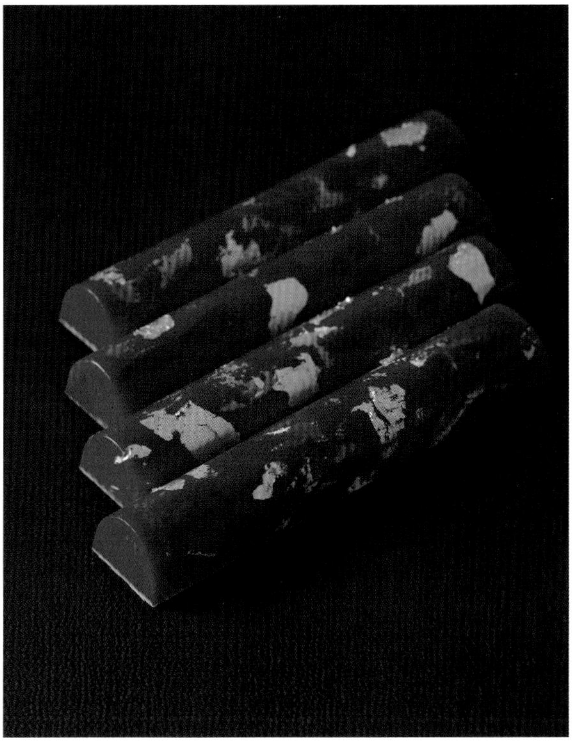

ボンボン カフィアライム

「ホワイトチョコレートはカカオ感はないけれど、逆に考えれば合わせる素材を一番感じやすい」と青木氏。コブミカンの個性的な香りを生かしたガナッシュにし、ライムとベリーのジュレで爽やかな香りと酸味を重ねてチョコレートの甘さを抑えます。

型どり

材料

*型どり用チョコレート（ヴァローナオパリス）——適量
カカオバター——適量
赤色粉——適量
金箔——適量
※12cm×2.3cm×深さ1.5cmの半円筒型を使用

1 型どり用チョコレートをテンパリングし、少量を取り分けて赤色粉を混ぜ、ごく淡いピンクと赤に近いピンクの2種を作る。

2 カカオバターをテンパリングして28℃にし、赤色粉を混ぜる。

3 1の淡いピンクのチョコレートをスポンジで間隔をあけて型の内側にスタンプする。

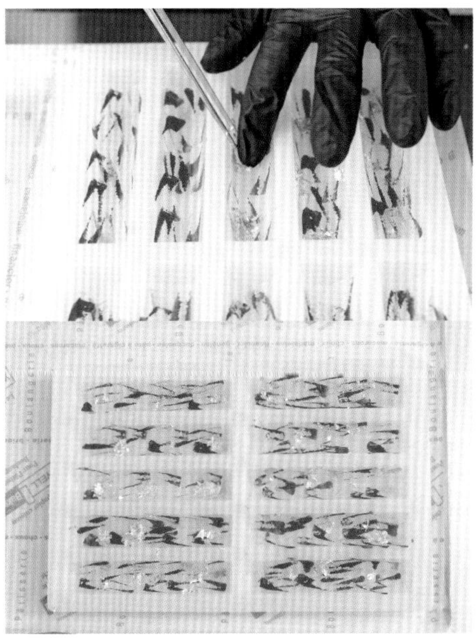

4 3の間に赤に近いピンクのチョコレートをスタンプし、隙間に金箔を貼りつける。

5　2を27℃にして同じ温度のスプレーガンに入れ、4の型に均一にピストレする。型のフチについたカカオバターは布巾で拭き取り、17℃の場所に2時間ほどおきカカオバターを結晶化させる。

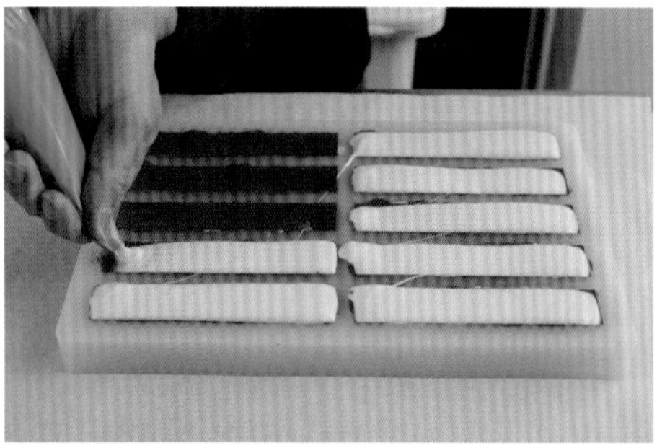

6　テンパリングした31℃の型どり用チョコレートを型いっぱいに流す。

7　バナナラムの工程8～12（p.64）と同様にし、型からチョコレートを出す。17℃の場所に3時間おき結晶化させる。

■ ストロベリーライムコンフィチュール

材料（20個分）

イチゴピュレ —— 250g
水飴 —— 64g
バニラペースト —— 1g
ライム果汁 —— 20個分
グラニュー糖 —— 74g
A［ペクチンNH —— 4g
　 グラニュー糖 —— 160g
※Aは混ぜ合わせておく。

作り方

1　鍋にイチゴピュレ、水飴、バニラペーストを合わせて40℃に温める。

2　Aを加えて混ぜ、残りのグラニュー糖も加え、Brix72％まで煮詰める（ストロベリーライムコンフィチュール）。

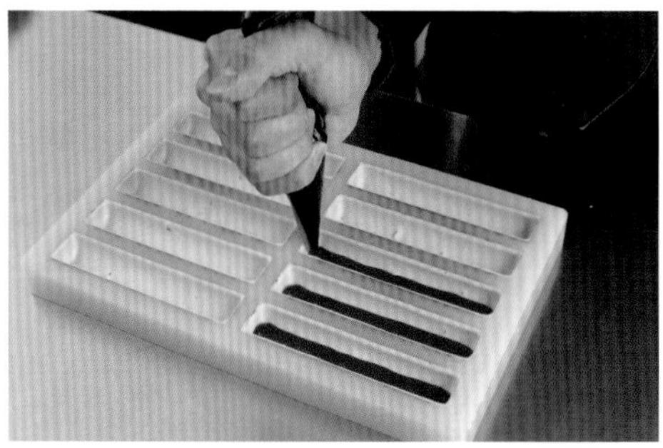

3　型どりしたチョコレートに2のストロベリーライムコンフィチュールを8gずつ絞り入れる。

■ オパリスカフィアライムガナッシュ

材料（20個分）

生クリーム35%――144g
コブミカンの葉――8g
バニラペースト――1g
転化糖――24g
ライム果汁――8g
*ヴァローナオパリス――256g
バター――30g

作り方

1 鍋に生クリームを沸かし、刻んだコブミカンの葉を加え、火を止めてラップをかけて30分風味を移す。

2 1を漉して128g量り、バニラペーストと合わせ、60℃にする。

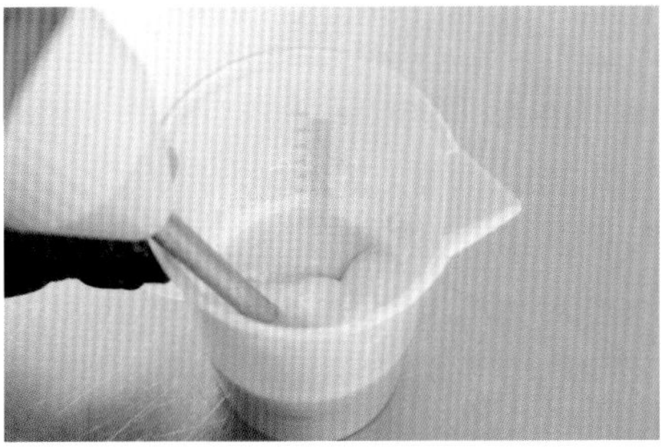

3 チョコレートを温めて軽く溶かし、転化糖、2を加えてブレンダーで乳化させる。

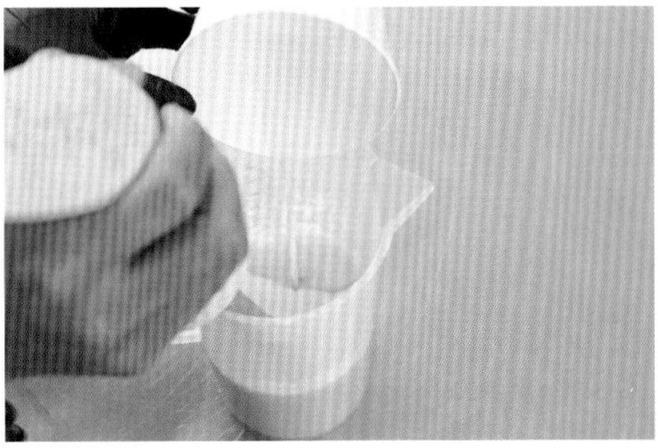

4 ライム果汁を少しずつ加え、ブレンダーで乳化させる。40℃になったらバターを加え、さらにブレンダーで乳化させ、30℃にする（オパリスカフィアライムガナッシュ）。

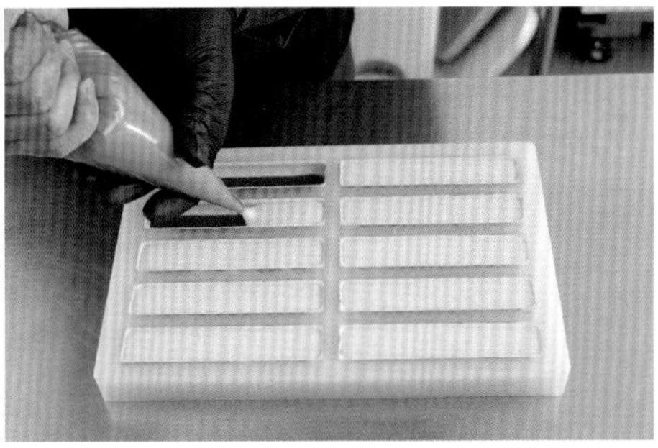

5 絞ったストロベリーライムコンフィチュールの上に、4のオパリスカフィアライムガナッシュを20gずつ（型の9割程度まで）絞り入れる。17℃の場所で一晩おき結晶化させる。

蓋をする

材料

*蓋用チョコレート（ヴァローナオパリス）
――適量

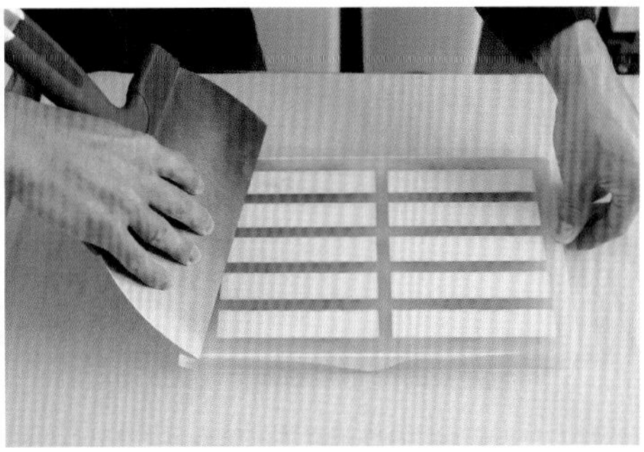

1 バナナラムの蓋をする工程1〜4（p.66）と同様にし、蓋用チョコレートで蓋をして18℃の場所で2時間おき、結晶化させる。

型から外す

1 型を逆さにし、型をねじってボンボンを取り出す。

ボンボン アブサンベリー

フォーシーズンズのバーで提供されているアブサンを使用した、アルコールをたしなむように楽しむ大人向けのボンボン。ラムと同じくアブサンの香りが生きるミルクチョコレートでガナッシュにし、アニス系と相性のよいベリーのコンフィチュールを合わせます。

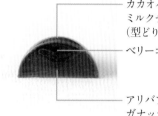

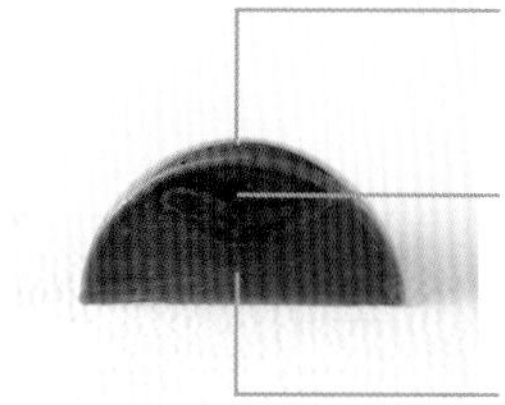

型どり

材料

カカオバター —— 適量
黒色粉、黄色粉、緑色粉 —— 各適量
*型どり用チョコレート(ドモーリアリバナシオナル ミルク50%)—— 適量
※直径3㎝の半球型を使用。

1 カカオバターをテンパリングして28℃にし、3つに分け、それぞれ黒色粉、黄色粉、緑色粉を溶かす。

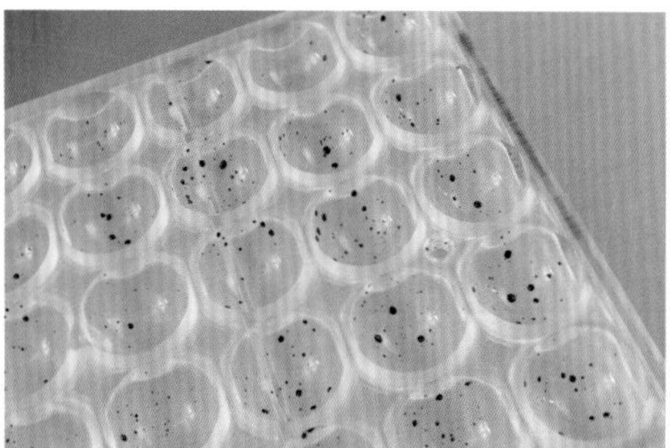

2 バナナラムの工程2～3(p.63)と同様に黒のカカオバターを型にピストレする。

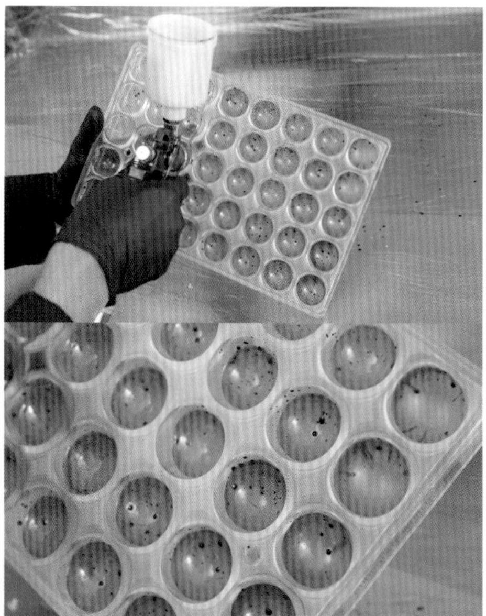

3 黄のカカオバターを1の各型の中央にピストレする。写真下のようにカカオバターがフチいっぱいに上がりきる前に止める。

4 p.63の4のように型に角度をつけ、半球のフチの近くに緑のカカオバターをピストレする。中央が黄、フチが緑のグラデーションができる。17℃の場所に2時間おき、結晶化させる。

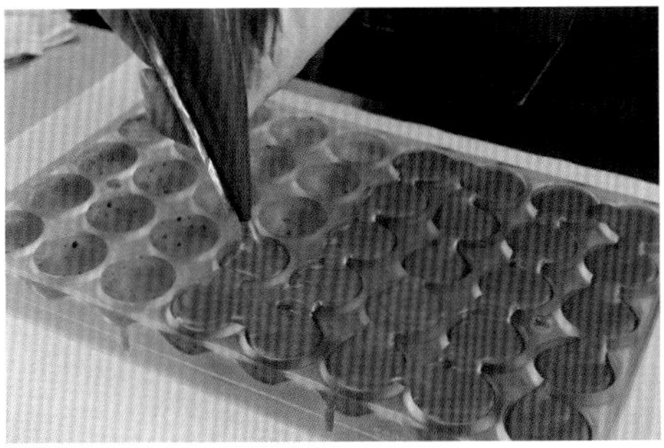

5 テンパリングした31℃の型どり用チョコレートを型に流す。

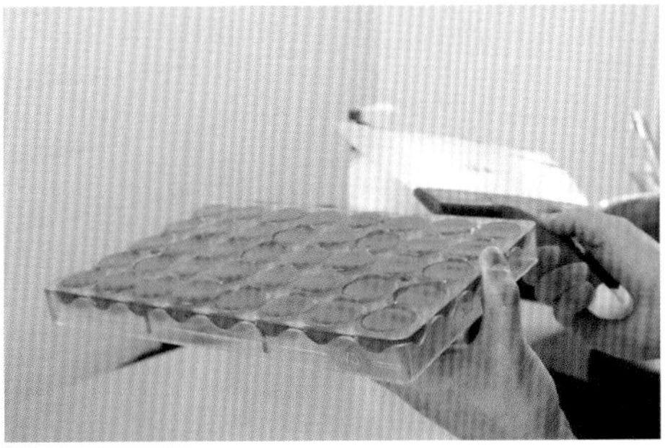

6 型の側面や底を叩いて空気を抜く。

7 型からチョコレートを出し、さらに型を逆さにして側面を叩き、余分なチョコレートを落とす。

8 型を立ててチョコレートが固まるまで室温におく。型を寝かせると余分なチョコレートが型の底にたまって厚くなるため。

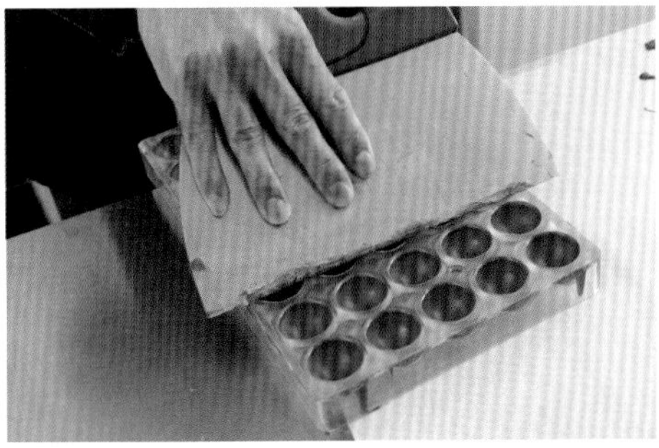

9 型のフチについたチョコレートをパレットで削り取り、17℃の場所に3時間おいて結晶化させる。

■ ベリーコンフィチュール

材料（20 個分）

A［ラズベリーピュレ —— 175g
　 イチゴピュレ —— 75g
水飴 —— 64g
バニラペースト —— 1g
B［グラニュー糖 —— 74g
　 ペクチンNH —— 4g
グラニュー糖 —— 160g

作り方

1 鍋に A、水飴、バニラペーストを入れて温める。

2 B を混ぜておき、1が40℃くらいになったら混ぜながら加える。残りのグラニュー糖も加える。

3 Brix72％まで煮詰める。ボウルに移し、粗熱を取る（ベリーコンフィチュール）。

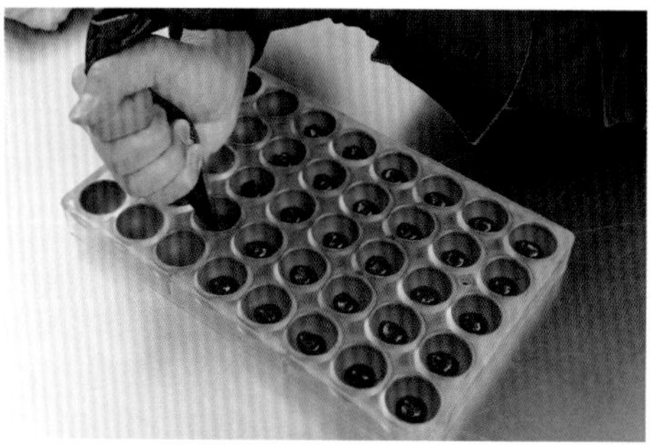

4 型どりしたチョコレートに3のベリーコンフィチュールを8gずつ絞り入れる。

■ アリババアブサンガナッシュ

材料（20 個分）

＊ドモーリアリババナシオナルミルク50％
 —— 266g
生クリーム35％ —— 160g
転化糖 —— 16g
バター —— 13.5g
アブサン —— 41g

作り方

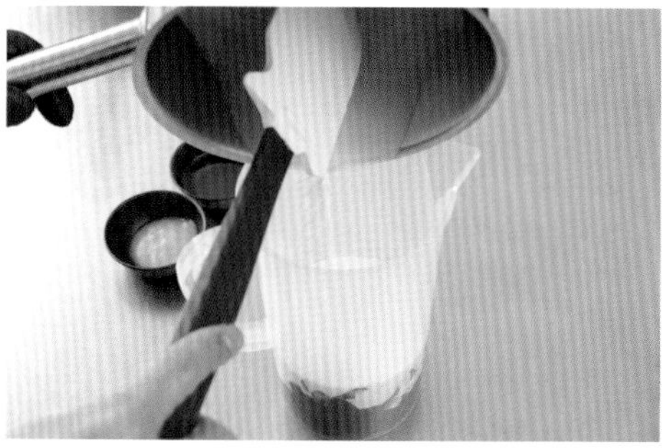

1 チョコレートを筒状の容器に入れて温め、軽く溶かす。生クリームを60℃くらいに温めて加える。

2 転化糖を加えてブレンダーで乳化させる。

3 2が40℃のときにバターを加え、ブレンダーで乳化させる。

4 アブサンを少しずつ加え、ブレンダーで乳化させる。

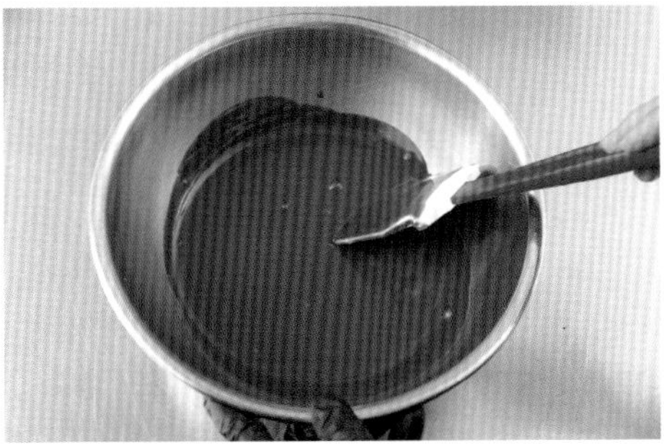

5 ボウルに移し、適宜氷水をあてて30℃にする（アリバアブサンガナッシュ）。

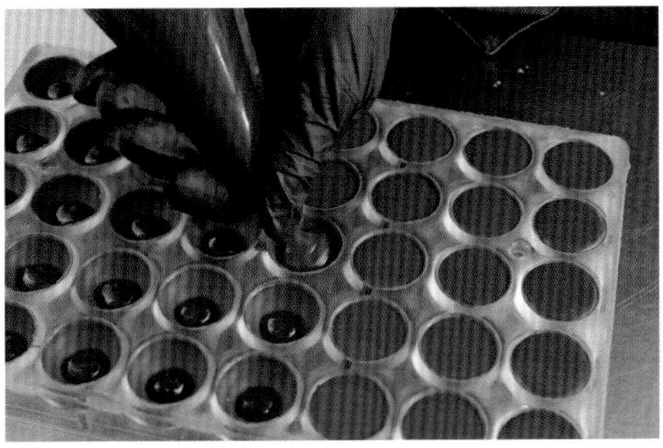

6 絞ったコンフィチュールの上に5のアリバアブサンガナッシュを20gずつ絞り入れる。

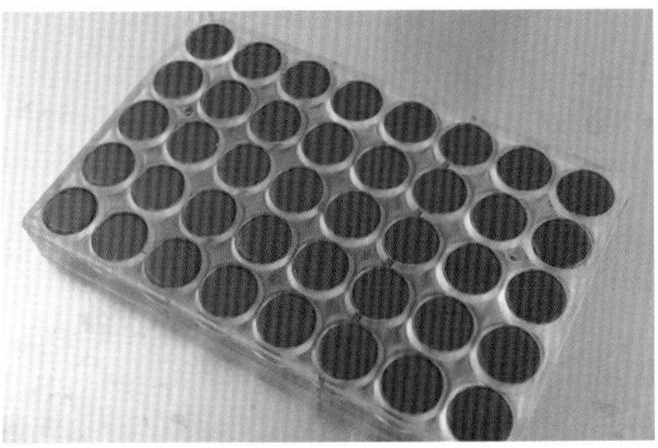

7 17℃の場所で一晩おき結晶化させる。

蓋をする

材料

*蓋用チョコレート（ドモーリアリバナシオナル ミルク50%）—— 適量

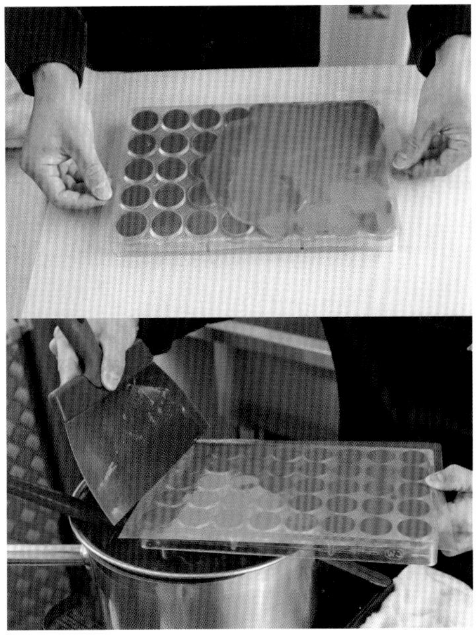

1 バナナラムの蓋をする工程1～4（p.66）と同様にし、蓋用チョコレートで蓋をして18℃の場所で2時間おき、結晶化させる。

型から外す

1 型を逆さにし、型をねじってボンボンを取り出す。

Pâte à tartiner chocolat noisettes

パータタルチネショコラノワゼット

LES CACAOS

黒木琢磨

プラリネノワゼットとチョコレートのやわらかなペーストで、どちらも自家製によりひときわ香り高く。
チョコレートはカカオ感や適度な苦味といった力強さに柑橘のニュアンスも持つベネズエラ産チュアオ種のカカオ豆を使い、ナッツが主体ながらチョコレートの味わいも感じられるバランスに仕上げます。

■ パータタルチネショコラノワゼット

材料（1700g 分）

ヘーゼルナッツ —— 420g
グラニュー糖 —— 210g
生クリーム35% —— 565g
水飴 —— 52g
転化糖 —— 109g
塩 —— 3.3g
*ベネズエラ産チュアオ種カカオ豆使用自家製チョコレート72% —— 226g
バター —— 188g

作り方

プラリネノワゼットを作る

1 ヘーゼルナッツは170℃で16〜18分ローストし、どうしても取れない皮以外すべてむく。

2 銅鍋にグラニュー糖を入れて火にかけ、118℃まで上げる。

3 1を加えて木べらで全体を混ぜ、シロップを絡ませる。

4 弱火で焦がさないように混ぜ続ける。徐々に糖分が結晶化してくる。

5 再び粘りが出てキャラメル化が始まる。

6 徐々に色が深くなってくる。一部でも強く色づいてムラになると最終的にそこが焦げになるため、均一に色づくように混ぜ続ける。

7 色が深くなり、ヘーゼルナッツ同士がくっついてまとまってきたところで終了。

8 シルパットの上に7を出して広げ、冷ます。

9 フードプロセッサーに8を回りやすい分量を入れて撹拌する。

10 機械がスムーズに回るように、何度かに分けて8を加えては撹拌する。

11 8を全量入れたら、油脂が出てなめらかになるまでよく撹拌する（プラリネノワゼット）。

ガナッシュを作る

1 鍋に生クリーム、水飴、転化糖を入れて火にかけ、90℃になったら塩を加えて溶かす。

2 ボウルにチョコレートを入れて半分溶けた状態にし、1の$\frac{1}{3}$量を加える。

3 ゴムベラでよく混ぜて乳化させる。

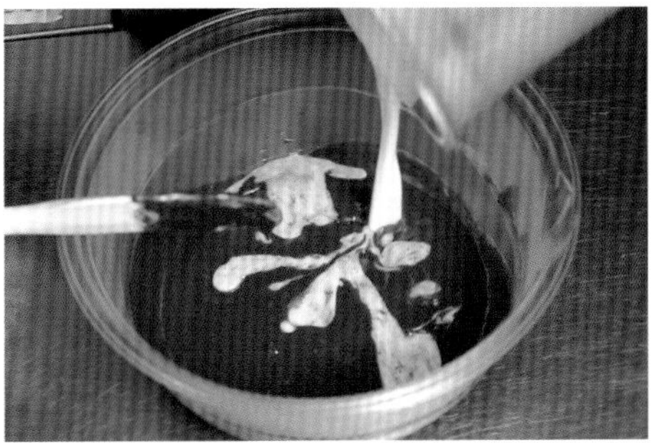

4 残りの1を2回に分けて加え、そのつどよく混ぜて乳化させる。

5 ブレンダーでなめらかにする。

6 バターを加えてブレンダーで乳化させる（ガナッシュ）。

プラリネとガナッシュを混ぜる

1 室温でやわらかい状態にしたプラリネノワゼットに、できあがったガナッシュの少量を加えてよく混ぜる。

2 1を残りのガナッシュに加えて混ぜる。

3 ブレンダーできれいに乳化させる。

ギモーヴショコラ

PÂTISSERIE AVRANCHES GUESNAY　上霜考二

「副材料と合わせてもカカオ感が出やすい」ヴァローナのカカオパウダーでシロップを作り、ゼラチン液とともに立ててギモーヴに。
細かな気泡に含まれたカカオの香りが、食べると口中に広がります。
仕上げにカカオパウダーのほかに、細挽きのコーヒー豆もまぶし、ビターな香りのアクセントをつけています。

■ ギモーヴショコラ

材料（355㎜×355㎜×高さ30㎜のカードル１枚分）

A
- ギモーブ用ゼラチン（アイコク）―― 41.6g
- 水 ―― 199.9g

B
- 水 ―― 400g
- チョコレートベース（下記参照）―― 196g
- グラニュー糖 ―― 655g
- トレハロース ―― 100g
- ハローデックス ―― 50g
- トリモリン ―― 200g

トリモリン ―― 248. 3g
クエン酸 ―― 3.9g
水 ―― 3.9g
*チョコレートの板（ルカカカオマランタ61%をテンパリングしてカードルのサイズに薄く流し固めたもの）―― 1枚
カカオシュガー（下記参照）―― 適量
極細挽コーヒー豆 ―― 適量
○チョコレートベース … カカオパウダー（ヴァローナ）70g、グラニュー糖98g、湯140gを合わせてブレンダーで均一にする。
○カカオシュガー … カカオパウダー（カカオハンターズ）、粉糖、コーンスターチを1：1：2の割合で混ぜ合わせてふるう。
※クエン酸は水で溶かしておく。

作り方

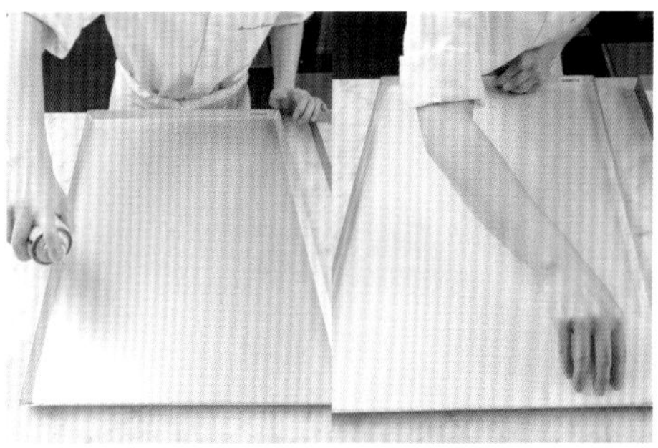

1　天板にオイルスプレーを吹きつけてオーブンシートを貼りつけ、カードルの内側にもオイルスプレーを吹きつけ、天板にのせておく。

2　ボウルにAを入れて湯煎で溶かす（50℃程度）。

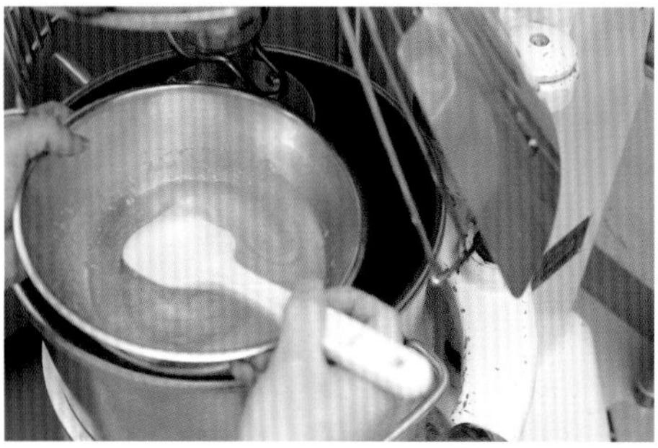

3 ミキシングボウルにトリモリン248.3g、水で溶かしたクエン酸、熱い状態の1を入れる。

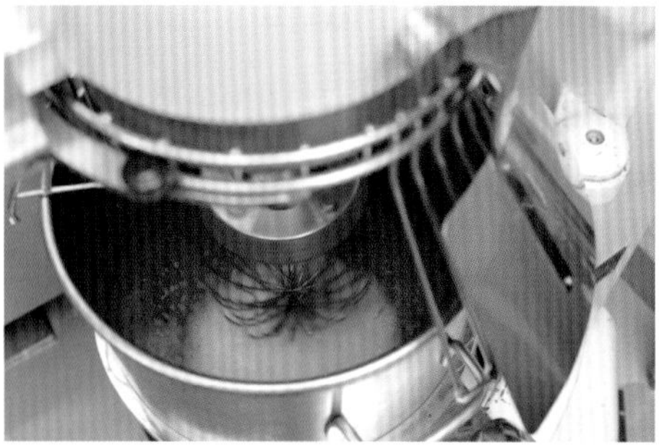

4 ホイッパーで撹拌する。

5 鍋にBを合わせて火にかけ、106℃まで上げる。

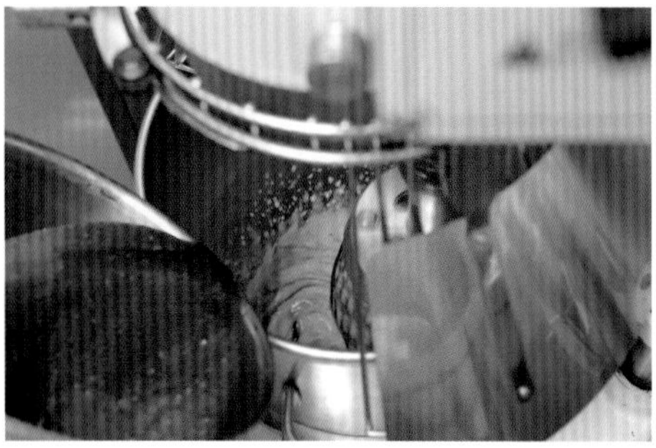

6 4が泡立ってきたら5をムラができないように少しずつ加え、高速で立てていく。

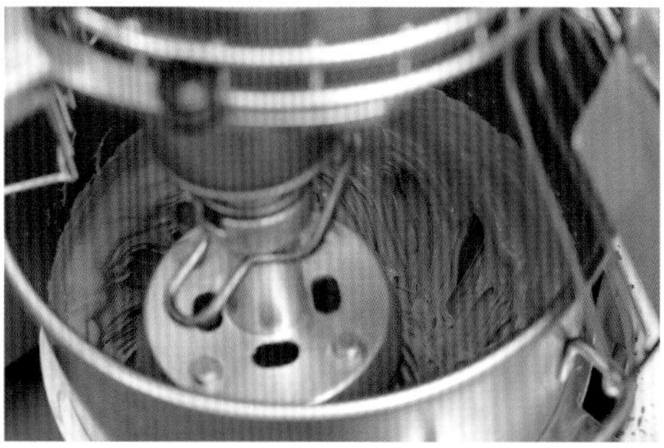

7 温度を40℃以下に落とさないように、白っぽくなりしっかりと立つまで回す。途中温度が下がったらボウルをバーナーで温める（40℃はメレンゲが空気を抱き込みやすい温度）。

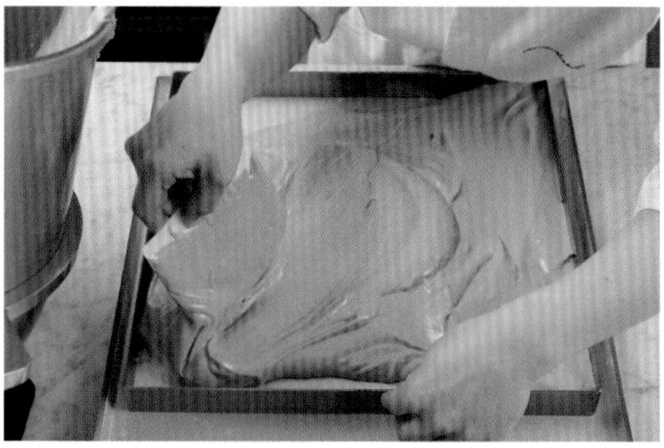

8 1のカードルに7（ギモーヴ）の½量程度を流し入れる。

9 カードルの半分の高さに平らにならす（写真の道具はカードルの半分の高さにならせるよう作った特注品）。このときギモーヴは36℃程度。

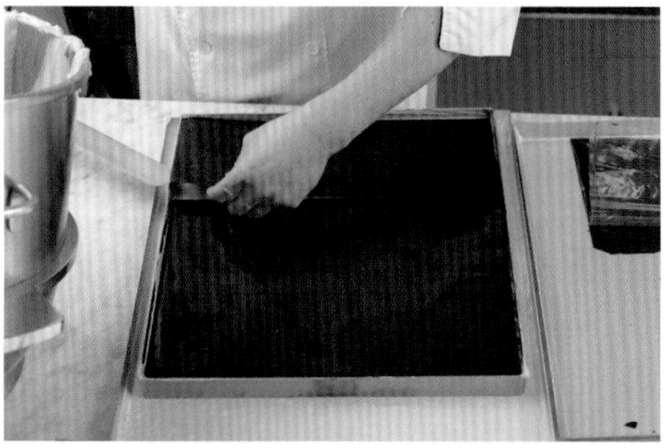

10 チョコレートの板をのせる。ギモーヴの熱でチョコレートが溶けて一体感が出る。温度が高いと食感が悪くなりギモーヴともずれる。

11 残りの7を流し入れる。

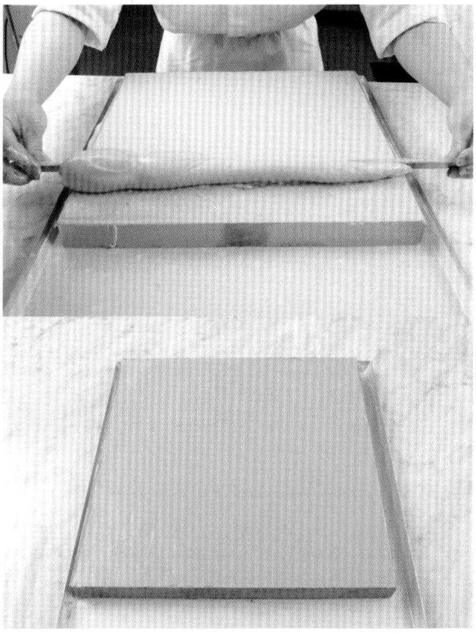

12 型の高さにきれいにならし、室温で一晩おき固める。

13 アルコールを吹きつけたナイフをカードルに沿って入れ、カードルを外す。

14 カカオシュガーをふり、まんべんなくまぶす。

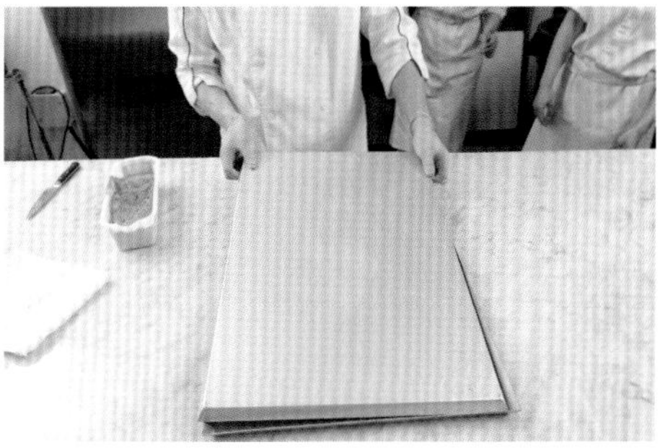

15 天板をのせる。

16 ひっくり返して上の天板を外し、反対の面にもカカオシュガーをまぶす。

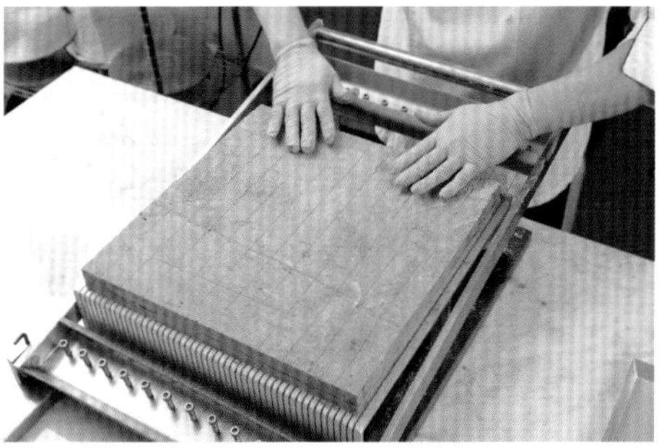

17 16をギターカッターにのせ、3cm幅にカットする。

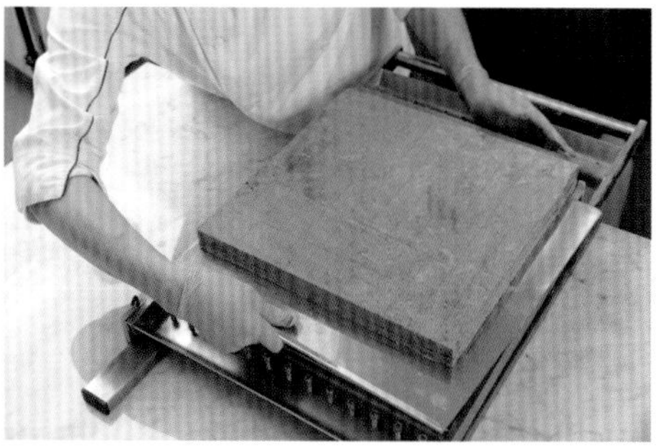

18 ギモーヴを90度回転させる。

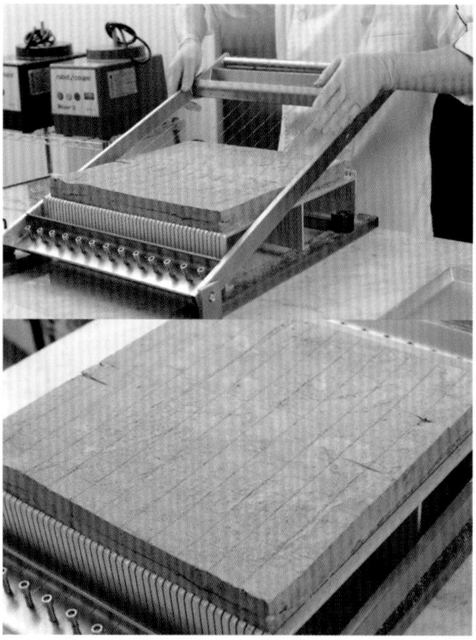

19 再び3cm幅にカットする。3cm角になる。

20 極細挽コーヒー豆を敷いたケースに19を入れてまぶす。

21 ギターカッターでカットした断面にコーヒー豆がつく。

22 余分なコーヒー豆を落とし、カカオシュガーをまぶした面が側面になりギモーヴ同士がくっつかないように並べ、室温で一晩乾かす。

マカロンショコラ

PÂTISSERIE AVRANCHES GUESNAY 上霜考二

作りたての自家製カカオマスをマカロン生地に混ぜ込み、カカオの香り豊かに。
カカオマスはフードプロセッサーで製造可能で、「パティスリーの設備でも十分できる」と上霜氏。カカオパルプを使用したガナッシュと、食感と風味のアクセントのカカオニブをサンドし、カカオの果実をまるごと食べる趣向。

■ カカオマス

材料（作りやすい分量）

カカオ豆（シエラネバダ産）—— 3kg

作り方

1 カカオ豆は117～127℃のオーブンで30分ほどローストする。温度と時間は豆のロットによって異なるためあくまで目安。

2 1の皮をむき、芽を取り除く。

3 2をフードプロセッサー（ブリクサー）で攪拌する。攪拌により60℃弱程度まで温度が上がるが、その熱で適度に香りを出すイメージ。

4 カカオ豆の油脂によるツヤが出てなめらかになればよい。

■ マカロン生地

材料（108 枚／54 個分）

A
- アーモンドパウダー —— 250g
- 粉糖 —— 250g

B
- 凍結卵白 —— 87. 5g
- 乾燥卵白 —— 1. 5g

カカオマス —— 100g

C
- グラニュー糖 —— 250g
- 水 —— 62. 5g

D
- 凍結卵白 —— 62. 5g
- 色粉赤102号 —— 薬さじ1杯

カカオパウダー（カカオハンターズ）—— 適量

※生地を保温できるよう湯煎を用意しておく。

※カカオマスは45℃で溶かしておく。

作り方

1 Dは混ぜ合わせておく。

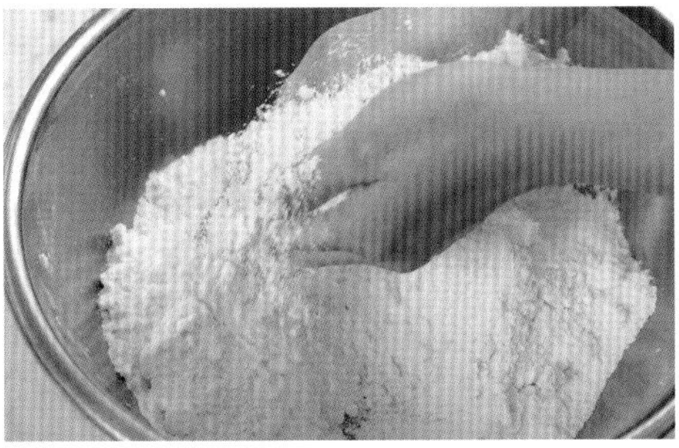

2 Aを手ですり合わせ、粉糖にアーモンドの油脂を吸わせる（酸化を防ぐイメージ）。

3 2を合わせて2回ふるい、ボウルに入れる。

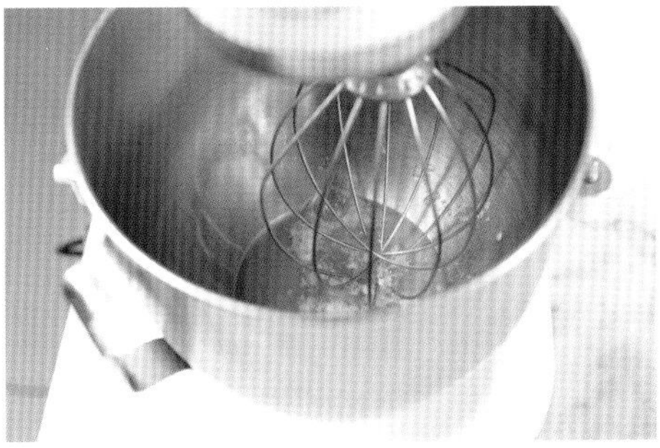

4 Bをミキサーにセットする。

5 鍋にCを合わせて火にかける。

6 5が105℃になったら4を中低速で立て始め、5が116℃になったら4に少しずつ加えてさらに立て、イタリアンメレンゲを作る。

7 仕上がり50℃程度で、持ち上げるとたらたらと流れるくらいのかたさ。

8 カカオマスを45℃にし、少量の7を加えてムラなく混ぜてかたさをゆるめる。

9 3に残りの7、8を加えてひと混ぜし、1も加える。

10 アーモンドパウダーの油脂が出ないようスピーディーに底からすくい混ぜて粉気をなくす。

11 カードで押し潰すように混ぜて泡を適度に潰す。

12 薄い帯状に垂れる程度のかたさにする。

13 オーブンペーパーを敷いた天板に直径4.7cmの円形に絞る。途中かたくなりやすいので生地を湯煎にかけておくとよい。全て絞ったら30分ほどそのままおいて乾燥させる。

14 オーブンを180℃に予熱して電源を切り、カカオパウダーをふった13を入れてダンパーを開け、7分焼く。電源を入れて160℃で7分焼き、天板を反転させてさらに5分焼く。

■ ガナッシュ

材料（16個分）

＊ルカカカオマランタ —— 89.8g

A
- 生クリーム35% —— 30g
- カカオパルプ —— 70g
- バター —— 15g

作り方

1 Aを合わせて火にかけ、バターを溶かして沸かす。

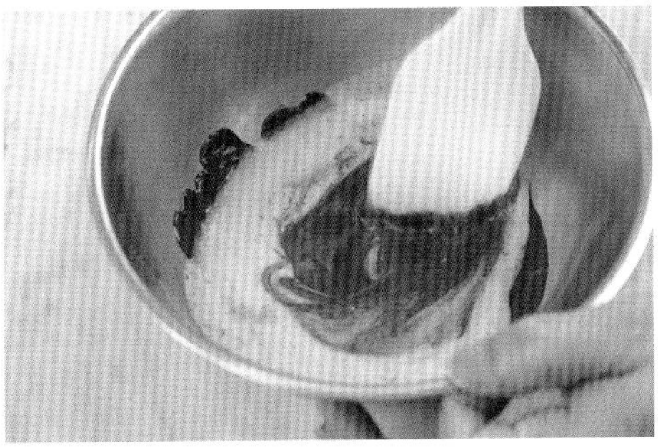

2 ボウルに溶かしたチョコレートを入れて1を少しずつ加え、混ぜて乳化させる。

3 全量入ったらブレンダーでなめらかにする。

4 清潔な天板に流してラップを密着させ、冷蔵庫で一晩おく。

■ その他

カカオニブ（シエラネバダ産）

組み立て

1 マカロン生地の半量にガナッシュを絞り、カカオニブをのせる。

2 残りのマカロン生地で挟み、冷蔵庫で一晩おく。

Part
2

four sec, demi sec, pain

焼き菓子、パン

伝統菓子、日本でおなじみの菓子、店のオリジナル菓子など幅広く紹介します。
いずれもチョコレートの風味や油脂の質感を生かす工夫が詰まっています。

BACKEN • KOCHEN • GAREN • DÜNSTEN • KEIN ANHAFTEN
RESPECTUEUX DE L'ENVIRONNEMENT
MADE IN GERMANY

Sablé au chocolat

サブレ・オ・ショコラ

LES CACAOS

黒木琢磨

エクアドル・パッハリート種のカカオを使い、カカオニブを混ぜ込んだサブレでチョコレートを挟んだお菓子。
シンプルな構成ですが、パッハリート種の華やかな香りで味わいのレイヤーを作り、チョコレートの存在感も強めています。
サンドするチョコレートはテンパリングせず、サブレとの一体感を高めます。

■ パートサブレショコラ

材料（約80枚／40個分）

A［薄力粉 —— 272g
　 カカオパウダー —— 38g
B［粉糖 —— 136g
　 アーモンドパウダー —— 97g
バター（サイコロ状）—— 214g
C［牛乳（室温）—— 19g
　 卵黄（室温）—— 20g
カカオニブ（エクアドル産パッハリート種）
—— 25g

※Aは合わせてふるっておく。
※Bは合わせてふるっておく。
※Cは混ぜ合わせておく。
※カカオニブは、カカオ豆をロースト後、皮と芽を除いて砕いた自家製。大きすぎると食感が強すぎるため適宜砕く。

作り方

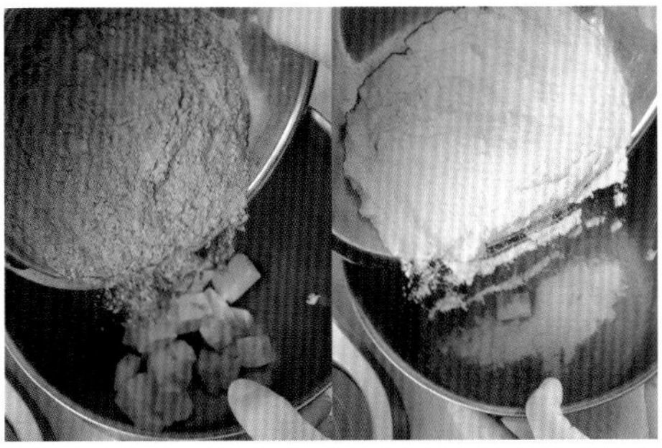

1 ミキシングボウルにバター、A、Bを入れる。

2 バターが細かくなり、粉となじんでくるまでミキサー（ビーター）で撹拌する。

3 だいたい混ざったら、カカオニブを加えてさらに撹拌する。

4 全体が混ざったら、Cを加えて生地がまとまるまで撹拌する。

5 ラップで包んで冷蔵庫で一晩おく。

6 5を3.5㎜厚さにのばし、直径5㎝の丸型で抜く。

7　シルパンを敷いた天板に並べ、170℃のコンベクションオーブンで15分ほど焼く。天板にのせたまま冷ます。

チョコレートを挟む

材料

*エクアドル産パッハリート種カカオ豆使用自家製チョコレート72%、ミルクチョコレート45%
——各適量

1　チョコレート72%、45%をそれぞれ溶かしてテンパリングせず40℃にし、それぞれパートサブレショコラの¼量に5～6gずつ絞る。

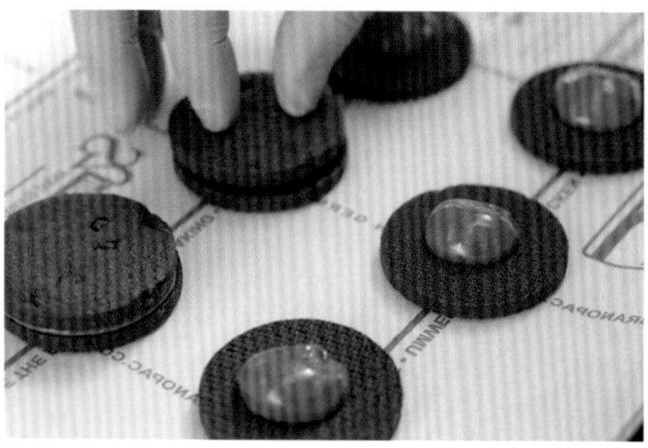

2　チョコレートを絞っていないサブレで挟み、ブラストチラーで固める。

コーティング・仕上げ

材料

*エクアドル産パッハリート種カカオ豆使用自家製チョコレート72%、ミルクチョコレート45%
——各適量

カカオニブ（パッハリート種）——適量

1　チョコレート72%、45%をそれぞれテンパリングし、30℃にしてボウルに入れる。

2　チョコレートを挟んだサブレを、間に絞ったチョコレートと同じチョコレートのボウルに入れて上下を返し、チョコレートフォークで持ち上げる（写真は45%）。

3　2の底をボウルのフチにとんとんと打ちつけ、すって余分を落とす。

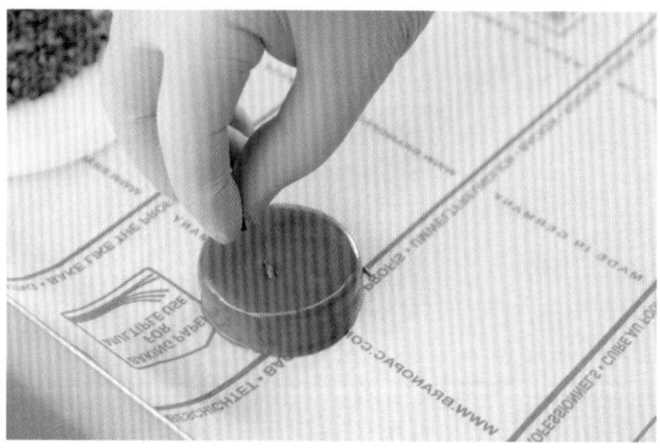

4　チョコレートが固まらないうちにカカオニブをのせる。

Noisettine
ノワゼッティーヌ
LES CACAOS
黒木琢磨

香ばしいノワゼットとミルクチョコレートの相性のよさを楽しむサブレサンド。
サブレには皮ごとローストした香り豊かな自家製ノワゼットパウダーを混ぜ込み、ミルクチョコレートをたっぷりと挟みます。
カカオ豆は「フラットな味わいながらしっかりとしたカカオ感がある」というブラジル・バイア種を使用。風味の強さによりチョコレートの甘さが抑えられ、ノワゼットの存在感とのバランスも高まります。

■ パートサブレノワゼット

材料（26枚／13個分）

バター（ポマード状）—— 125g
塩 —— 0.2g
粉糖 —— 63g
卵黄（20℃）—— 15g
卵白（20℃）—— 40g
生クリーム35% —— 35g
ノワゼットパウダー —— 85g
薄力粉 —— 115g

作り方

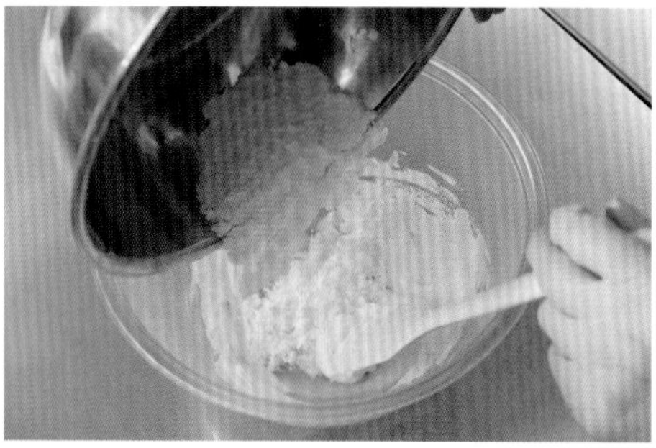

1 バターをボウルに入れてゴムベラで軽く練り、塩、粉糖を加える。

2 全体が均一になるよう混ぜる。

3 卵黄と卵白を混ぜ合わせて2に少量加える。このとき卵が温かいとバターが溶け、冷たいと生地が最後に締まるので注意。

4 空気が入らないように混ぜて乳化させる。空気を入れると絞った時にダレる。これを数回繰り返して卵液を全て加える。

5 生クリームの半量を加え、均一に混ぜる。

6 ノワゼットパウダーの半量を加え、均一に混ぜる。

7 残りの生クリームとノワゼットパウダーも交互に加え、そのつど均一に混ぜる。

8 混ぜ終わったところ。このとき生地の温度20～21℃。

9 ふるった薄力粉を加え、さっくりと混ぜる。写真下は混ぜ終わったところ。

10 9を天板に星口金で直径5.5cmのうずまき状に絞る（1枚約18g）。

11 170℃のコンベクションオーブンで16分焼く。天板にのせたまま冷ます。

チョコレートを挟む

材料

*ブラジル産バイア種カカオ豆使用自家製ミルクチョコレート45% —— 適量

1 パートサブレノワゼットの半量を裏返して並べ、溶かしてテンパリングせず40℃にしたチョコレートを1枚につき10g絞り、残りのサブレで挟む。チョコレートが固まるまで室温におく。

チュイルカカオ

PRESQU'ÎLE chocolaterie

小抜知博

あっさりとしてザクザクとした食感のシュクレ生地にローストカカオニブを混ぜ込み、テンパリングした自家製チョコレートでパリッとコーティング。
上にはカカオニブ入りのカリカリのチュイルをのせて、カカオの多様な食感や風味を楽しませます。

■ チュイルショコラ

材料（16個分）

A
- 水飴 —— 15g
- 牛乳 —— 15g
- グラニュー糖 —— 45g
- ペクチンLM-SM-325 —— 1g

バター —— 35g
カカオニブ —— 45g
カカオパウダー —— 0.5g

※ペクチンはグラニュー糖の一部と混ぜ合わせておく。
※直径5㎝の円筒形シリコン型を使用。

作り方

1 鍋にAを入れて火にかけ、沸かす。バターを加えて溶かす。

2 火からおろし、カカオニブ、カカオパウダーを加えてそのつど混ぜる。

3 型に2を7gずつ入れて平らにならし、180℃のコンベクションオーブンで10分ほど焼く。

4 冷めてから型から外し、ペーパーにのせて油脂をきる。

■ サブレ生地

材料（38枚分）

全卵 —— 30g
塩 —— 3g
バター（室温）—— 135g

A
- アーモンドパウダー —— 60g
- 粉糖 —— 84g

B
- 薄力粉 —— 180g
- 強力粉 —— 36g
- カカオパウダー —— 15g

カカオニブ —— 30g

※A、Bはそれぞれ合わせてふるう。

作り方

1 ミキシングボウルにバターを入れ、ビーターでほぐす。

2 Aを加えて低速で均一に混ぜる。アーモンドパウダーを先に加えておくことで、卵を加えた際に乳化しやすくする。

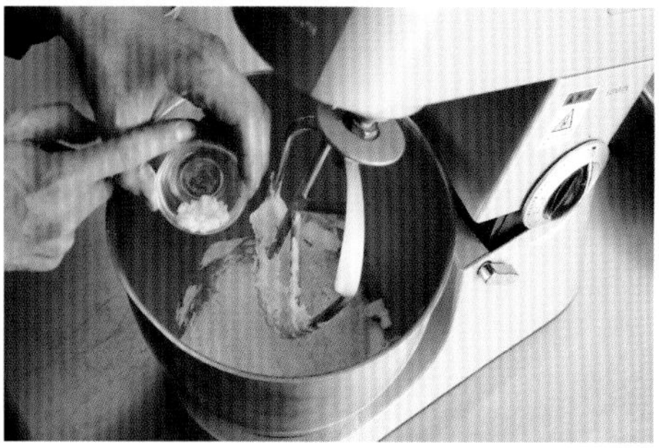

3 途中塩も加えて均一に混ぜる。

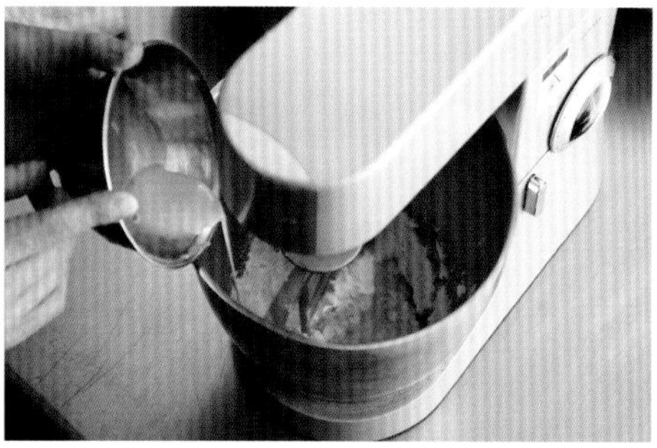

4 全卵を人肌程度に温めて少しずつ加えながら混ぜる。

5 ざっと混ざったらBを加えて混ぜ、まとまったらカカオニブを加えて均一に混ぜる。

6 混ぜ終わったところ。

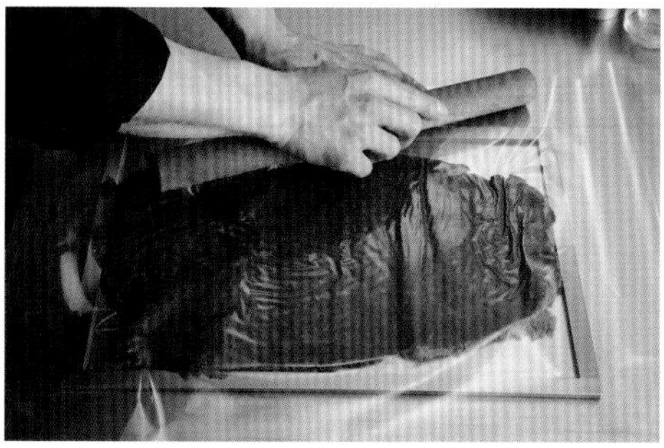

7 6をOPPシートに挟んで5㎜厚さにのばし、冷蔵庫で12時間おく。

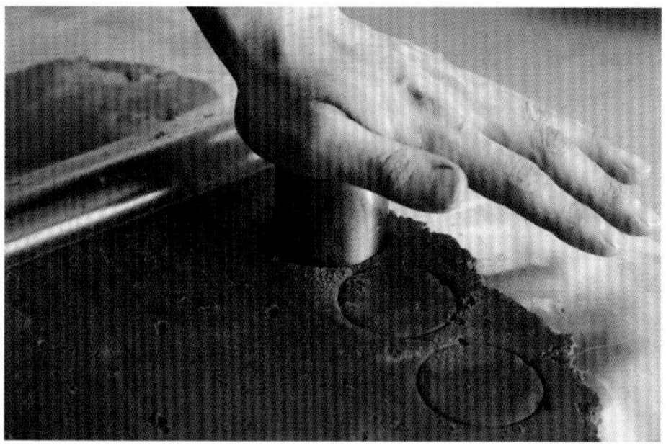

8 シートを外して直径5㎝の丸型で抜く。

9 シルパンを敷いた天板に並べ、160℃のコンベクションオーブンで20分焼く。そのまま冷ます。

コーティング・仕上げ

材料

*コーティング用チョコレート（インドネシア産カカオ豆使用自家製チョコレート70%）—— 適量

1　テンパリングした32℃のコーティング用チョコレートをボウルに入れ、サブレ生地のシルパンに接していた面が下になるように入れる。

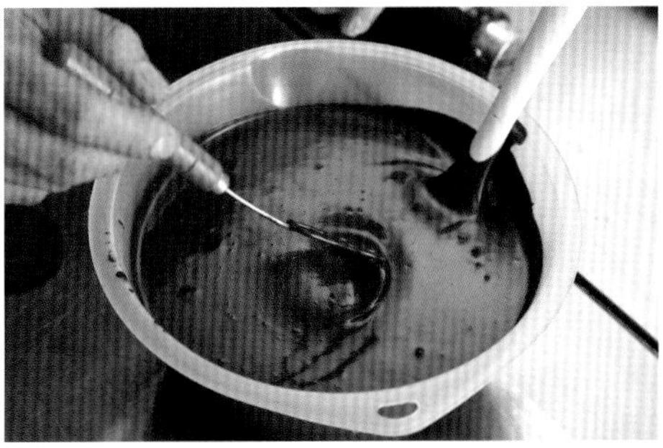

2　チョコレートフォークで裏返し、サブレ全体にチョコレートをまとわせる。

3　サブレを持ち上げる（シルパンに接していた平らな面が上になっている）。

4　ドライヤーの冷風をあてて余分なチョコレートを落とす。ドライヤーは風の出口を中央以外テープでふさぎ風力を強めている（写真下）。

5　ゴムベラで4の底のチョコレートを落とし、作業台に置く。

6　チョコレートが固まらないうちにチュイルショコラをのせる。18℃湿度60%の保管庫で一晩おきチョコレートを結晶化させる。

Gâteau au chocolat de Nancy
ガトー・オ・ショコラ・ド・ナンシー

LES CACAOS　黒木琢磨

ナッツパウダーとチョコレートの入るフランス・ナンシーの伝統菓子に
自家製チョコレートを使用。伝統の味わいを尊重しながら
チョコレートのおいしさが直接的に伝わるよう、
個性の突出しないガーナをふんだんに混ぜ込んでいます。
適度に泡を潰しふくらみを抑えることで、沈みを防いで軽く仕上げています。

■ ガトー・オ・ショコラ・ド・ナンシー

材料（直径 18㎝×高さ6㎝のセルクル×3台分）

＊ガーナ産カカオ豆使用自家製チョコレート72%
── 288g
バター ── 288g
卵黄 ── 174g
グラニュー糖 ── 180g
アーモンドパウダー ── 108g
A［卵白 ── 345g
　 グラニュー糖 ── 195g
B［薄力粉 ── 48g
　 カカオパウダー ── 117g
※Bは合わせてふるっておく。

作り方

1 ボウルにチョコレートを入れて溶かす。

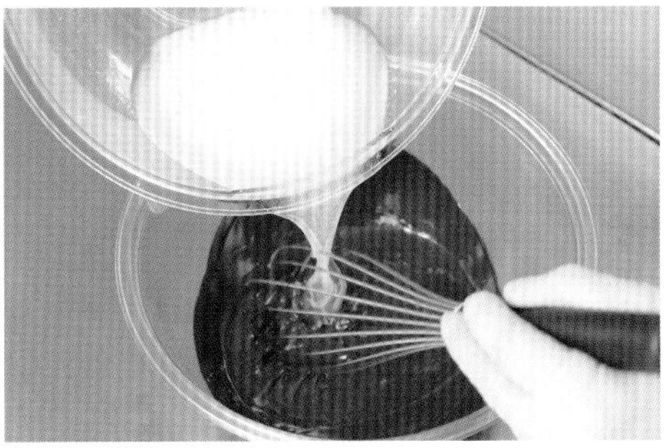

2 バターを溶かし、1に加えて混ぜる。

3 きれいに乳化させ、40℃にする。

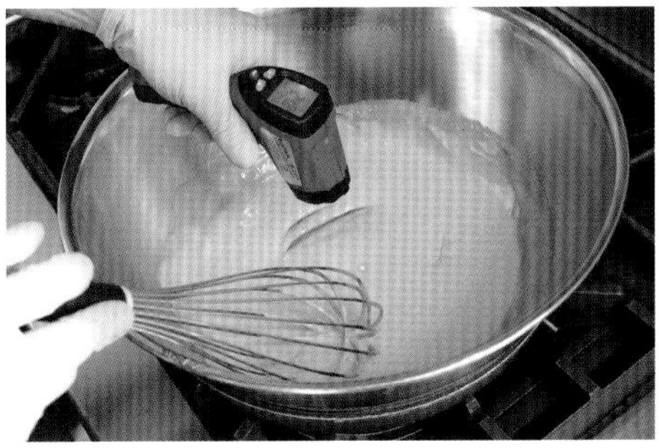

4 ボウルに卵黄、グラニュー糖を入れてすり混ぜ、湯煎で40℃程度に温める。

5 4に3を加え、泡立て器で混ぜる。

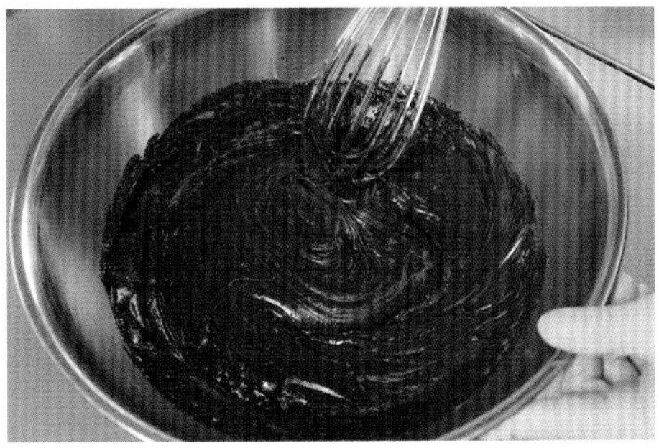

6 均一に混ざればよい。きれいに乳化はせず表面はぼろぼろとした状態。温度40～45℃。

7 アーモンドパウダーを加え、中心から混ぜる。

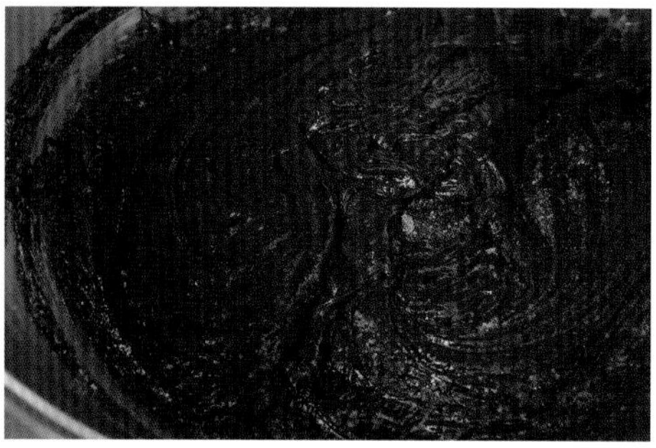

8 混ぜ終わったところ。均一になればよい。

9 ミキサーでAを立て、しっかりとしたメレンゲを作る。

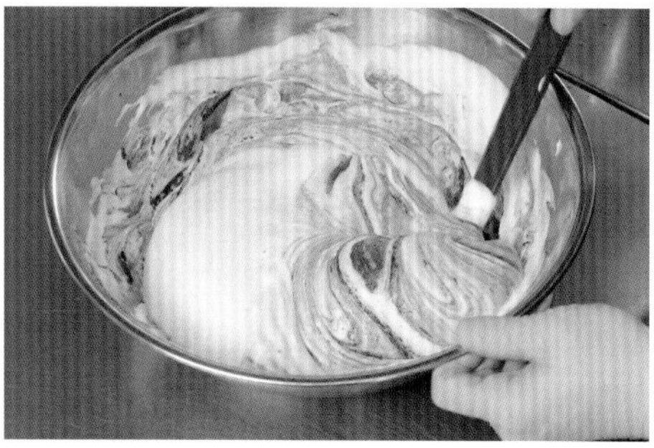

10 8に9を全量加え、ゴムベラである程度泡を潰すようにして混ぜる。泡が多いとカットしたときに断面がぼろぼろになる。

11 混ざりきる前にBを加え混ぜる。

12 底からすくうように均一に混ぜる。生地を持ち上げるとリボン状に垂れる状態。温度30℃程度。

13 型紙を敷いた型に12を3等分して入れる。

14 指で表面を平らにならす。

15 180℃のオーブンで35～37分焼く。

16 焼けたらすぐに紙を取り冷ます。

ブラウニーホワイトカカオ

Éclat des Jours Pâtisserie　中山洋平

希少性が高く、酸味の強いホワイトカカオを使用したブラウニー。
生地をあえて分離させるように合わせることで、乳化によるマスキングを抑え、
ダイレクトにカカオの風味を舌に感じさせます。
ねっとりとした食感の最後にホワイトカカオの酸味がキレを与えます。

■ ブラウニーホワイトカカオ

材料（40cm× 60cmのカードル1台分）

バター（ポマード状）—— 900g
グラニュー糖 —— 280g
カソナッド —— 570g
塩 —— 6g
アーモンドパウダー（皮付）—— 50g
加糖卵黄（20%）—— 390g
卵白 —— 640g
*明治メキシコホワイトカカオ —— 670g
薄力粉 —— 270g

作り方

1 バターをミキシングボウルに入れてビーターでほぐし、グラニュー糖、カソナッド、塩を加えて低速ですり混ぜる。

2 アーモンドパウダーを加えてダマのないようにさっと混ぜる。

3 卵黄を加えて混ぜる。

4 ざっと混ざったら卵白も加えて混ぜる。乳化させず、分離気味に混ぜる（写真下）。

5 チョコレートを溶かして47～48℃にし、4に全量を一度に加えて均一に混ぜる。

6 ふるった薄力粉を加えてさらに混ぜる。

7 ゴムベラでボウルのフチに残った薄力粉をさらう。

8 チョコレートは重く沈みがちなため底から均一に混ぜる。

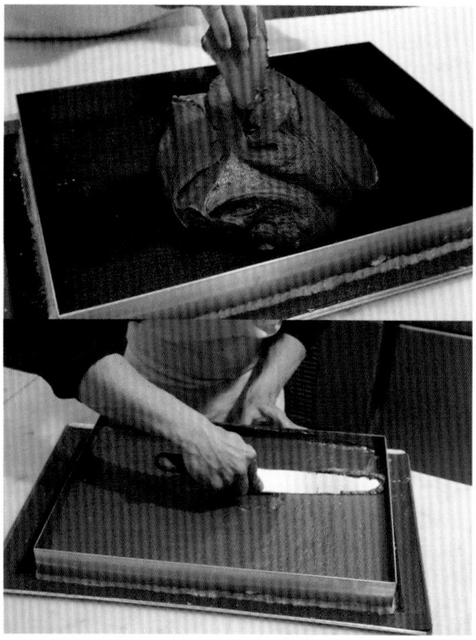

9 シルパットを敷いた天板にカードルをのせ、カードルとシルパットの間にパータシュクレなど（分量外）で目張りし、8を流して表面を平らにする。

10 180℃のコンベクションオーブンで20～25分、表面をさわって弾力を感じるまで焼く。カードルを外して冷ます。

11 冷めたら端を切り落とし、10cm×3～4cmにカットする。

■ グラサージュ

材料（作りやすい分量）

パータグラッセプリュンヌ —— 500g
*明治メキシコホワイトカカオ —— 250g
ローストアーモンドダイス（16割）—— 200g

1 全ての材料を混ぜ合わせ、室温で一晩おく。

コーティング・仕上げ

1 グラサージュを32～33℃にする。

2 ブラウニーホワイトカカオをペティナイフで刺し、1に何度かフチまで沈めては引き上げてややグラサージュの厚みをつける。

3 ボウルのフチで余分なグラサージュをきる。

4 オーブンペーパーの上に置き、グラサージュが固まるまで室温でおき、ケーキエチケットと銀箔（分量外）を飾る。

餡テヴェール

Chocolaterie HISASHI

小野林 範

ダックワーズ生地に抹茶風味のホワイトチョコレートと抹茶粉を混ぜ込み、味わいの厚みをプラス。内部のしっとりとした生地感と風味を強調してケークのように厚く焼きますが、食感は軽やかです。
抹茶と相性がよく、空気を含ませて軽さを出したあんこを挟み、オレンジのピュレをアクセントに。新茶が出回る初夏のお菓子です。

■ ダックワーズ抹茶

材料（125㎜× 40㎜×高さ 45㎜のケーク型 40 個分）

卵白（冷やす）── 1184g
乾燥卵白 ── 40g
グラニュー糖 ── 800g
*明治彩味〈抹茶〉── 320g
A ┌ アーモンドパウダー ── 940g
　│ ココナッツパウダー ── 236g
　└ 抹茶粉 ── 40g
※Aは合わせてふるっておく。

1 ミキシングボウルに卵白、乾燥卵白、グラニュー糖を合わせ、低速のミキサーで立てる。

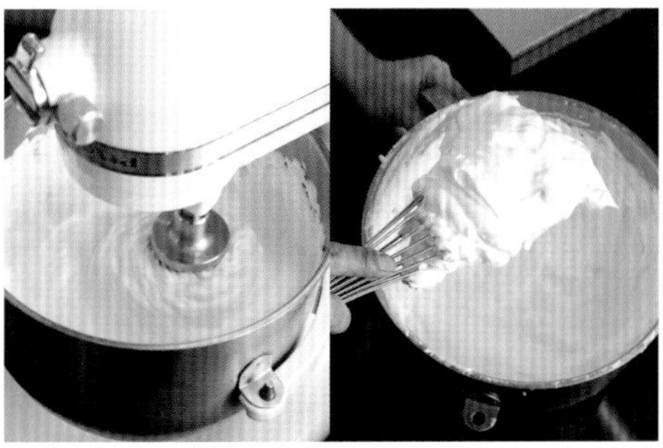

2 立て終わり。ポコポコと玉のようにまとまりが出てくるのが目安。立てすぎてパサつかせないように注意。

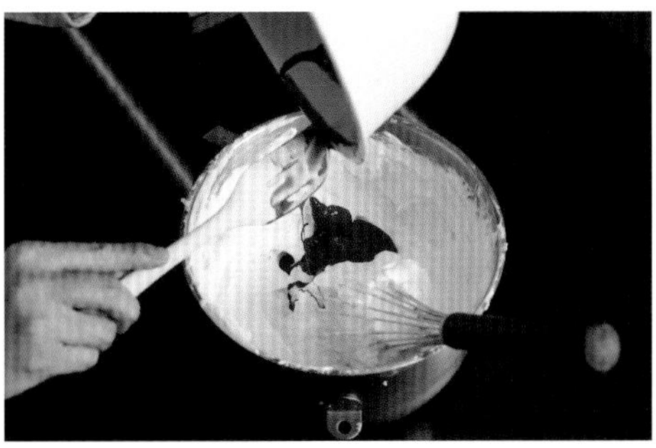

3 チョコレートを溶かして40℃にし、2に加える。チョコレートがこれよりも冷たいとメレンゲと混ぜる際に固まる。

4 泡立て器を突き立てるようにし、全体をざっくりと混ぜる。写真下くらいにムラがある状態で止める。

5 Aを加え、ゴムベラに持ち替えて底からすくうように混ぜる。

6 7で絞る際に混ざりきるよう、メレンゲのスジが少し残っている状態で止める。

7 型の8分目まで、表面が平らになるように絞り入れる。

8 150℃のコンベクションオーブンで15分ほど焼く。

9 焼き上がったらすぐに型から外し、逆さにしてオーブンペーパーにのせて冷ます。

10 底から1.5㎝厚さのところで上下にスライスする。

■ あんこ

材料（作りやすい分量）

こしあん（北海道産小豆使用）—— 375g
コアントロー —— 54.3g

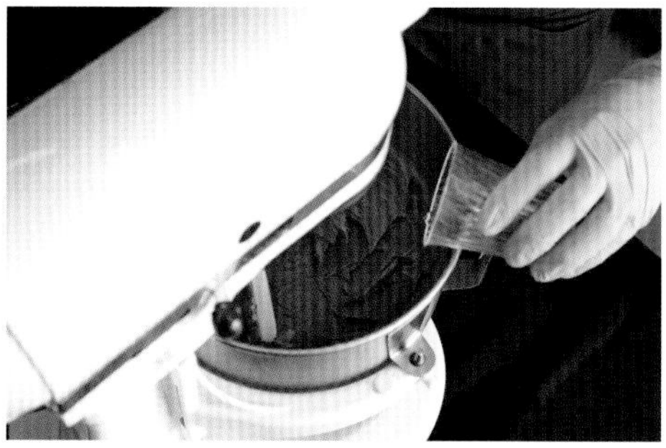

1 ミキサーのホイッパーでこしあんを撹拌して空気を含ませ、コアントローを加えてさらによく撹拌する。

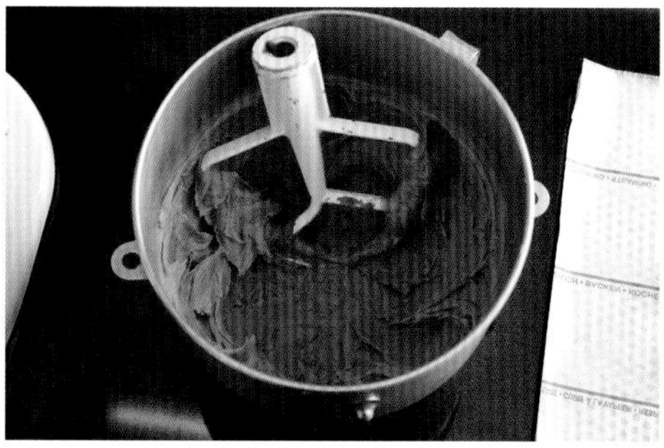

2 ふんわりと軽い食感に仕上げる。

■ マルムラードオランジュ

材料（作りやすい分量）

オレンジ —— 250g
A
- グラニュー糖 —— 90g
- 粉末水飴 —— 40g
- ペクチンLM —— 1g
- 柚子ジュース —— 20g

ドライジン —— 10g
オレンジフラワーウォーター —— 8g

作り方

1 オレンジは皮がやわらかくなるまで最低5回ゆでこぼす。

2 1のヘタを取ってざく切りにし、Aを加えてフードプロセッサーで撹拌する。

3 2を鍋に入れて火にかけ、冷めたときに濃度が出る程度に水分を飛ばす。

4 ドライジンを加えて粗熱を取り、オレンジフラワーウォーターを加えて混ぜ、冷ます。

■トランパージュショコラ抹茶

材料（作りやすい分量）
*カカオバリーゼフィール —— 500g
*明治彩味〈抹茶〉—— 500g
米油 —— 50g
アーモンドクリスタリゼ（下記参照）—— 150g
○アーモンドクリスタリゼ… 鍋に水280gとグラニュー糖1000gを入れて火にかけ、沸騰させる。ローストしたアーモンドダイス1000gを加えて混ぜ、結晶化させて取り出して広げ、冷ます。

作り方

1 チョコレート2種を溶かし、米油を加えて混ぜ、アーモンドクリスタリゼを加えて混ぜる。

2 冷まして18℃湿度45%の保管庫で一晩おく。

組み立て

1 ダックワーズ抹茶の下の生地の上面のフチぎりぎりにあんこを1周絞る。

2 あんこの内側にマルムラードオランジュを絞る。

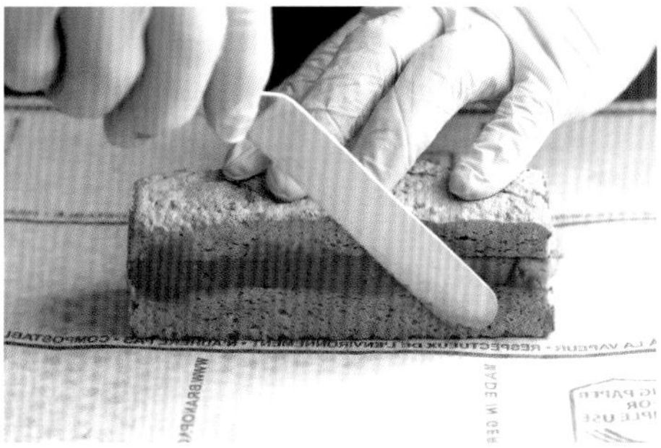

3 ダックワーズの上の生地をのせ、はみ出したあんこをダックワーズの側面に沿って平らにならす。

4 トランパージュショコラ抹茶を40℃にし、フォークで刺した3を上下させてつけながら余分を落とす。

5 気泡があれば潰し、オーブンペーパーにのせて室温で固まるまでおき、18℃湿度45%の保管庫で1日おく。

フィナンシェショコラ

Chocolaterie HISASHI

小野林 範

小野林氏がフランス修業時代に日常的に目にした、
ポンとふくらんで内側がやふんわりとし、表面はガリッと焼けたフィナンシェ。
軽やかな食感が身上のため、チョコレートは使わず、
「カカオバター含有量が高くカカオ本来の味がする」非アルカリ処理の
エクアドル産カカオパウダーを使用。

■ フィナンシェショコラ

材料（70㎜×40㎜×深さ25㎜のカカオポット型100個分）

卵白 —— 929g
グラニュー糖 —— 660g
塩 —— 6.4g
A
　粉糖 —— 225g
　ヘーゼルナッツパウダー —— 220g
　アーモンドパウダー —— 220g
　薄力粉 —— 225g
　カカオパウダー —— 108g
　シナモンパウダー —— 1.6g
バター —— 892g
ラム酒 —— 58g
※Aは合わせてふるっておく。
※型にバター（分量外）を塗っておく。

作り方

1 ボウルに卵白、グラニュー糖、塩を入れ、泡立て器で混ぜ合わせる。
2 Aを加えて混ぜる。
3 鍋にバターを入れ、火にかけてきつね色に焦がす。
4 2に3を少しずつ加え、混ぜる。
5 ラム酒を加えて混ぜる。
6 型の8分目まで流し、200℃で予熱したスチームコンベクションオーブンで180℃湿度40%で10分ほど焼く。
7 型から外して粗熱を取る。

ドーナッツショコラ

Chocolaterie HISASHI

小野林 範

舌になじむしっとりとした食感で、チョコレートの風味を際立たせた焼き菓子。
しっかりと空気を含ませる、丁寧に乳化させるといった生地作りの工程に加え、焼成後は密封してねかせることでも、水分をキープ。
チョコレート自体の油脂がなじんだころが食べごろです。
トランパージュショコラもドーナッツの食感に寄り添うやわらかさ。

■ ショコラ生地

材料（直径80㎜×深さ25㎜のドーナッツ型35個分）

バター（室温）—— 230g
グラニュー糖 —— 330g
はちみつ —— 60g
全卵 —— 480g
*カカオバリーエキストラビター —— 214g
生クリーム42% —— 214g
A
- 薄力粉 —— 120g
- カカオパウダー —— 100g
- ベーキングパウダー —— 5g
- シナモンパウダー —— 2g

ラム酒 —— 6g
※Aは合わせてふるっておく。
※型にバター（分量外）を塗り、冷蔵庫で冷やしておく。

作り方

1 ミキシングボウルにバター、グラニュー糖の半量を合わせてビーターで白くなるまで撹拌する。

2 別のボウルに全卵、グラニュー糖、はちみつの残りを合わせる。

3 2を湯煎にかけ、はちみつとグラニュー糖を溶かし、32℃にする。32℃はバターに加えた際バターが溶けず空気を抱き込みやすい温度。

4 チョコレートをボウルに入れ、70℃に温めた生クリームを加える。少し時間をおいてチョコレートを温める。

5 4の生クリームの上澄みを取り出す。

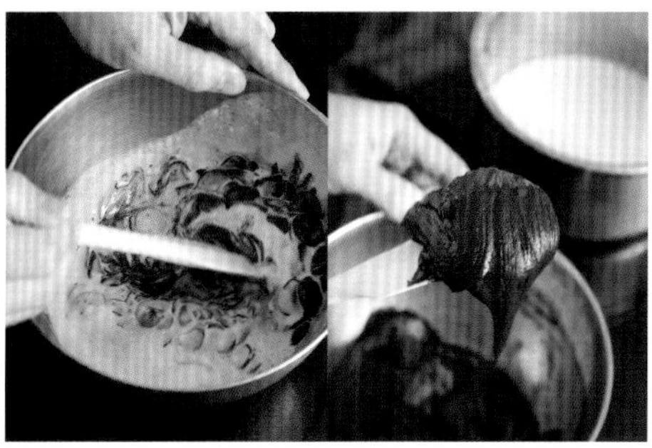

6 ボウルに残ったチョコレートと生クリームを混ぜる。ツヤのない分離した状態までしっかりと混ぜる。

7 5で戻した生クリームを2〜3回に分けて6に加えては混ぜ、ツヤのあるガナッシュを作る。

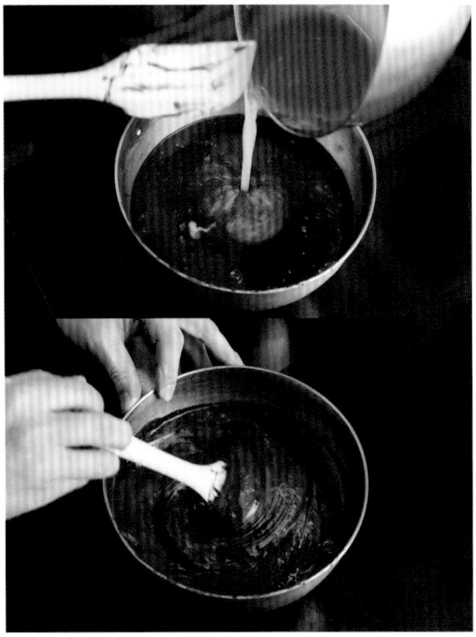

8 7に3の半量を少しずつ加えながら混ぜ、乳化させる。仕上がり27〜28℃程度。

9 1に残りの3を少しずつ加えながら撹拌し、分離直前までしっかりと空気を抱き込ませる。仕上がり25℃程度。

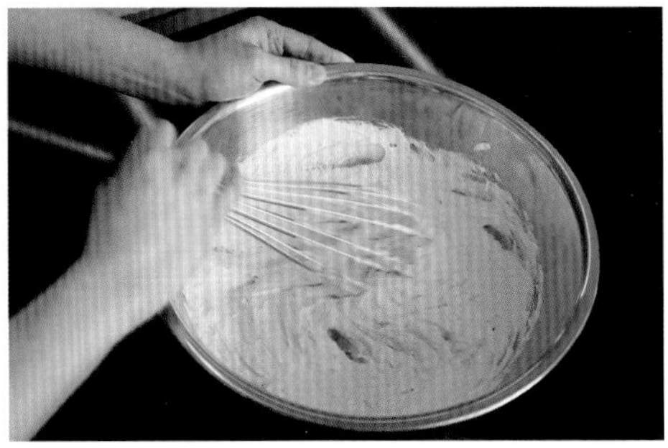

10 9を作業しやすいよう口の広いボウルに移す。

11 10に8を一度に加え、泡立て器を同一方向に回してしっかりと混ぜ合わせる。

12 Aを加え、粉が底でダマにならないよう、最初はボウルの上のほうをすくうように混ぜ、なじんできたら底から大きくすくうように混ぜる。混ぜ終わりの生地温度は22〜23℃。

13 ラム酒を加え、ツヤが出るまで混ぜる。

14 冷やしておいたドーナッツ型に1個あたり50g絞り入れ、160℃湿度40%のスチームコンベクションオーブンで10～15分焼く。

15 焼き上がったらすぐに型から外し、熱いうちにポリ袋に入れて水分が逃げないように口をとじ、室温で冷ます。できれば1日おくと扱いやすい。

■トランパージュショコラ

材料（作りやすい分量）

パータグラッセ（チョコヴィックアザバーチェ）
—— 120g
＊ヴァローナカラク —— 210g
アーモンドクリスタリゼ（下記参照）—— 60g
○アーモンドクリスタリゼ … 鍋に水280gとグラニュー糖1000gを入れて火にかけ、沸騰させる。ローストしたアーモンドダイス1000gを加えて混ぜ、結晶化させて取り出して広げ、冷ます。

作り方

1 鍋にパータグラッセ、チョコレートを合わせて火にかけて溶かし、アーモンドクリスタリゼを加えて混ぜる。

2 冷まして18℃湿度45％の保管庫で一晩おく。

コーティング

1 40℃に温めたトランパージュショコラにショコラ生地の上半分を浸して何度か上下させ、最後は液面をこするようにして余分を落とす。

2 トランパージュショコラをつけた面を上にし、室温で固まるまでおく。

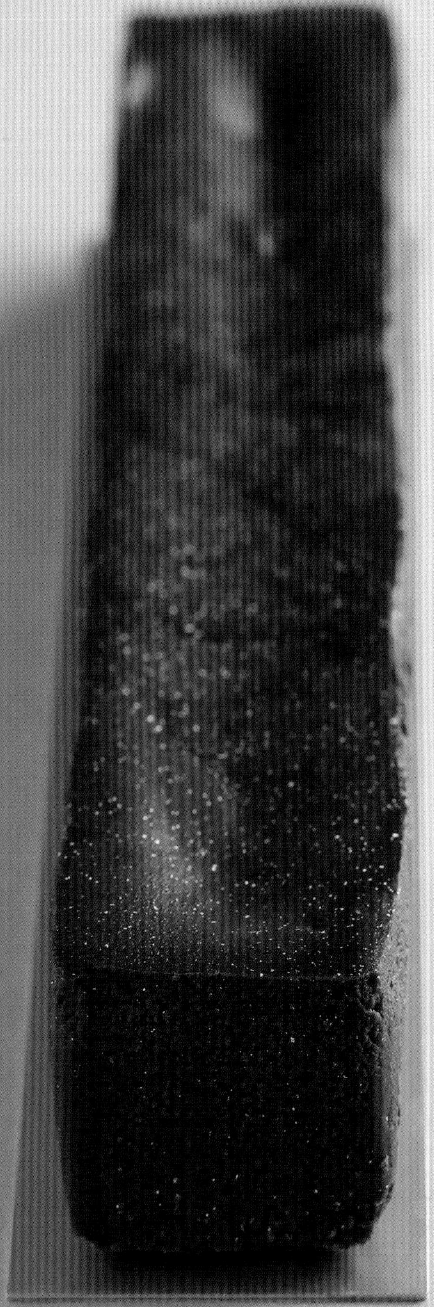

酒粕テリーヌ
ショコラ

PRESQU'ÎLE chocolaterie

小抜知博

「バナナのようなフルーティさ」のインドネシア産カカオ豆の自家製チョコレートに、同じくフルーティな大吟醸の酒粕と日本酒を合わせたテリーヌショコラ。
カカオ分は70%と高めですが、風味の相乗効果で酒粕の個性が生きます。
なめらかかつやわらかな質感で舌の上にとどまり、
華やかなフレーバーを長く楽しませます。

■酒粕テリーヌショコラ

材料（4cm×23cm×高さ6.5cmのパウンド型５本分）

＊インドネシア産カカオ豆使用自家製チョコレート
70%――620g
バター――160g
マーガリン――80g
全卵――440g
グラニュー糖――175g
塩――1g
酒粕ペースト
- 酒粕――100g
- 日本酒――300g

※型にバター（分量外）を塗りオーブンペーパーをセットしておく。

フルーティな風味が特徴の山形県の大吟醸「雪女神」とその酒粕を使用。

作り方

酒粕ペーストを作る

1 酒粕、日本酒を合わせてフードプロセッサーで撹拌する。

酒粕がペースト状になり濃度がつけばよい。

2 粒状に残った酒粕を漉してなめらかにする。5本分で275g使用。使用分を40～45℃に温める。

テリーヌショコラを作る

1 卵は湯煎で40～45℃に温め、グラニュー糖を加える。

2 温度を保ちながら混ぜ、グラニュー糖を溶かす。

3 チョコレートを溶かして40～45℃にする。

4 バターとマーガリンを溶かしてチョコレートと同じ温度にし、3に3回ほどに分けて加え、空気が入らないように混ぜる。

5 混ぜ終わり。40～45℃を保つ。

6 2の半量を加えて空気が入らないように混ぜ、乳化させる。残りの半量も加えて同様に混ぜる。

7 塩を加えてよく混ぜる。

8 酒粕ペーストを2回に分けて加え、空気が入らないように混ぜて乳化させる。

混ぜ終わり。40〜45℃を保つ（生地）。

焼く

1 オーブンペーパーをセットした型に生地を流す。

2 150℃のオーブンで10分ほど焼く。余熱で卵にぎりぎり火が入るタイミングでオーブンから取り出し、冷ます。

3 完全に冷めたら型から取り出し、ペーパーをはがす。

4 全体に銀箔スプレー（分量外）をふきかける。

ケークショコラエピス

PRESQU'ÎLE chocolaterie　小抜知博

「スパイシーな風味を持つ」ブラジル産カカオ豆の自家製チョコレートを使い、
シュトーレンのイメージでスパイスをきかせた秋冬のパウンドケーキ。
どっしりとした食べ応えのある生地ですが、ナッツやフルーツを混ぜ込み
軽快な食感に仕上げています。

■ ケークエピス

材料（4㎝×23㎝×高さ6.5㎝のパウンド型5本分）

マジパン――190g
全卵――205g
バニラペースト――5g
カソナッド――170g
生クリーム35%――150g
*ブラジル産カカオ豆使用自家製チョコレート
75%――105g
溶かしバター――185g
A
- 強力粉――100g
- 薄力粉――100g
- カカオパウダー――40g
- ベーキングパウダー――1g
- 塩――1g
- シナモン、カルダモン、ナツメグ、クローブ（全てパウダー）――各1g

コニャック漬けドライフルーツ（下記参照）――全量
赤ワイン漬けレーズン（水気をきったもの）――34g
クルミ（ローストしたもの）――34g
カカオニブ（ローストしたもの）――20g
シロップ（下記参照）――全量

○コニャック漬けドライフルーツ…コニャック50g、水60g、グラニュー糖30gを鍋に合わせて沸かし、冷ます。セミドライオレンジピール65g、ドライイチジク85gを1週間ほど漬ける。

○シロップ…グラニュー糖31g、水45gを合わせて沸かし、粗熱が取れたらコニャック6gを加える。

※Aは合わせてふるっておく。
※型にバター（分量外）を塗りオーブンペーパーをセットしておく。

作り方

1 全卵は人肌に温め、バニラペーストを加えて混ぜる。

2 ミキシングボウルにマジパンを入れてビーターでほぐし、1を3回に分けて加えてのばす。

3 溶かして40℃にしたチョコレートに、同じ温度に温めた生クリームを2回に分けて加えて混ぜ、乳化させる。

混ぜ終わり。40℃程度を保つ。

4 3に35～40℃にした溶かしバターを数回に分けて加えて混ぜる。混ぜ終わりは37℃程度。

5 2にカソナッドを加えてざっくりと撹拌する。

6 4を加えてさらに撹拌する。

7 Aを一度に加えて低速でなじませるように撹拌する。

8 水気をきったコニャック漬けドライフルーツ、赤ワイン漬けレーズン、クルミ、カカオニブを加え、生地全体にまんべんなくゆきわたるよう撹拌する。

混ぜ終わり。

9 8を型に絞り入れ、作業台に底を叩きつけて空気を抜き、150℃のオーブンで15分焼く。天板を180度回転させてさらに10分焼く。

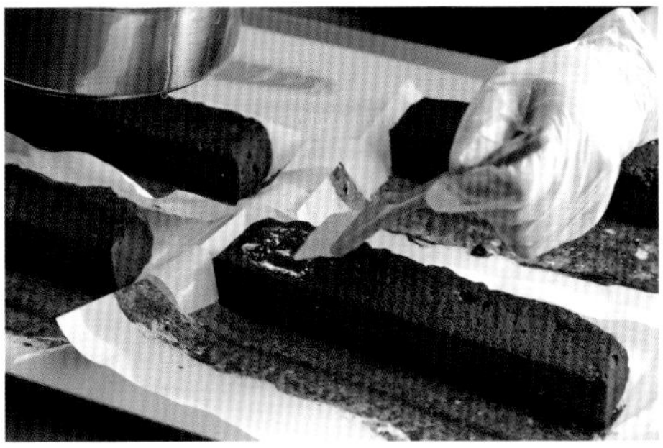

10 焼き上がったらすぐに型から取り出し、熱いうちに全体にシロップを打つ。

11 ラップで包んで冷蔵庫で1日おく。

■ コーティングショコラ

材料（作りやすい分量）

*大東カカオエクアトゥール —— 100g
サラダ油 —— 5～10g
アーモンドダイス（ローストしたもの）—— 適量

作り方

1 チョコレートを溶かし、サラダ油を加えて混ぜる。
2 アーモンドダイスを加えて混ぜる。

■ その他

ドライイチジク
オレンジコンフィスライス
スターアニス

組み立て

1 コーティングショコラを40℃にし、ケークエピスにまんべんなくかけ、下に垂れた余分をゴムベラできる。

2 コーティングショコラが固まる前にドライイチジク、オレンジコンフィスライス、スターアニスを添え、金箔（分量外）を飾る。

バゲットショコラ

Éclat des Jours Pâtisserie

中山洋平

チョコレートを溶かし込んだ仕込み水を使用した、カカオの香りを感じるバゲット。
「チョコレートが入ると生地が締まりやすい」ことから、吸水量の多い粉を使用して多めの仕込み水をなじませ、ゆっくりと発酵させて中はもっちりと、皮はパリッと焼き上げます。
ここではプレーンで焼きましたが、ナッツやドライフルーツを混ぜ込んでも好相性。

中山氏がすすめる食べ方の一例。カットしてチョコレートをのせ、軽くオーブンで温めてチョコレートがとろけたところを食します。

■ 生地

材料（7本分）

中力粉 —— 1000g
モルト —— 30g
セミドライイースト —— 2g
塩 —— 21g
湯 —— 870g
*日新化工サステナブルチョコレートダークカカオ —— 180g

作り方

生地をこねる・1次発酵

1 湯にチョコレートを加えて溶かし、9℃まで冷ます。

2 ミキシングボウルに中力粉を入れて1を加え、粉気が少し残る程度にフックで撹拌する。

3 ポリ袋などをかぶせ、室温に20分ねかせて粉と水分をなじませる。

4 モルトとセミドライイーストをよく混ぜる。

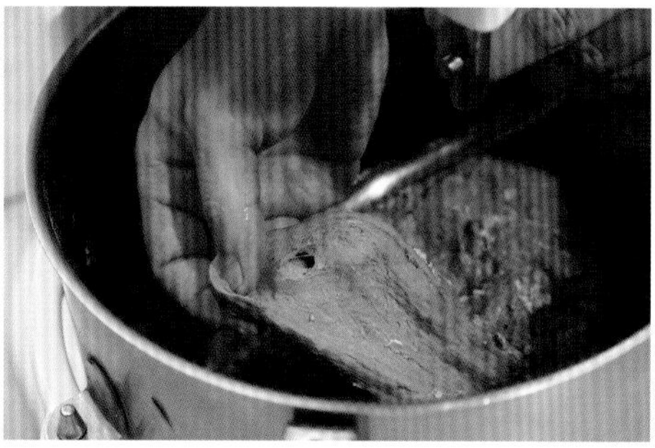

5 3を再びミキサーにセットする。ねかせる前よりも生地に伸展性が出ている。

6 4を加える。

7 水気を全体になじませるよう、低速のフックで3分こねる。

8 こね上がる30秒前に塩を少しずつ加え、21℃未満でこね上げる（21℃以上になるとダレる）。

9 こね上がり。ムラなくひとつにまとまっていればよい。生地をまとめて冷蔵庫で18時間発酵させる。

分割・2次発酵

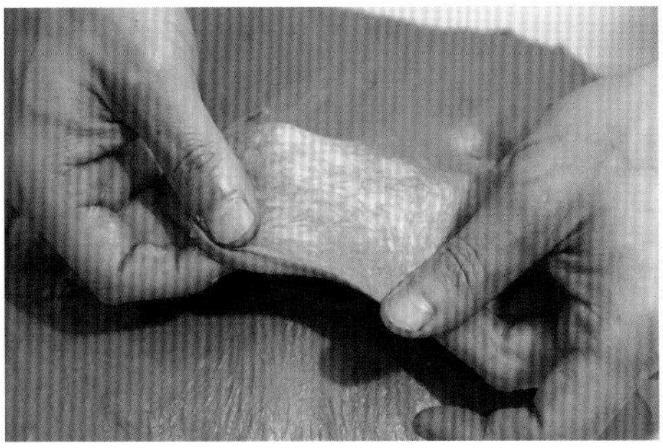

1 発酵後の生地。粉と水がなじみ、膜が張るようになる。

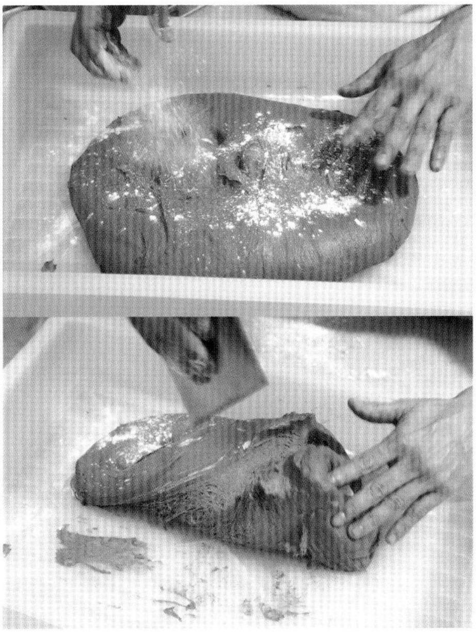

2 打ち粉（分量外）をし、カードで持ち上げて作業台に取り出す。

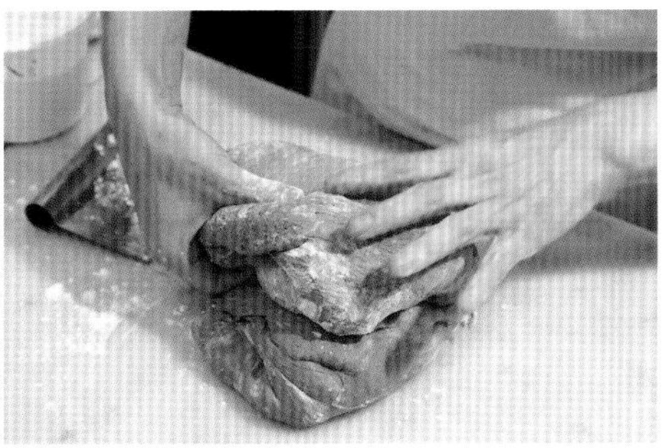

3 生地をたたんで空気を抜く（パンチ）。

4 7等分に分割する。

5 それぞれ生地の端を一か所にまとめるようにたたんで形を整える。

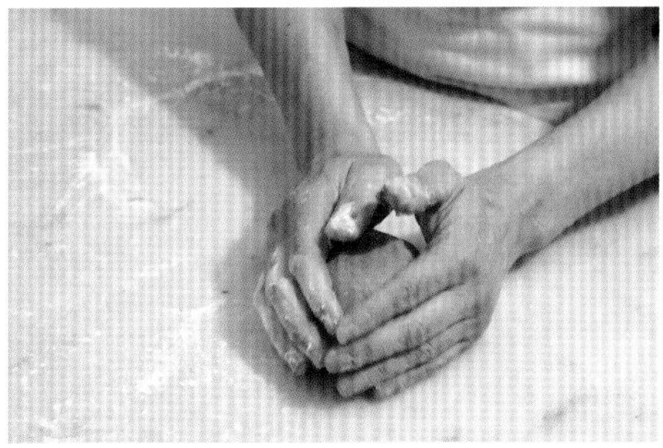

6 生地のとじ目を下にし、表面を張らせる。

7 打ち粉をし、室温で1時間発酵させる。写真は1時間後。

成形

1　作業台に生地を取り出し、打ち粉をしながら押し潰して空気を抜く。

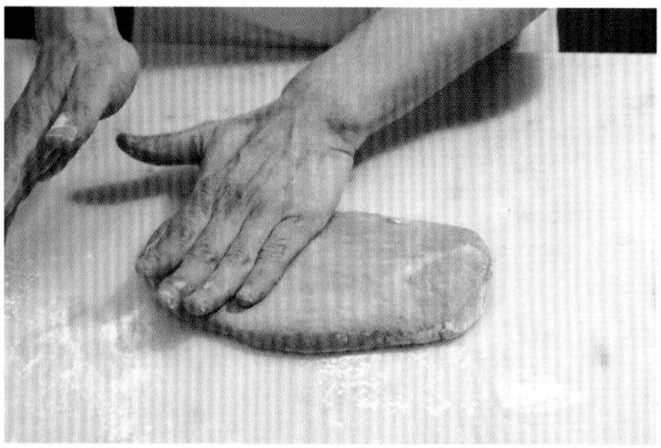

2　楕円形にのばしていく。

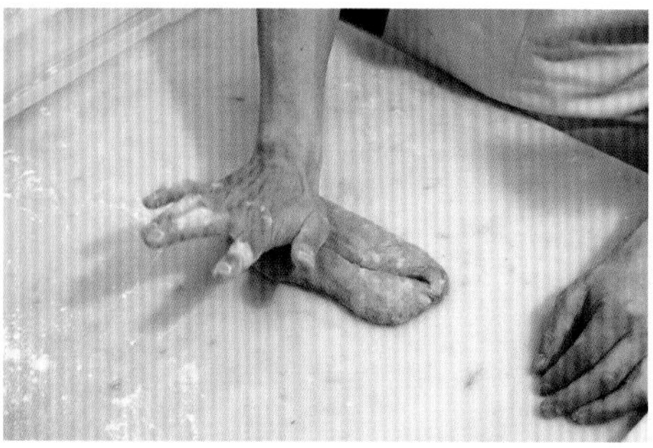

3　生地の手前¼を奥に折りたたみ、端を下の生地に押さえつける。

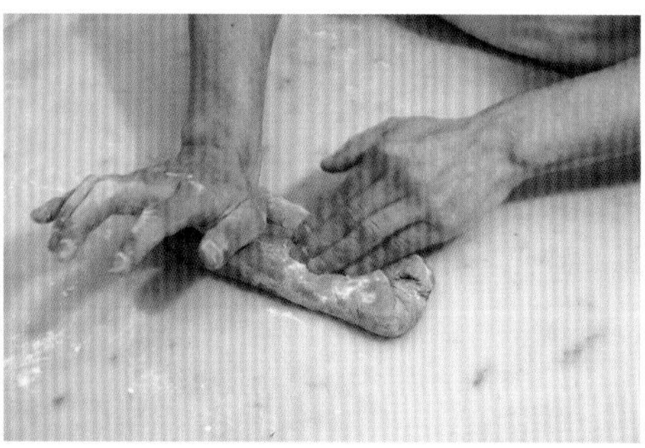

4　生地の奥¼を手前に折りたたみ、端を下の生地に押さえつける。

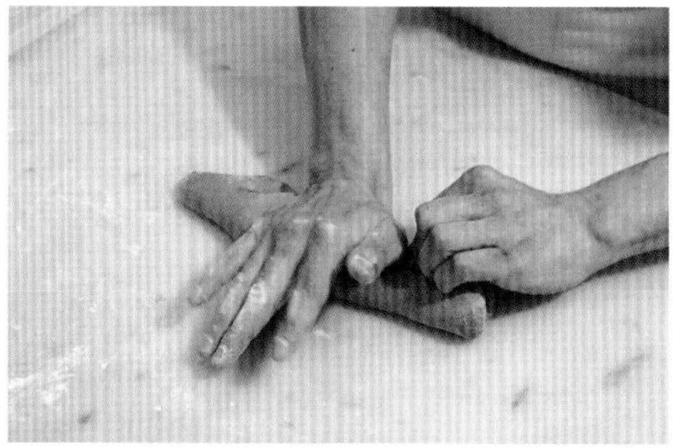

5　生地を半分にたたみ、生地の端同士を指でつまんでとじていく。

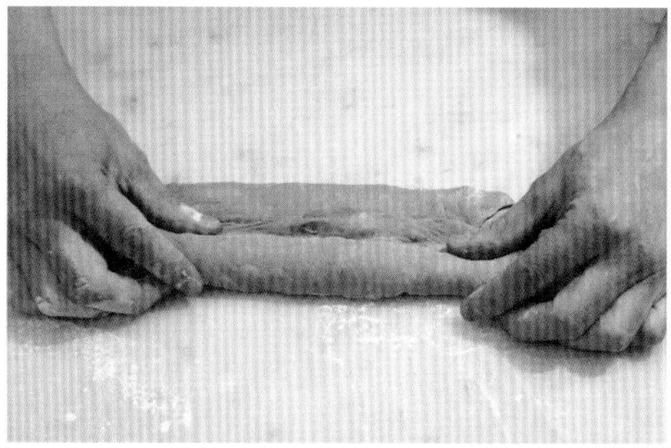

6　生地を再び潰し、3～4と同様に生地の手前と奥を折りたたむ。

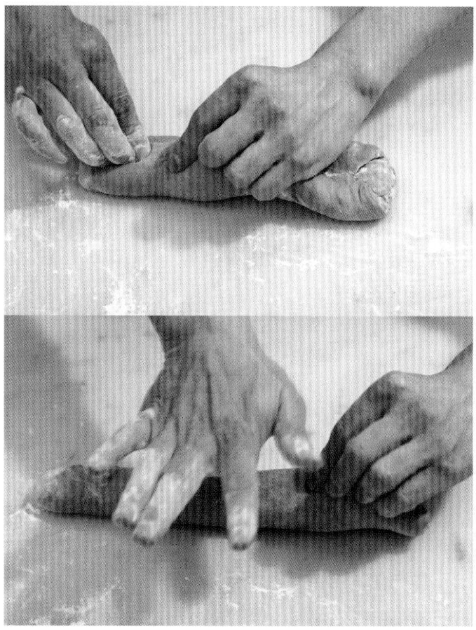

7　5と同様に、生地を半分にたたみ、生地の端同士を指でつまんでとじていく。

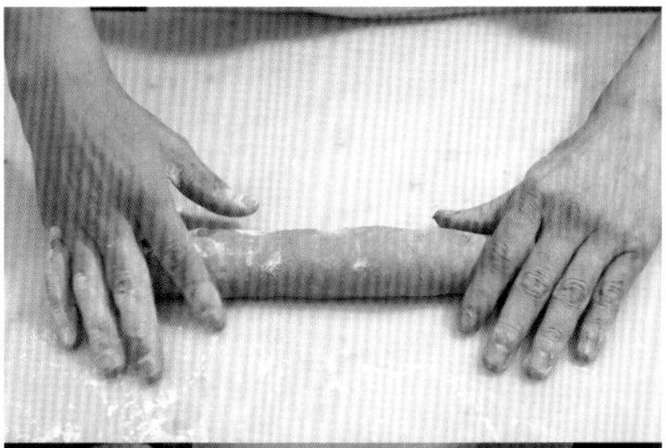

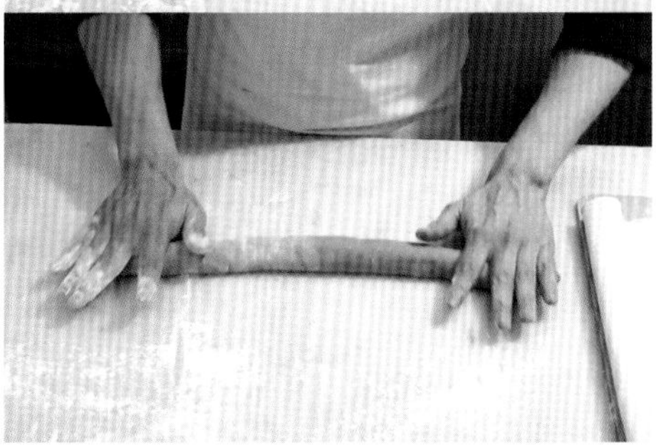

8 生地を両手で前後に転がしながら、中央から両端に向けて手を移動させ、約40cmにのばす。

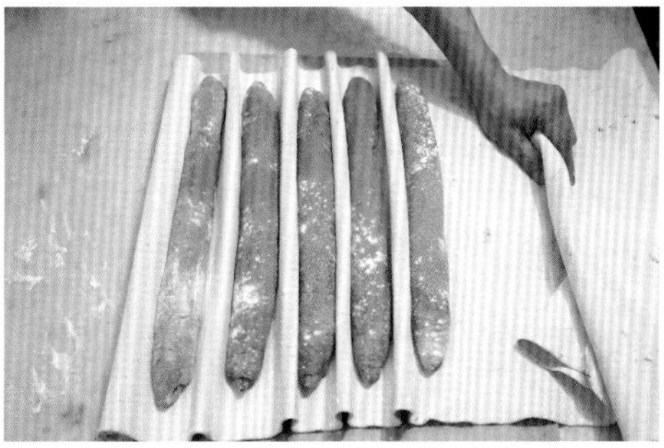

9 キャンバス地を波状にして仕切りを作り、打ち粉をし、仕切りの間に生地をのせる。生地にも軽く打ち粉をする。

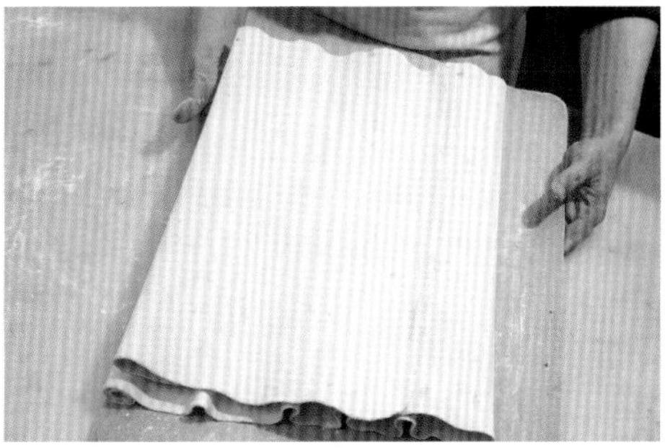

10 キャンバス地をかぶせ、28℃湿度78%で40分発酵させる。

焼成

1 発酵した生地に打ち粉をふる。

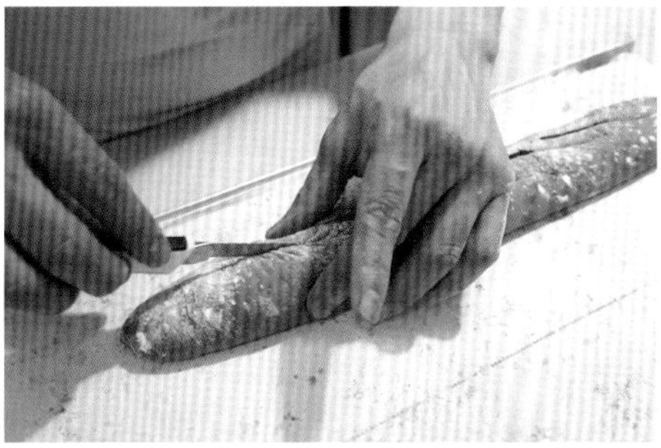

2 焼成用のシートにのせ、カッターナイフなどでクープを5本入れる。

3 上火280℃・下火180℃の平釜（ダンパー閉）20分焼く。

4 焼き上がり。

Part

3

petit gateau, entremets

生菓子

カカオ感、香り、甘み等、チョコレートそれぞれの持ち味を生かした生菓子。
ホワイトチョコレートの味の特性を生かしたレシピも紹介しています。

Tarte au chocolat
タルト・オ・ショコラ

LES CACAOS 黒木琢磨

ナッティで穏やかな風味のブラジル・アマゾナス産のカカオを使用。
カカオニブ、チョコレートを随所に使い、合わせて食べることで
カカオをまるごと味わった印象に。
クリームには「相性がいい」と、同じブラジル産のトンカ豆の香りを移し、
チョコレートの香りを引き立たせながら味わいに抑揚をつけています。

■パートシュクレオショコラ

材料（16個分）

バター（ポマード状）—— 198g
粉糖 —— 80g
アーモンドパウダー —— 80g
全卵 —— 70g
A［薄力粉 —— 318g
　 カカオパウダー —— 30g
※Aは合わせてふるっておく。

作り方

1 ミキシングボウルにバターを入れてほぐし、粉糖を加えてビーターで撹拌する。

2 アーモンドパウダー、全卵をそれぞれ数回に分けて交互に加えて撹拌する。

3 Aを加え、ひとつにまとまるまで撹拌する。

4 生地をまとめてラップで包み、冷蔵庫で一晩おく。

5 生地を3㎜厚さにのばし、直径11㎝の抜型で抜く。

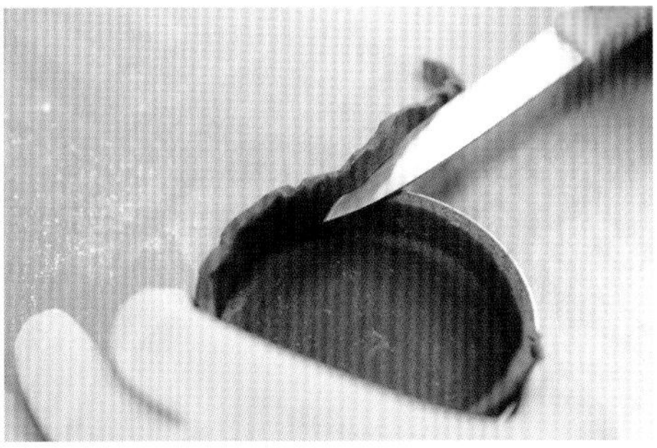

6 直径8㎝のタルトリングに敷き込み、余分な生地を切り取る。

7 薄紙を敷いて重しをのせ、160℃のコンベクションオーブンで19分ほど焼く。

8 焼き上がり。タルトリングを外して冷ます。

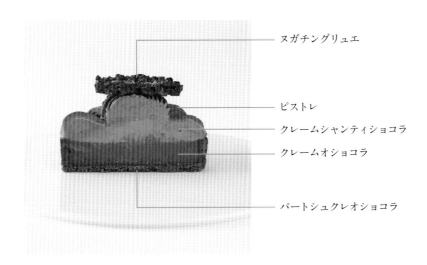

■ クレームオショコラ

材料（16個分）
牛乳 —— 242g
生クリーム35% —— 242g
トンカ豆 —— 2g
卵黄 —— 160g
グラニュー糖 —— 59g
*ブラジル・アマゾナス産カカオ豆使用自家製チョコレート70% —— 158g

作り方

1 鍋に牛乳、生クリーム、トンカ豆を入れて火にかけ、沸いたら火を止めてラップで蓋をし、10分おいて風味を移す。

2 卵黄にグラニュー糖を加えて泡立て器ですり混ぜ、1を加えて均一に混ぜる。

3 2を鍋に戻し、混ぜながら84℃まで炊く。

4 3を漉す。

5 チョコレートをボウルに入れて溶かし、4を少量ずつ加えては混ぜ、乳化させる。

6 仕上げにブレンダーで撹拌しなめらかにする。

■ ヌガチングリュエ

材料（120個分）
牛乳 —— 167g
水飴 —— 110g
グラニュー糖 —— 224g
ペクチンNH —— 4.9g
バター —— 166g
カカオニブ（ブラジル・アマゾナス産）—— 346g
※直径約5cm×深さ1.5cmのシリコン型を使用。

作り方

1 鍋に牛乳、水飴を入れて火にかけ、水飴が溶けたらグラニュー糖、ペクチンを入れ沸騰させる。

2 火を止め、バターを加えて混ぜ、乳化させる。

3 カカオニブを加えて混ぜる。

4 型に8gずつ入れて平らにならし、170℃のコンベクションオーブンで20分焼く。

5 焼き上がったら冷ましてから取り出す。

■ クレームシャンティショコラ

材料（16個分）

生クリーム35%——310g
転化糖——28g
*ブラジル・アマゾナス産カカオ使用自家製
チョコレート70%——60g

作り方

1 鍋に生クリーム、転化糖を入れて火にかけ、90℃まで上げる。

2 ボウルにチョコレートを入れ、1を少量ずつ加えて混ぜながら乳化させる。

3 ブレンダーで撹拌しなめらかにする。

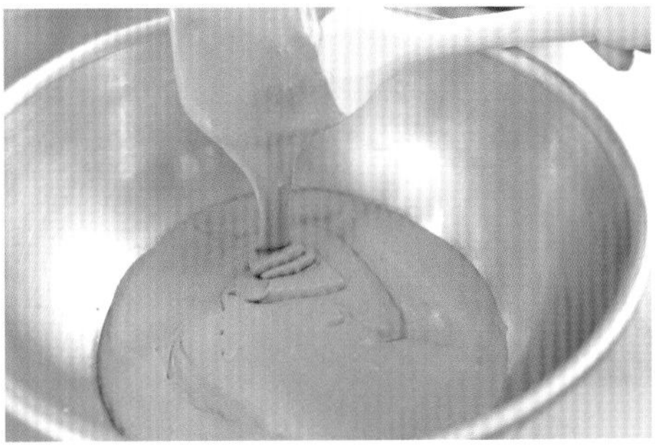

4 冷蔵庫で3日ほどおく。時間をおくことでチョコレートと生クリームがよく乳化し、粘度がつく。

■ フロッカージュショコラ

材料（作りやすい分量）
*ブラックチョコレート —— 200g
カカオバター —— 100g

作り方

1 材料を溶かして混ぜ合わせる。

組み立て

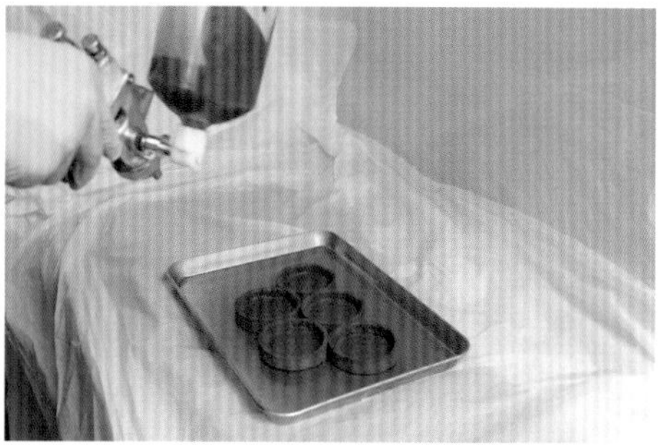

1 冷凍したパートシュクレオショコラに40℃のフロッカージュショコラをピストレする。

2 1にクレームオショコラを46gずつ入れ（写真上）、冷蔵庫で冷やし固める（写真下）。

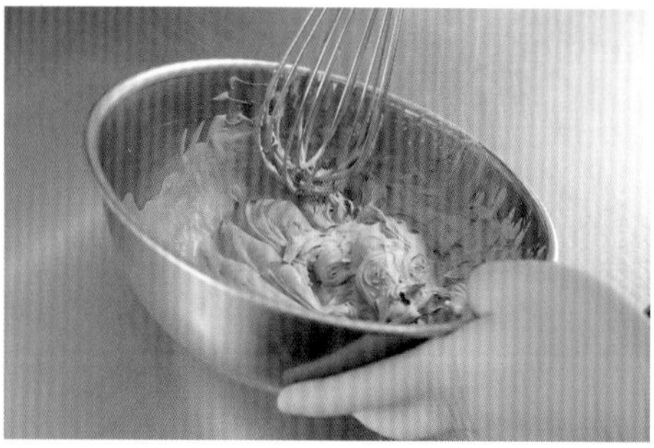

3 クレームシャンティショコラを八分立てにする。

4 2に3を星口金で絞る。左右対称に計6か所絞り、その上の中央部分にさらに連続で絞る。冷凍庫で固める。

5 フロッカージュショコラを全体にピストレする。

6 ヌガチングリュエをのせ、ケーキエチケットを飾る。

タルトスリーズトンカ

Four Seasons Hotel TOKYO AT OTEMACHI

青木裕介

赤い果実様の酸味を持つマンジャリのムースとグリオットの組み合わせ。
ムースにはグリオットとの相性のよさからトンカ豆の香りを移しています。
奇をてらわない構成ですが、焼きたてのごく薄いタルト生地と軽いムースに
しっとりとしたクレームダマンドで重さのバランスをとり、
レストランデザートにもふさわしい、軽やかでリッチなタルトに仕上げます。

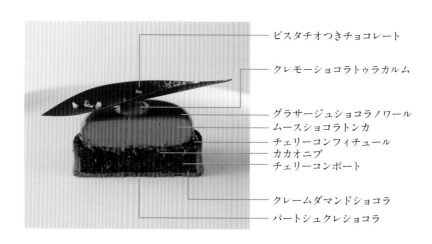

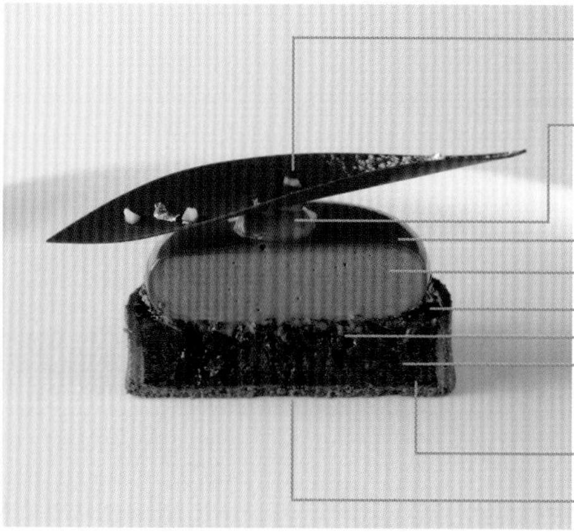

■ パートシュクレショコラ

材料（直径8cmのタルトリング8個分）

薄力粉 —— 350g
バター —— 190g
粉糖 —— 120g
アーモンドパウダー —— 20g
カカオパウダー —— 25g
全卵 —— 65g
※タルトリングの内側に帯状にカットしたシルパンを敷き込んでおく。

作り方

1 ミキシングボウルに薄力粉とバターを入れ、ミキサーのビーターでサラサラになるまで撹拌し、残りの材料を一度に加え、まとまるまで撹拌する。

2 ラップをかけ、冷蔵庫で4時間以上おく。

3 2㎜厚さにのばし、底用の直径8cmの円形と、側面用の幅2.5cm×長さ25cmの帯に個数分切る。

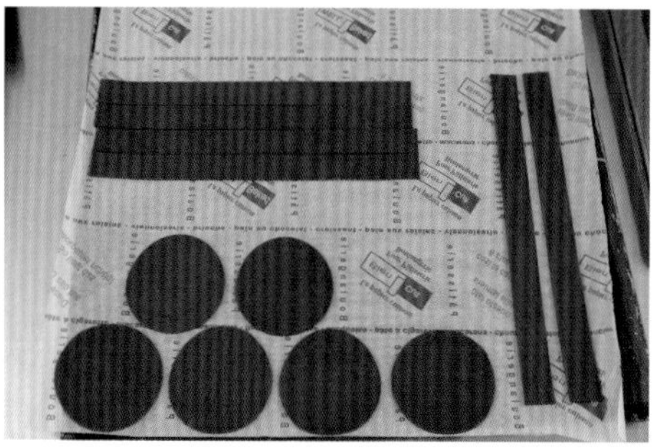

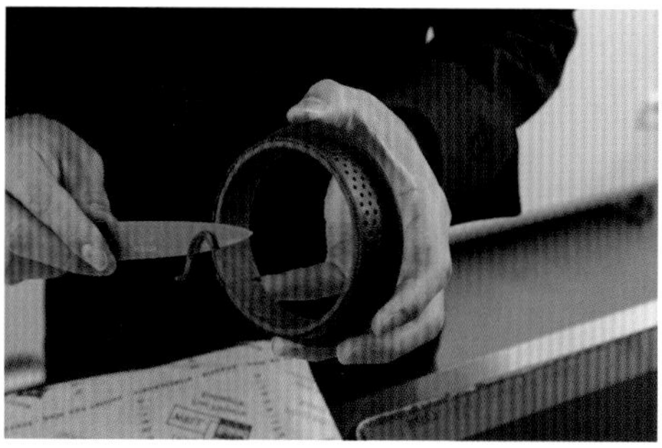

4 側面用の生地をタルトリングの内側に1周沿わせ、両端を重ねて押さえる。タルトリングからはみ出た生地は切り取る。

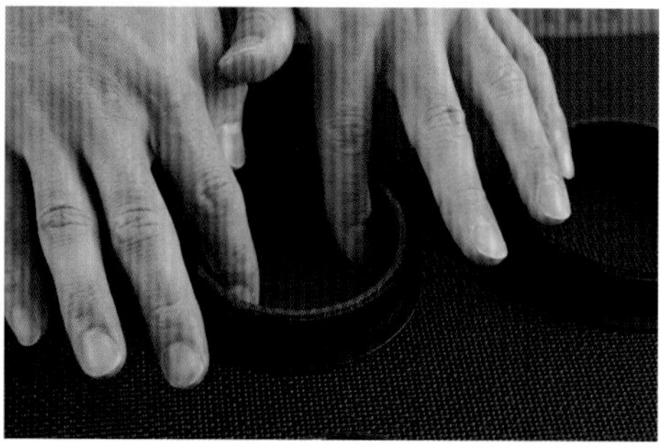

5 4をシルパンの上に置き、底用の生地を敷き込み、側面の生地と密着させる。冷蔵庫で2時間おく。

6 160℃のコンベクションオーブンで10分焼く。冷めたら型を外す。

■ クレームダマンドショコラ

材料（8 個分）
バター —— 55g
グラニュー糖 —— 68g
A ┌ カカオパウダー —— 13g
　│ アーモンドパウダー —— 50g
　└ コーンスターチ —— 5g
生クリーム35% —— 13g
全卵 —— 68g

作り方

1 バターを溶けない程度に温めやわらかくし、ボウルに入れて泡立て器でなめらかにほぐし、グラニュー糖を加えてすり混ぜる。

2 Aを加えて均一に混ぜる。

3 全卵、生クリームを順に加え、そのつど均一に混ぜる。

■ チェリーコンポート

材料（8 個分）
冷凍グリオットホール —— 250g
グラニュー糖 —— 50g
水 —— 28g
シナモンスティック —— 2.5g
オレンジ果皮（すりおろし）—— 0.2個分

作り方

1 鍋に全ての材料を入れて沸かし、2分ほど煮る。

2 保存容器に移し、冷蔵庫で一晩おく。

■ チェリーコンフィチュール

材料（8 個分）
冷凍グリオット —— 295g
水飴 —— 25g
グラニュー糖 —— 30g
ペクチンNH —— 3g

作り方

1 冷凍グリオット、水飴を鍋に入れ、火にかける。

2 グラニュー糖とペクチンを混ぜ、1に混ぜながら加える。

3 ブレンダーで撹拌して果肉感が残る程度に潰し、かためのジャム状になるまで煮詰める。

■ ムースショコラトンカ

材料(直径6.7cm×高さ1.5cmの扁球形のシリコン型8個分)

牛乳 —— 130g
トンカ豆 —— 1個
ゼラチン(200ブルーム) —— 2.5g
*ヴァローナマンジャリ —— 150g
生クリーム35% —— 245g
※チョコレートは少し溶かしておく。

作り方

1 鍋に牛乳を入れてトンカ豆を削り入れ、火にかけて沸かす。火を止めてラップをかけ、30分おいて風味を移す。

2 1を127g量って60℃にし、ゼラチンを加えて混ぜる。チョコレートを容器に入れ、1を加えてブレンダーで乳化させる。

3 2をボウルに移して27～28℃にする。

4 生クリームを七分立てにし、⅓量を3に加えて泡立て器ですくい混ぜ、残りの生クリームを加えてゴムベラですくい混ぜる。

5 4を型に絞り入れ、冷凍する。

■ グラサージュショコラノワール

材料(作りやすい分量)

A
- 水 —— 125g
- グラニュー糖 —— 225g
- 水飴 —— 225g

板ゼラチン(200ブルーム) —— 22g
*ヴァローナマンジャリ —— 226g

B
- コンデンスミルク —— 160g
- ナパージュ(ヴァローナアブソリュクリスタル) —— 90g

■ クレモーショコラトゥラカルム

材料（8個分）

生クリーム35% —— 125g
牛乳 —— 125g
オレンジ果皮（すりおろし）—— 0.3個分
グラニュー糖 —— 15g
卵黄 —— 31g
ゼラチン（200ブルーム）—— 2g
*ヴァローナトゥラカルム —— 110g

作り方

1 生クリーム、牛乳を温め、オレンジ果皮を加えてラップをかけ、10分おいて風味を移す。

2 ボウルに卵黄とグラニュー糖を入れて泡立て器ですり混ぜ、1を加えてよく混ぜ、漉す。

3 2を鍋に入れて火にかけ、混ぜながら84℃まで炊く。火を止めてゼラチンを加え、溶かす。

4 チョコレートの入った容器に注ぎ、ブレンダーで乳化させる。保存容器に移して冷蔵庫で保管する。

■ その他

ピスタチオつきチョコレート
カカオニブ

組み立て

1 パートシュクレショコラにクレームダマンドショコラを30g絞り、チェリーコンポートを7個埋め込み、160℃のオーブンで18分焼いて冷ます。

2 1の表面にチェリーコンフィチュールを塗る。

3 ムースショコラトンカに30℃のグラサージュショコラノワールをかけ、パレットナイフで余分を落とす。

4 3に爪楊枝を刺して持ち上げ、カカオニブをつけてタルトの上にのせる。

5 ピスタチオつきチョコレートに粉糖（分量外）をふりかける。

6 4の上面の中心にクレモーショコラトゥラカルムを絞り、5を飾る。

Piura
ピウラ

LES CACAOS　黒木琢磨

黒木氏が「イチジクのような果実味がある」
と感じるペルー・チリリケ産のカカオ豆と、
「イチジクと相性がよい」カシスの組み合わせ。
主体のムースはガナッシュベースで、しっかりと
乳化させたガナッシュを適切な温度で生クリームと
合わせることで両者がきれいに合わさり、
食べた時の口どけのよさにつながります。

■ フォンドクランブルショコラ

材料（20個分）

バター（サイコロ状）—— 150g
グラニュー糖 —— 150g
塩 —— 3g
アーモンドパウダー —— 150g
A［薄力粉 —— 150g
　 カカオパウダー —— 40g
フロッカージュショコラ（p.138参照）—— 適量
※Aは合わせてふるっておく。

作り方

1 冷蔵庫で冷やしたミキシングボウルにフロッカージュショコラ以外の全ての材料を入れ、ビーターをセットした低速のミキサーで撹拌する。全体になじんでひとつにまとまればよい（写真下）。

2 生地を6㎜程度の粗目の網で漉す。

3 直径7cmのタルトリングに入れてふんわりと表面を平らに整え、170℃のコンベクションオーブンで19分ほど焼く。

4 型から外して冷凍し、40℃のフロッカージュショコラをピストレする。

■ ジュレカシスフランボワーズ

材料（20個分）

A
- カシスピュレ —— 130g
- フランボワーズピュレ —— 130g
- グラニュー糖 —— 65g

板ゼラチン（エバルドシルバー）—— 6g

作り方

1 Aを鍋に入れ、火にかけて86℃にする。火を止めてゼラチンを加え、溶かす。

2 直径3.4cm×高さ1.6cmのシリコン型に流し入れ、表面にアルコール（分量外）をスプレーして泡を消し、冷凍庫で冷やし固める。

■ ビスキュイアマンドショコラ

材料（作りやすい分量）

パートダマンド —— 245g
粉糖 —— 230g
全卵 —— 108g
卵黄 —— 200g
卵白 —— 230g
グラニュー糖 —— 38g

A
- コーンスターチ —— 65g
- 薄力粉 —— 65g
- カカオパウダー —— 65g

溶かしバター —— 74g

※Aは合わせてふるっておく。

作り方

1 卵黄、全卵はボウルに合わせ、40～45℃に温める。

2 ミキシングボウルにパートダマンドを入れてビーターでやわらかくほぐし、粉糖を加えて撹拌する。

3 2に1を少量ずつ加えて中高速のミキサーで撹拌し、そのつど乳化させながら立てていく。温度が下がると立ちにくくなるため、手早く作業する。

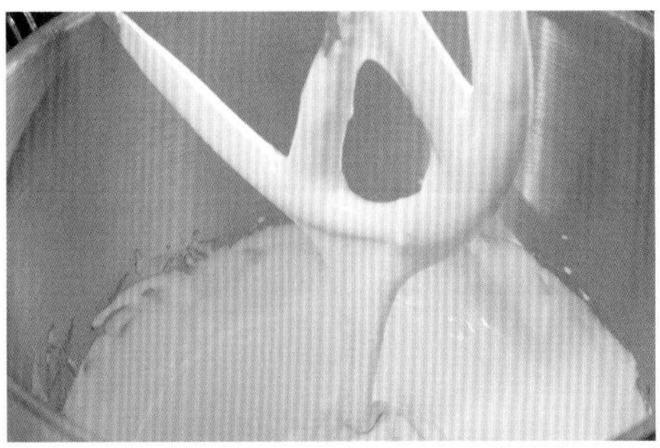

持ち上げるとリボン状に垂れるまでしっかりと立てる。

4 卵白とグラニュー糖でしっかりとしたメレンゲを立てる。

5 3を口の広いボウルに移し、4の½量を加えて底からすくうように混ぜる。

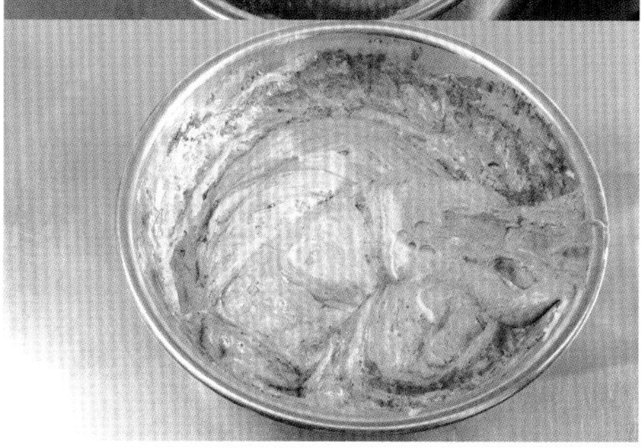

6 4の残りを加えて同様に混ぜ、混ざりきる前にAを加え、ツヤが出るまで混ぜる。

7 溶かしバターに6の少量を加えてよく混ぜる。

8 7を6のボウルに加えて底からすくうように混ぜる。

9 シルパットに流してラクレットパスカルで6㎜厚さにし、200℃のコンベクションオーブンで3分焼き、天板を180度回転させてさらに3分焼く。

10 焼き上がったら冷凍庫で急冷し15℃まで冷ましてシルパットを外す。

11 直径5cmの丸型で抜く。

■ ムースオショコラ

材料（20個分）

*ペルー・チリリケ産カカオ豆使用
　自家製チョコレート68% ── 158g
牛乳 ── 145g
生クリーム38% ── 240g

作り方

1 チョコレートをボウルに入れて溶かし、40℃にする。

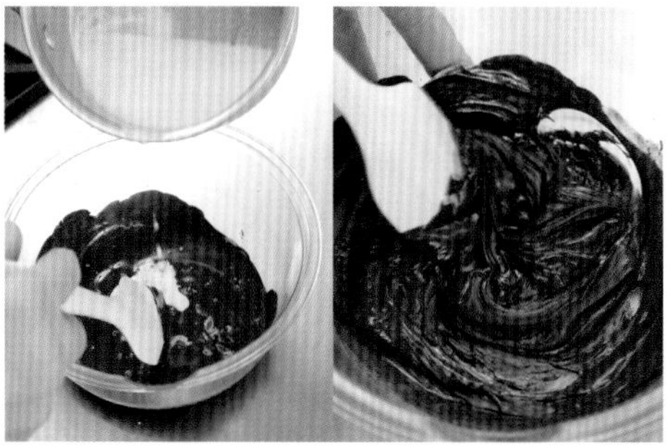

2 90℃に温めた牛乳を少しずつ加えて混ぜ、乳化させる。

3 ブレンダーでなめらかにし、36℃にする。

4 生クリームを五分立てにし、⅓量を3に加えて混ぜる。

5 残りの生クリームも加えて底からすくい混ぜる。

■ ガナッシュショコラノワール

材料（45個分）

生クリーム35％ —— 180g
転化糖 —— 22g
＊ペルー・チリリケ産カカオ豆使用自家製チョコレート68％ —— 176g

作り方

1 鍋に生クリーム、転化糖を入れて火にかけ、90℃にする。

2 ボウルにチョコレートを入れて溶かし、1を少量ずつ加えて混ぜ、乳化させる。

3 ブレンダーでなめらかにする。

4 ラップで包み、冷蔵庫で一晩おく。ほぐして使う。

■ グラサージュミロワールルージュ

材料（作りやすい分量）

水 —— 151g
水飴 —— 165g
グラニュー糖 —— 151g
生クリーム35％ —— 147g
ホワイトチョコレート —— 168g
ゼラチン —— 9g
ナパージュヌートル —— 100g
赤色粉 —— 適量（水で溶く）

作り方

1 鍋に水、水飴、グラニュー糖を入れて火にかけ、103℃にする。

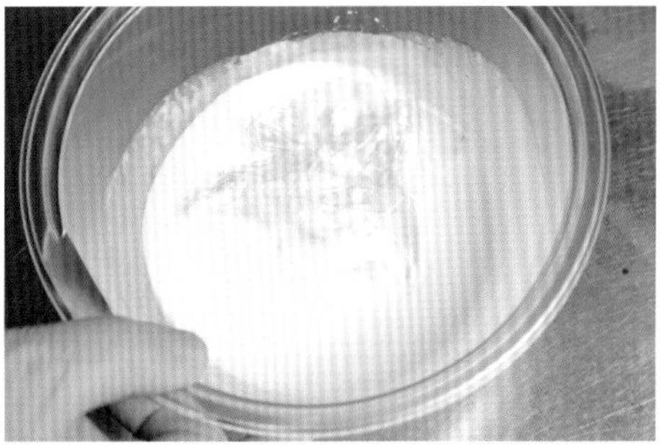

2 90℃に温めた生クリームにゼラチンを加えて混ぜ、溶かす。

3 2に1を少しずつ加えて混ぜる。

4 ボウルにホワイトチョコレートを入れて溶かし、3を少量ずつ加えて混ぜ、乳化させる。

混ぜ終わったところ。

5 ボウルにナパージュヌートルを入れて4を少しずつ加え、のばすように混ぜる。

6 ブレンダーでなめらかにする。

7 6の少量に色粉を加えてよく混ぜる。

8 7を残りの6に加えてよく混ぜる。

9 ブレンダーでなめらかにする。

■ その他

＊直径7㎝の円形チョコレートプレート（ペルー・チリリケ産カカオ豆使用自家製チョコレート68%）
フランボワーズ、ブラックベリー

組み立て

1 ムースオショコラを直径6cm高さ3cmのシリコン型に18gずつ絞り入れる。

2 ジュレカシスフランボワーズを埋め込む。

3 ビスキュイアマンドショコラをのせて密着させ、冷凍する。

4 フォンドクランブルショコラにガナッシュショコラノワールを8gずつ絞る。

5 チョコレートプレートをのせる。

6 グラサージュミロワールルージュを35℃にし、型を外した3にかける。

7 6を5にのせる。

8 半分にカットしたフランボワーズ、ブラックベリーをのせ、ケーキエチケットを飾る。

ムースショコラメゾン

PÂTISSERIE AVRANCHES GUESNAY

上霜考二

自家製チョコレートの香りのよさを立たせることを意識したガトー。主軸となるムースには香りのマスキングを避けるため卵黄を使わず、アンビバージュやグラサージュには、香り豊かなカカオの皮の抽出液を。カカオパウダーも、「自家製チョコレートの香りを邪魔しない」と、ナチュラルな製法のものを使用しています。

■ ジョコンドショコラ

材料（40 × 60㎝の天板 1 枚分）

アーモンドパウダー —— 75g
粉糖 —— 75g
卵黄 —— 150g
卵白 —— 280g
グラニュー糖 —— 190g
A［薄力粉 —— 120g
　 カカオパウダー（カカオハンターズ）—— 40g
※Aは合わせてふるっておく。

作り方

1 アーモンドパウダーと粉糖は泡立て器で混ぜ合わせる。

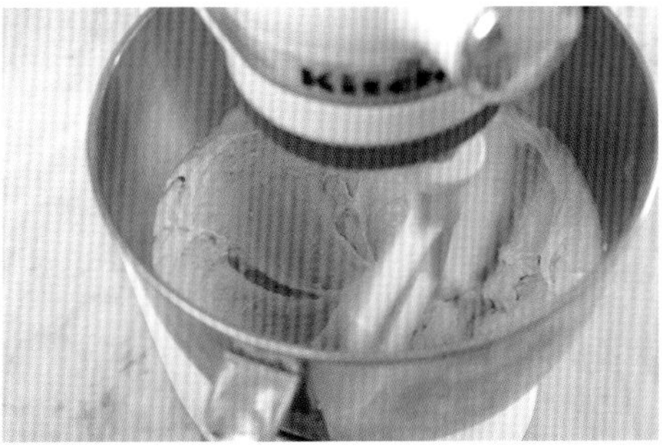

2 1と卵黄を合わせてミキサーのビーターで白っぽくなるまで撹拌する。

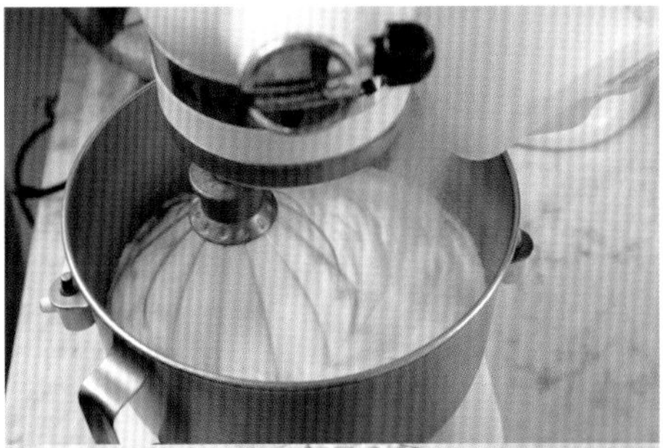

3 別のミキサーでメレンゲを立てる。卵白にグラニュー糖を少量加えて撹拌し、溶けたら再び少量のグラニュー糖を加えることを繰り返して（写真上）しっかりとしたメレンゲにする（写真下）。

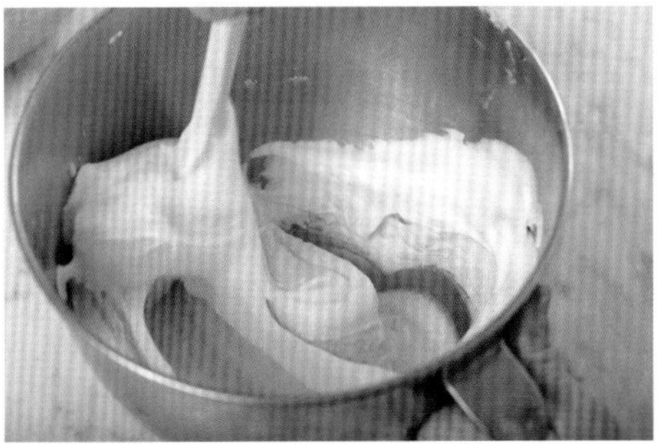

4 2に3をひとくすい加えて混ぜ、2をやわらかくする。

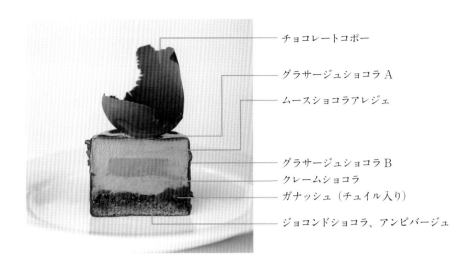

5 3の残りを口の広いボウルに移す。

6 5に4を一度に加えてゴムベラですくい混ぜる。

7 6が混ざりきらないうちにAを加えてゴムベラですくい混ぜる。

混ぜ終わり。メレンゲとAがちょうど同時に混ざりきるのが理想。

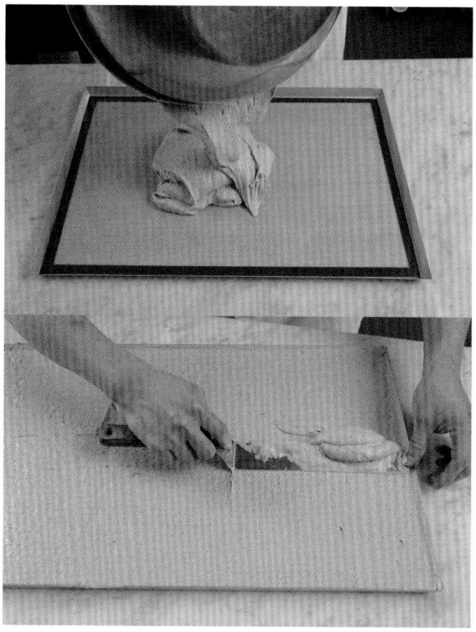

8 シルパットを敷いた天板にのばして表面を平らにならし、230℃のコンベクションオーブンで7分焼く。

9 焼き上がったらすぐに天板から外し、裏返してシルパットをはがし、再び表面を上にして冷ます。

10 直径5.5cmのセルクルで抜く。

■ アンビバージュ

材料（作りやすい分量）
カカオハスクの抽出液
- 水 —— 600g
- カカオハスク（カカオ豆の皮）—— 150g

ボーメ30°シロップ（下記参照）—— 50g
○ボーメ30°シロップ…水1ℓを沸かし、グラニュー糖1kgを加えて溶かし、冷ます。

作り方

1 カカオハスクの抽出液を作る。鍋に水とカカオハスクを入れて火にかけ、十分に沸騰させる。

2 漉し器で漉し、さらにコーヒーのペーパーフィルターで漉して、残った粉を除く。

3 2の100gとボーメ30°シロップを混ぜ合わせる。

■ チュイル

材料（60cm×40cmの天板1枚分）
A
- 生クリーム42% —— 60g
- バター —— 45g
- グラニュー糖 —— 80g
- 水飴 —— 10g
- バニラシュガー —— 10g

薄力粉 —— 5g
自家製ローストカカオニブ（シエラネバダ産）—— 50g

作り方

1 鍋にAを合わせて火にかけ、沸かす。

2 ボウルに薄力粉、カカオニブを入れて混ぜ合わせる。

3 1の火を止め、2を加える。

4 よく混ぜる。

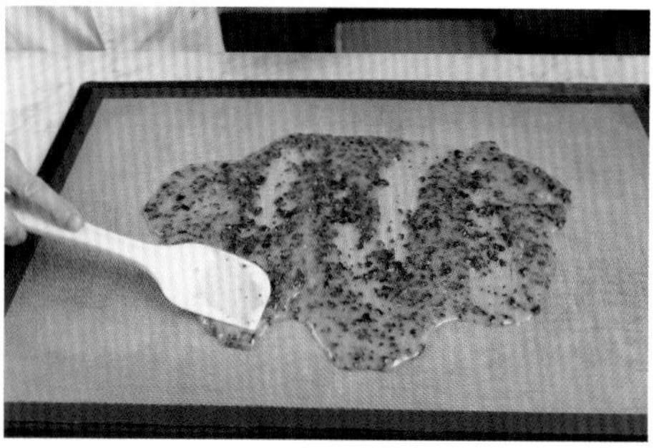

5 シルパットに4を薄くのばし、170℃のコンベクションオーブン（ダンパー閉）で8分焼き、天板を180度回転させてさらに4分焼く。

6 焼き上がったらすぐにシルパットから外し、ペーパーにのせて冷ます。

7 油がきれたら適当な大きさに割り、密閉容器で保管する。

■ ガナッシュ

材料（20個分）

＊シエラネバダ産カカオ豆使用自家製チョコレート 70% A —— 66.6g
生クリーム42% —— 150g
バター —— 10g
チュイル（p.155参照）—— 135.9g
＊シエラネバダ産カカオ豆使用自家製チョコレート 70% B —— 66. 6g

作り方

1 鍋に生クリームとバターを入れて沸かし、バターを溶かす。

2 ボウルに溶かした40℃のチョコレートAを入れ、1を数回に分けて加えては混ぜ、乳化させる。冷めないよう手早く作業する。

3 ブレンダーでなめらかにする。

4 ボウルにチュイルを入れ、溶かしたチョコレートBを加えてよく絡め、コーティングする（サクサクとした食感を保つため）。

5 3を加えて混ぜる。

■ クレームショコラ

材料（底直径３㎝上面直径 3.5㎝×深さ 3㎝のシリコン型 39 個分）

生クリーム35%—— 109. 5g
牛乳—— 164. 4g
卵黄—— 57g
グラニュー糖—— 18. 1g
*シエラネバダ産カカオ豆使用自家製チョコレート 70%（細かく刻む）—— 88. 9g

作り方

1 生クリームと牛乳は合わせて温める。

2 ボウルに卵黄とグラニューを入れて泡立て器ですり混ぜ、1を加えてよく混ぜる。

3 2を鍋に移して火にかけ、82℃まで炊く。

4 チョコレートを入れたボウルに3を熱いうちに加えてよく混ぜ、乳化させる。さらにブレンダーで撹拌して乳化させる（写真下）。

5 4を型に1cm厚さに絞り入れ、冷凍する。

■ ムースショコラアレジェ

材料（20個分）

*シエラネバダ産カカオ豆使用自家製チョコレート
70%（細かく刻む）── 250. 8g
板ゼラチン（グランベルシルバー）── 2.1g
牛乳 ── 132.3g
生クリーム35% ── 364. 8g

作り方

1 チョコレートは溶かして40℃にする。

2 牛乳と生クリームを合わせて沸かし、ゼラチンを加えて溶かし、1に少しずつ加えて混ぜ、乳化させる。

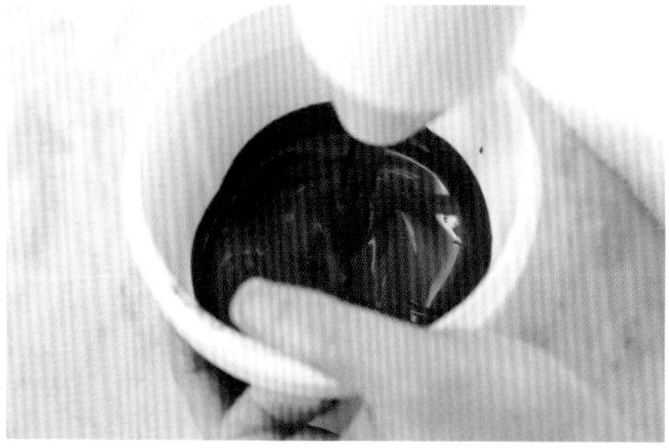

3 ブレンダーでなめらかにする。仕上がり32～33℃程度。

4 生クリームを表面に泡立て器のスジがすぐに消えずに残る程度のかたさに立て、3を加えてすくい混ぜる。

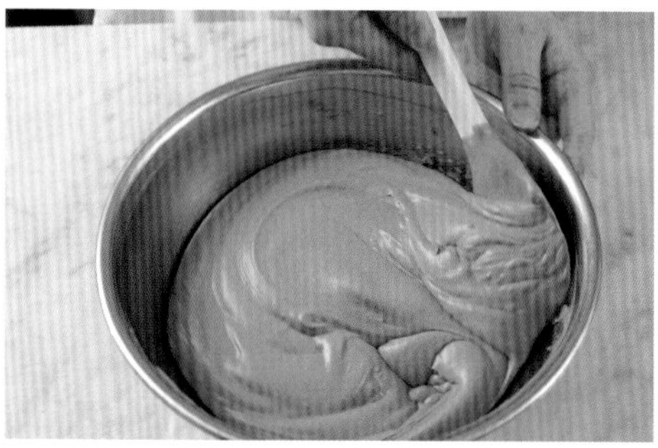

5 ゴムベラに持ち替えてボウルの内側をさらってムラなく混ぜる。

■ グラサージュショコラ A

材料（作りやすい分量）

ゼラチン（グランベルシルバー）―― 5枚（約16.5g）

A
- グラニュー糖 ―― 140g
- トレハロース ―― 47g
- カカオハスクの抽出液（p.155アンビバージュ参照）―― 150g

カカオパウダー（カカオハンターズ）―― 75g

B
- 生クリーム42% ―― 75g
- ボーメ30°シロップ（下記参照）―― 60g
- 水飴 ―― 40g
- ハローデックス ―― 10g

○ボーメ30°シロップ … 水1ℓを沸かし、グラニュー糖1kgを加えて溶かし、冷ます。

作り方

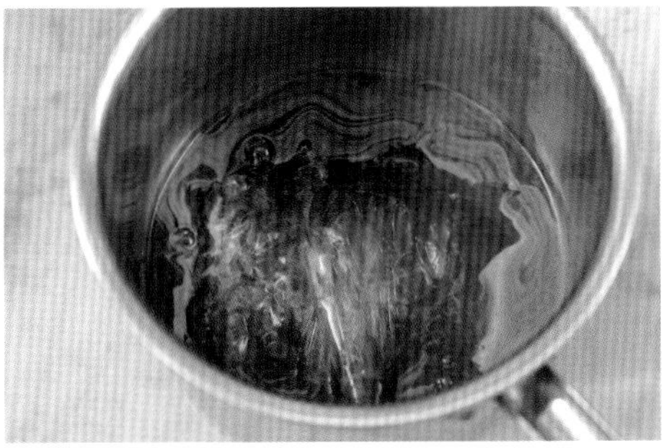

1 鍋にAを合わせ、火にかけて沸かし、火を止めてゼラチンを加え、溶かす。

2 ボウルにカカオパウダーを入れ、1を少量加えてダマなく混ぜる。

3 残りの1を少しずつ加えてダマのないようにのばしていく。

4 鍋にBを合わせて沸かし、3に加えてブレンダーで撹拌する。

5 漉す。

6 ラップをかけ、冷蔵庫で一晩おいて結晶化させる。

■ グラサージュショコラB

材料（作りやすい分量）

A
- ＊シエラネバダ産カカオ豆使用自家製チョコレート70%——300g
- 澄ましバター——120g
- カカオバター——30g

自家製ローストカカオニブ（シエラネバダ産）——50g

作り方

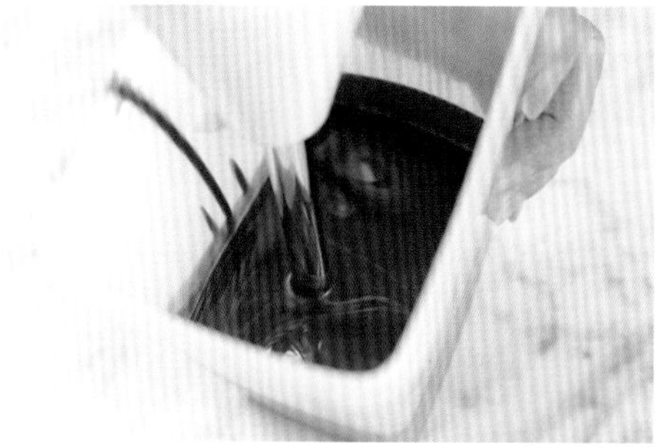

1 Aを合わせて湯煎で溶かし、40℃にし、容器に移してブレンダーでなめらかにする。

2 カカオニブを加えて混ぜる。

■ その他

＊シエラネバダ産カカオ豆使用自家製チョコレート70%のコポー

組み立て

1 直径55㎜、高さ45㎜のセルクルを並べ、底にアンビバージュを含ませたジョコンドショコラを敷く。その上にガナッシュを20gずつのせて平らにならす。

2 ムースショコラアレジェをセルクルの高さの8割程度まで絞り、クレームショコラをのせる。

3 さらにムースショコラアレジェを絞り、パレットナイフですりきる。冷凍する。

4 3のセルクルを外してナイフで刺し、上面を残してグラサージュショコラBに沈める。底に垂れたグラサージュはきる。

5 4の上面にグラサージュショコラAをのせ、平らにならす。

6 コポーを飾る。

ショコショコ

Éclat des Jours Pâtisserie

中山洋平

やさしい味わいのバランスでまとめたチョコレートムースのプチガトーで、マイルドなカカオ感と落ち着いたスモーキーさを持つチョコレートを使用。
たっぷりと詰めたブリュレのまろやかさは、チョコレート感を薄めずにやさしい風味をふくらませています。ほんのわずかに仕込んだフランボワーズのコンフィチュールと底に敷いたクルスティアンが、味と食感の引き締め役。

■ビスキーショコショコ

材料（40cm×60cmのカードル１枚分）

A
- パートダマンド —— 160g
- 粉糖 —— 60g
- 卵黄 —— 100g
- 全卵 —— 40g
- 発酵バター（40℃に溶かす）—— 50g
- カカオパウダー —— 50g
- 薄力粉 —— 50g

卵白 —— 150g
グラニュー糖 —— 35g
乾燥卵白 —— 5g

作り方

1 フードプロセッサーにAを入れ、カカオパウダーにダマがないように攪拌する。

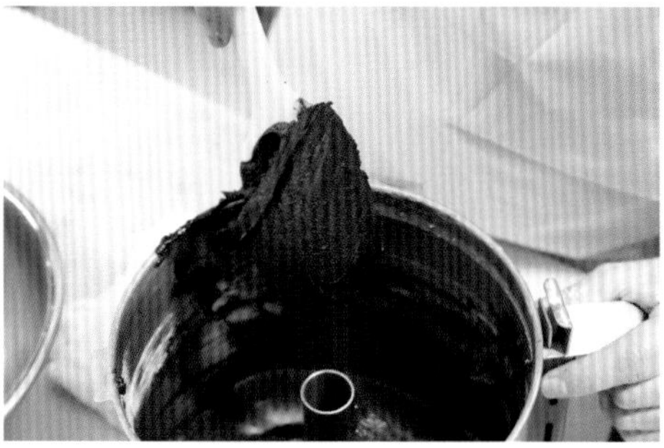

2 薄力粉を加えて攪拌し、均一にする。

3 グラニュー糖と乾燥卵白を泡立て器でよく混ぜ合わせる。

4 卵白、3を合わせてミキサーの中高速にかけ、しっかりとしたメレンゲを立てる。パサつきやすいので立てすぎないよう注意。

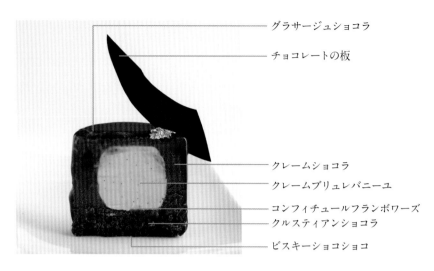

5 2をボウルに移し、4の⅓量を加えてゴムベラで混ぜる。

6 残りの4を2回に分けて加え、すくい混ぜる。

7 シルパットを敷いた天板にカードルをのせ、6を流し、平らにならす。170℃のコンベクションオーブンで12～13分焼く。

8 焼き上がったらカードルを外して冷ます。

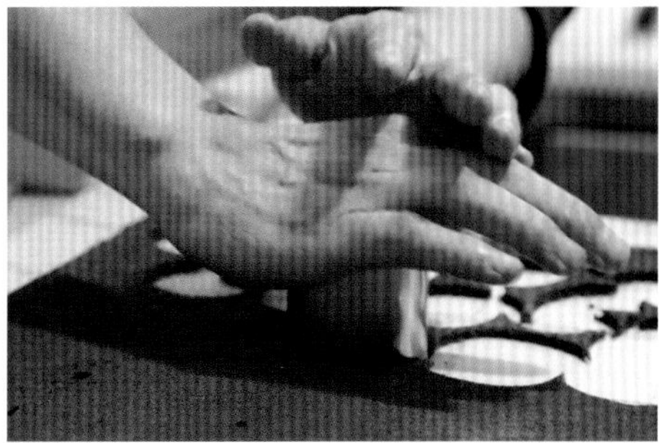

9 シルパットをはがし、直径55㎜のセルクルで抜く。

■ クルスティアンショコラ

材料（40㎝×60㎝のカードル1枚分）

*カカオバリーイナヤ —— 220g
プラリネノワゼット —— 400g
フィヤンティーヌ —— 400g

作り方

1 チョコレートを溶かしてボウルに入れる。

2 1にプラリネノワゼットを加えて混ぜる。

3 2にフィヤンティーヌを加えて全体にチョコレートがゆきわたるようによく混ぜる。

4 天板にのせたカードルに平らに敷き詰め、冷凍する。

5 カードルを外し、直径45㎜のセルクルで抜く。

■ コンフィチュールフランボワーズ

材料（作りやすい分量）

冷凍フランボワーズホール —— 150g
グラニュー糖 —— 150g
ナパージュヌートル —— 150g

作り方

1 鍋に全ての材料を合わせて火にかけ、混ぜながら粘度が出るまで炊き、急冷する。

■ クレームブリュレバニーユ

材料（フレキシパンポンポネット型96個分）

生クリーム35% —— 35g
バニラビーンズ —— 10g
加糖卵黄（20%）—— 125g
グラニュー糖 —— 35g
粉ゼラチン（グランベルパウダー200）—— 4g
（24gの水でふやかす）

作り方

1 鍋に生クリーム、バニラビーンズ、グラニュー糖の半量を入れて火にかけ、沸かす。

2 ボウルに卵黄、残りのグラニュー糖を入れて泡立て器ですり混ぜる。

3 2に1の半量を加えてよく混ぜる。

4 1の鍋に3を加えて混ぜる。

5 火にかけて混ぜながら、しっかりと火を通すように炊く。

6 ゼラチンを加えて溶かし、漉す。

7 ボウルを氷水にあてて急冷しながらブレンダーにかけ、なめらかにする。

8 型にすりきりまで絞り、冷凍する。

9 型から取り出し、2個のそれぞれ上面をつけて圧着し、1組にする。

■ クレームショコラ

材料（40個分）
生クリーム35%A —— 450g
*カカオバリーイナヤ —— 360g
生クリーム35%B —— 340g

作り方

1 生クリームAを沸かし、チョコレートを入れたボウルに加え、少しゆすってチョコレートを温める。

2 泡立て器で混ぜて乳化させ、ブレンダーでなめらかにし、32℃にする。

3 生クリームBを六〜七分立てにする。

4 3の⅓量を2に加え、ゴムベラで均一に混ぜる。

5 4を生クリームのボウルに戻す。

6 泡立て器ですくい混ぜる。持ち上げるとゆっくりと垂れるかたさが理想。

7 ゴムベラに持ち替えてボウルの内側をさらい、ムラなく仕上げる。

■ グラサージュショコラ

材料（作りやすい分量）
水 —— 100g
水飴 —— 200g
練乳 —— 133g
グラニュー糖 —— 200g
*カカオバリーイナヤ —— 200g
粉ゼラチン（グランベルパウダー 200）—— 13g
（80gの水でふやかす）

作り方

1 鍋にゼラチン以外の材料を入れて混ぜ、火にかけて沸かす。

2 ハンドブレンダーでなめらかにし、ゼラチンを加えて溶かす。冷蔵庫で一晩おく。

■ その他

*飾り用チョコレート（カカオバリーイナヤをテンパリングして薄くのばし固め割ったもの）

組み立て

1 直径55㎜×高さ50㎜のセルクルを天板に並べ、それぞれ底にビスキーショコショコ、クルスティヤンショコラの順に敷き、少量のコンフィチュールフランボワーズをのせる。

2 クレームショコラをセルクルの7～8分目まで絞り入れ、天板を下から叩いて空気を抜く。

3 クレームブリュレバニーユを埋め込む。

4 3の上にクレームショコラを絞り、パレットナイフですりきり、冷凍する。

5 4のセルクルを外して網に並べ、28～30℃にしたグラサージュショコラをかけ、パレットナイフで上面の余分を落とす。

6 飾り用チョコレートを刺し、金箔（分量外）を添え、ケーキエチケットを飾る。

GAIA

ガイア

Chocolaterie HISASHI

小野林 範

同店オリジナルチョコレート
「GAIA（ガイア）71%」を各パーツに使い、
チョコレートの魅力を多面的に表現した一品。
水分量の多いごく軽いムースに、
舌上に長く滞在するクレームなど、
香りやダイレクトな味わいなどが
次々と感じられる趣向です。

カカオバリーのオリジナルチョコレート「GAIA71％」(一般販売なし)。自然の恵みのイメージから味わいを構築したチョコレートで、カカオ感に加え、土を思わせるスモーキーさも感じさせます。

■ジェノワーズショコラ

材料（60cm×40cmのカードル１枚分）

全卵 —— 300g
グラニュー糖A —— 219g
はちみつ —— 30g
卵白 —— 120g
グラニュー糖B —— 75g
アルブミナ —— 1.2g
A［薄力粉 —— 165g
　 カカオパウダー —— 30g
生クリーム42% —— 90g
※Aは合わせてふるっておく。

作り方

1. ミキシングボウルに全卵、グラニュー糖Aを合わせて混ぜ、湯煎で50℃まで温め、ミキサーの中高速で泡立てる。
2. 40℃以上に温めたはちみつを加えてさらに泡立てる。
3. リボン状になったら低速にしてキメを整える。
4. 別のミキシングボウルに卵白、グラニュー糖B、アルブミナを合わせてミキサーでメレンゲを作る。
5. 4に3を加えて混ぜ、Aを加えて混ぜる。
6. 60～70℃に温めた生クリームを加えて混ぜる。
7. オーブンペーパーを敷いた天板にカードルをのせて6を流し、160℃湿度40%のスチームコンベクションオーブンで15分ほど焼く。
8. カードルを外して冷まし、8mm厚さにスライスし、直径4cmの丸型で抜く。

■クレームショコラ

材料（フレキシパンバヴァロワ円柱型48個分）

牛乳 —— 145g
生クリーム35% —— 145g
グラニュー糖 —— 8g
寒天（伊那食品工業ル・カンテンウルトラ）
　—— 4.4g
凍結卵黄 —— 55g
*カカオバリー GAIA71% —— 66g
プラリネアマンド —— 42g
生クリーム35% —— 205g

作り方

1. 鍋に牛乳、生クリーム、グラニュー糖、寒天を入れて火にかけ、95℃まで温める。
2. ボウルに卵黄を入れ、1を加えて混ぜる。
3. 別のボウルにチョコレートとプラリネを入れ、2を3回に分けて加えブレンダーで乳化させる。
4. 生クリームを六分立てにする。
5. 3を31℃まで冷まし、4に混ぜながら加える。
6. 型に16gずつ流し、ジェノワーズショコラを上にのせて接着する。
7. 1日冷蔵庫で冷やし固め、翌日に冷凍し、型から外す。

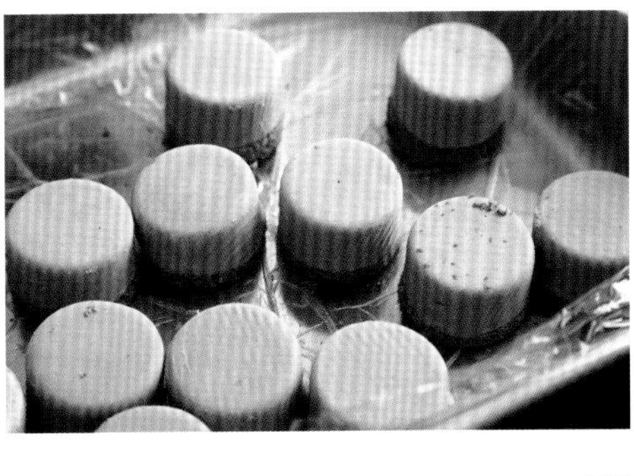

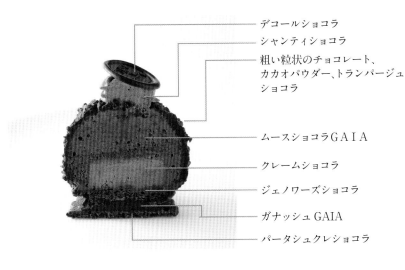

■ ムースショコラGAIA

材料（シリコマートSF192トリュフ型／48個分）

*カカオバリーGAIA71%――488g
牛乳――250g
生クリーム35%――243g
ゼラチンマス※――135g
卵白――291g
ハローデックス――583g
水――54g
※ゼラチンマス…ゼラチン（新田ゴールド）を5倍の水に溶かして冷やし固めたもの。

作り方

1 鍋に牛乳、生クリーム、ゼラチンマスを合わせて火にかけ、70～80℃に温める。

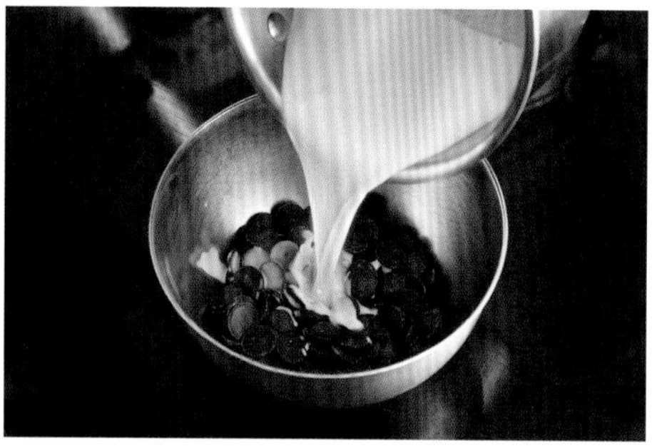

2 1をボウルに入れたチョコレートに加えてチョコレートが温まるまで少しおく。

3 2の液体の上澄みを鍋に戻す。

4 ゴムベラで混ぜて乳化させる。

5 3の液体を少しずつ加えては混ぜて乳化させる。

6 ブレンダーにかけてしっかりと乳化させる。

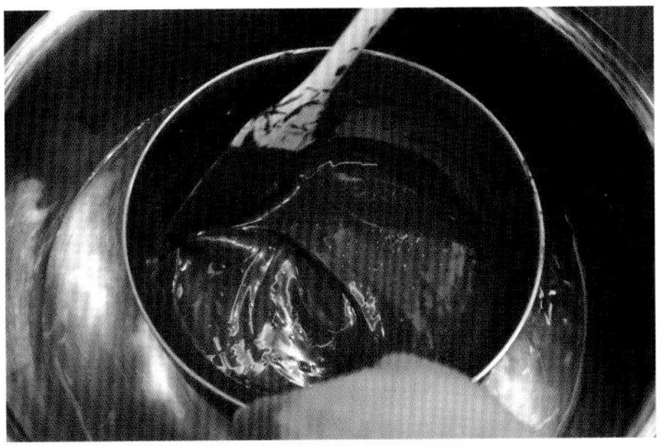

7 45℃以上をキープする。

8 鍋にハローデックス、水を合わせて沸騰させ、ミキシングボウルに入れた卵白に泡立て器で混ぜながら加える。

9 湯煎にかけ、泡立て器で立てながら80℃まで温める。

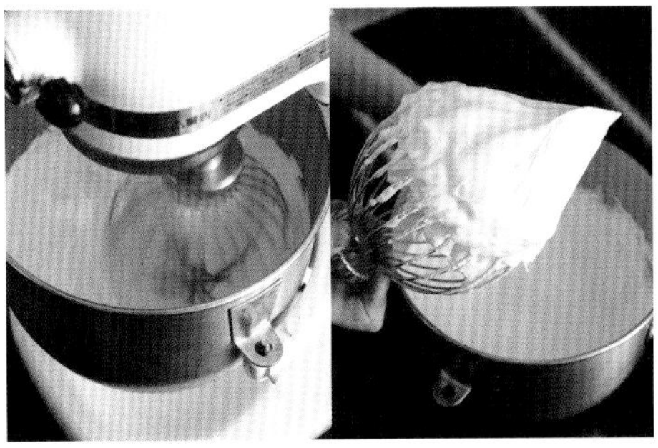

10 9を中低速のミキサーでしっかりとしたメレンゲにする。

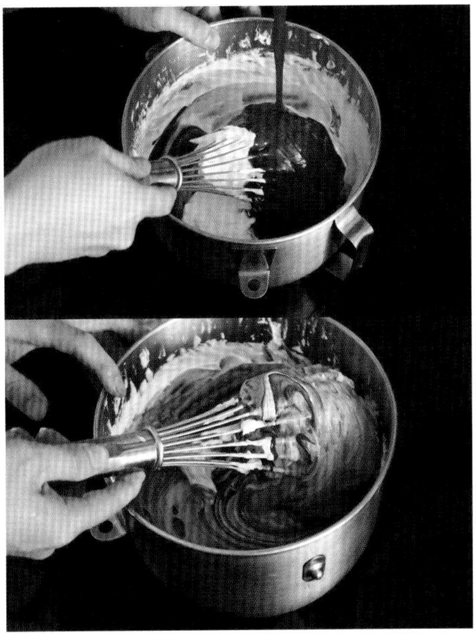

11 10に7を加えながら泡立て器ですくい混ぜる。

12 仕上げにゴムベラでボウルの側面をきれいにさらって混ぜる。

■ トランパージュショコラ

材料（作りやすい分量）

*カカオバリー GAIA71% —— 500g
カカオバター —— 100g
米油 —— 18g

作り方

1 チョコレートとカカオバターを合わせて溶かし、米油を加えて混ぜる。45℃以上で使用する。

■ パータシュクレショコラ

材料（作りやすい分量）

バター —— 450g
A［上白糖 —— 129g
　 粉糖 —— 160g
全卵 —— 154g
B［アーモンドパウダー —— 160g
　 薄力粉 —— 578g
　 カカオパウダー —— 64g
　 バニラパウダー —— 9.6g
※Bは合わせてふるっておく。

作り方

1 バター、Aを合わせ、白っぽくなるまでミキサーのビーターで立てる。
2 全卵を加えて攪拌し、Bを加えて攪拌する。まとめてラップで包み、冷蔵庫で1日おく。
3 2㎜厚さにのばし、直径4㎝のキク型で抜く。160℃のコンベクションオーブンで15分ほど焼く。

■ ガナッシュ GAIA

材料（作りやすい分量／フレキシパンババヴァロワ円柱型使用）

*カカオバリー GAIA71% —— 400g
生クリーム35% —— 400g
トリモリン —— 80g
バター —— 90g

作り方

1 鍋に生クリーム、トリモリンを合わせて火にかけ、70℃まで温める。
2 ボウルにチョコレートを入れ、1を加えて混ぜ、乳化させる。
3 バターを加えて混ぜ、乳化させる。
4 型に6gずつ入れて平らにならし、冷やし固める。

■ シャンティショコラ

材料（作りやすい分量）

*カカオバリーエキストラビター —— 70g
*カカオバリー GAIA71% —— 30g
トリモリン —— 20g
A［生クリーム35% —— 50g
　 牛乳 —— 50g
生クリーム40% —— 660g

作り方

1 鍋にAを入れて70℃に温める。
2 ボウルにチョコレート2種、トリモリンを入れ、1を加えて泡立て器で混ぜ、乳化させる。
3 生クリーム40％を加えて混ぜ、ブレンダーで乳化させる。
4 冷蔵庫で1日おき、翌日使用する。

■ その他

*粗い粒状のチョコレート（カカオバリー GAIA71%）
カカオパウダー
*デコールショコラ

デコールショコラは溶かしたチョコレートに店名ロゴを押し固める。

組み立て

1 ムースショコラ GAIA を型の9分目程度まで絞る。

2 接着したクレームショコラとジェノワーズショコラを埋め込み冷凍する。

3 2を型から取り出して竹串を刺し、45℃に温めたトランパージュショコラに沈めて何度か上下させ、余分をきる。

4 粗い粒状のチョコレートをまぶす。

5 カカオパウダーをふる。

6 パータシュクレショコラにヒートガンで片面を軽く温めたガナッシュ GAIA をのせ、接着する。

7 6のガナッシュの表面をヒートガンで軽く温め、5をのせて接着する。

8 シャンティショコラを星型で1回転半絞り、デコールショコラを飾る。

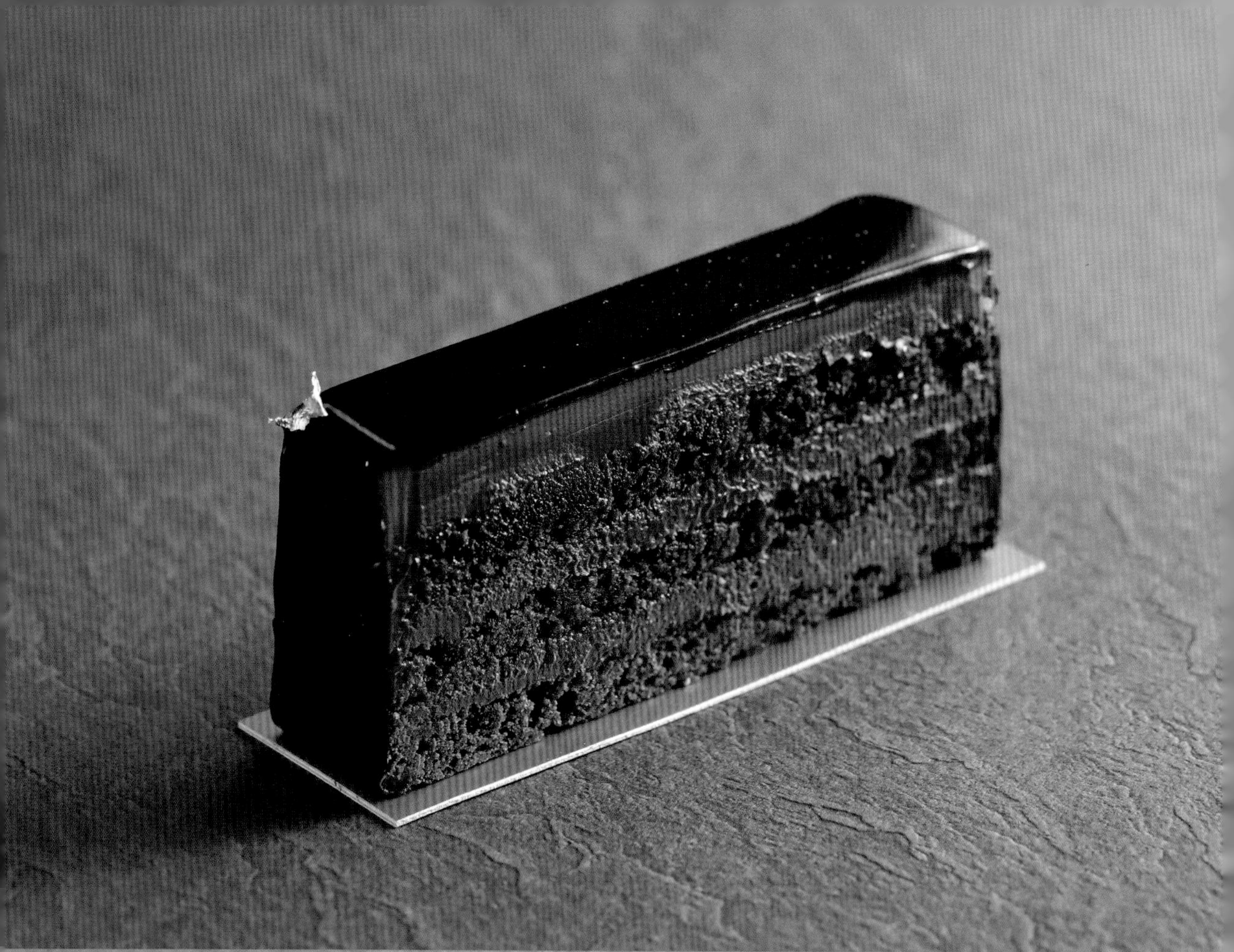

グレナダ

PRESQU'ÎLE chocolaterie

小抜知博

油脂の使用量を抑えて、ガーナ産カカオのカカオ感とグレナダ産カカオの果実的な香りを引き出した一品。ビスキュイとガナッシュのシンプルな構成で、なめらかなガナッシュをしっとりとした生地が支え、口中に長くチョコレートの余韻を残します。

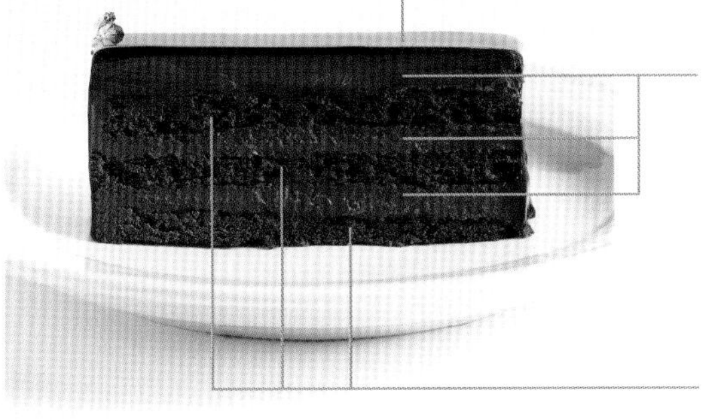

■ ビスキュイショコラ

材料（37cm×57cmのカードル3枚分）

*エクアドル産カカオ豆使用自家製チョコレート61% —— 100g
*ガーナ産カカオ豆使用自家製チョコレート56% —— 176g
マーガリン —— 280g
転化糖 —— 46g
A
- アーモンドパウダー —— 115g
- 粉糖 —— 86g
- 薄力粉 —— 138g
- カカオパウダー —— 46g

加糖卵黄（20%）—— 115g
卵白 —— 230g
グラニュー糖 —— 161g
アンビバージュ
- 水 —— 158g
- グラニュー糖 —— 100g
- バニラペースト —— 5g

※Aは合わせてふるっておく。

作り方

1 ボウルにチョコレート2種、マーガリン、転化糖を合わせて湯煎にかけ、溶かして50℃にする。

2 卵白を入れてミキサーの中低速にかけ、グラニュー糖を3回に分けて加えメレンゲにする。最後は低速にしてキメを整える。

3 1に卵黄を加えて泡立て器で混ぜ、乳化させる。

4 3に2の半量を加えてツヤが出るまで混ぜる。

5 Aを加えて底からすくい混ぜる。

6 残りの2を加え、底から泡を潰さないようにすくい混ぜる。

7 ツヤが出るまで混ぜたら、オーブンペーパーを敷いた天板にのせたカードルに500gずつ3枚流して平らにならす。180℃のコンベクションオーブンで10分ほど焼く。

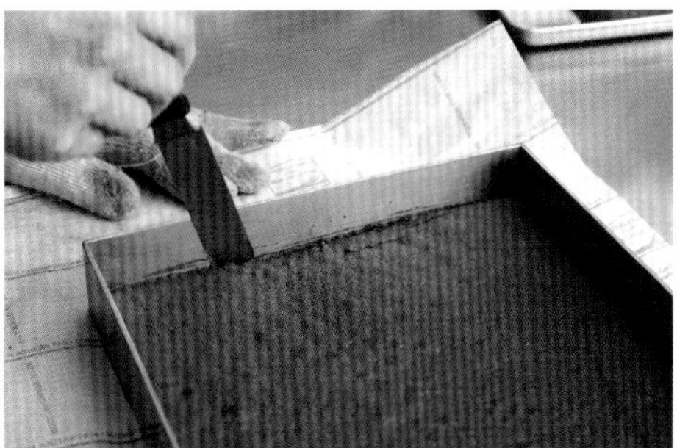

8 焼けたらすぐにカードルを外し、冷ます。

9 鍋にアンビバージュの水、グラニュー糖を合わせて火にかけ、グラニュー糖を溶かし、火を止めてバニラペーストを加える。

10 8の1枚（底用）は片面、2枚は両面に、片面あたり50gの9を打ち、冷凍する。

■ ガナッシュグレナダ

材料（1台分）

*グレナダ産カカオ豆使用自家製チョコレート 65%——1200g
牛乳——604g
生クリーム35%——201g
バター（室温）——140g
マーガリン（室温）——140g

作り方

1 鍋に牛乳、生クリームを入れて火にかけ、沸かす。

2 ボウルに溶かしたチョコレートを入れ、1を数回に分けて加えては混ぜ、乳化させる。

3 ブレンダーでしっかりと乳化させる。

4 バター、マーガリンを加えてブレンダーで乳化させる。36℃に調整する。

■ グラサージュ

材料（作りやすい分量）

A
- 水 —— 150g
- グラニュー糖 —— 200g
- トレハロース —— 50g
- カカオパウダー —— 100g

生クリーム35% —— 150g
ハローデックス —— 100g
板ゼラチン（グランベルシルバー）—— 15g

作り方

1 Aは混ぜ合わせる。

2 鍋に生クリーム、ハローデックスを入れて火にかける。

3 80℃になったら火を止め、1を加えて混ぜ、ゼラチンを加えて溶かす。冷蔵庫で一晩おく。

組み立て

1 37cm×57cm×高さ4.5cmのカードルに、底用のビスキュイショコラをアンビバージュを打った面を上にして入れ、その上にガナッシュグレナダを750g流す。

2 パレットナイフで平らにならす。

3 ビスキュイショコラを1枚のせてしっかりとガナッシュに密着させる。

4 再びガナッシュグレナダを750g流し、平らにならす。

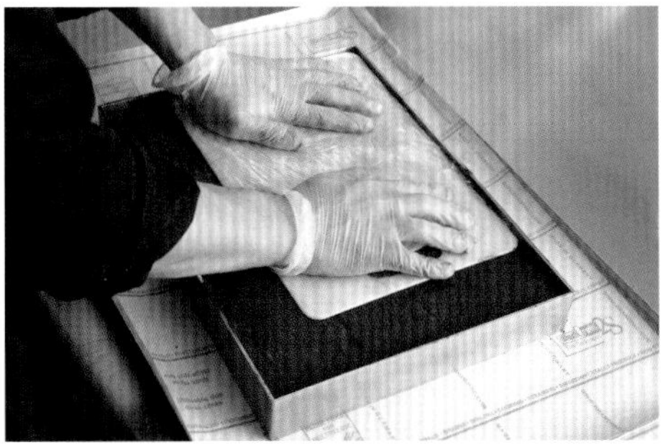

5 残りのビスキュイショコラをのせ、板をのせて軽く押し、ビスキュイとガナッシュの層を密着させる。

6 ガナッシュグレナダを750g流し、平らにならす。冷凍する。

7 6を必要な分を切り出し、半解凍にする。

8 26℃のグラサージュをかけ、余分なグラサージュを落とす。

9 端を切り落とす。

10 幅2㎝の印をつけ（写真の道具はサカタモールド製の特注品）。カットする。金箔スプレーをかけ、金箔を飾る（ともに分量外）。

アンバンジャ

PRESQU'ÎLE chocolaterie

小抜知博

ベリーのような酸味を感じさせる
マダガスカル産カカオのクレームが主役。
ビーントゥーバーチョコレートの
強く鮮明なフレーバーを生かして、
ぎりぎりまで使用量を控えて凝固作用を抑え、
なめらかな食感に。カカオの香りのシャンティで
喉ごしのよさをさらに高めます。

■ チュイルショコラ

材料（作りやすい分量）

チュイルショコラ（p.97参照）—— 40g
＊マダガスカル産カカオ豆使用自家製チョコレート 61% —— 適量

作り方

1 チュイルショコラを細かく割り、溶かしたチョコレートを絡め、塊にならないように広げて17～18℃の場所で固める。40gを使用する。

■ クレームショコラ

材料（シリコマートSF235Cファッションエクレア型10個分）

＊マダガスカル産カカオ豆使用自家製チョコレート 61% —— 232.2g
生クリーム35% —— 322.2g
牛乳 —— 96.3g
はちみつ —— 25.2g
グラニュー糖 —— 45g
バター（室温）—— 46.4g

作り方

1 チョコレートを溶かして40℃にする。

2 生クリームと牛乳は鍋に入れて火にかけ、45℃にしてはちみつ、グラニュー糖を加え、溶かす。

3 1に2を数回に分けて加え、そのつどムラのないようしっかり混ぜる。最初に入れる生クリームが多いとチョコレートがダマに固まり最後に食感のざらつきになるため注意する。

4 全量加えて乳化させたら、38℃にする。

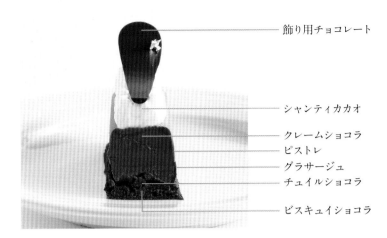

5 バターを加え、ブレンダーで乳化させる。

6 4が36℃のタイミングで型に75gずつ流す。

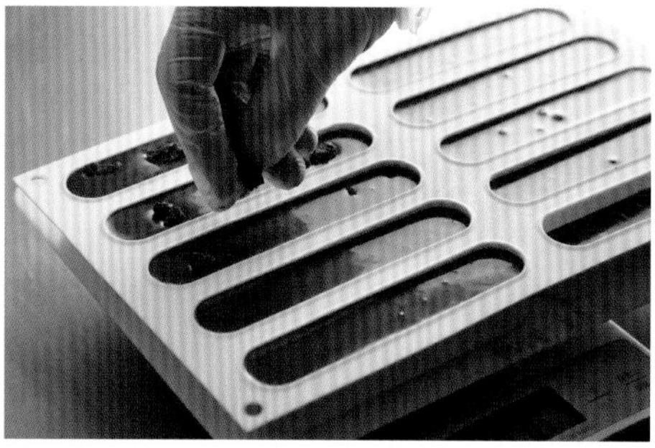

7 チュイルショコラをのせ、冷凍する。

■ グラサージュ

材料（作りやすい分量）

*マダガスカル産カカオ豆使用自家製チョコレート 61% —— 400g
サラダ油 —— 40～60g

作り方

1 チョコレートを溶かして45℃にし、サラダ油を加えて混ぜ、乳化させる。

■ ビスキュイショコラ

材料

p.175参照。

作り方

1 p.175と同様に作り、13cm×2.5cmの角が丸い型で10枚抜く。

■ シャンティカカオ

材料（作りやすい分量）

生クリーム35%—— 300g
カカオニブ（マダガスカル産）—— 12g
グラニュー糖 —— 20g
バニラペースト —— 2g

作り方

1 生クリームに砕いたカカオニブを一晩つけて風味を移す。

2 1を漉す。（一晩つけずに沸かして漉してもよい）。

3 2にグラニュー糖、バニラペーストを加えてミキサーで七分立てにし、泡立て器で手立てし八分立てに調整する。

■ 飾り用チョコレート

材料（作りやすい分量）

*マダガスカル産カカオ豆使用自家製チョコレート61% —— 適量

作り方

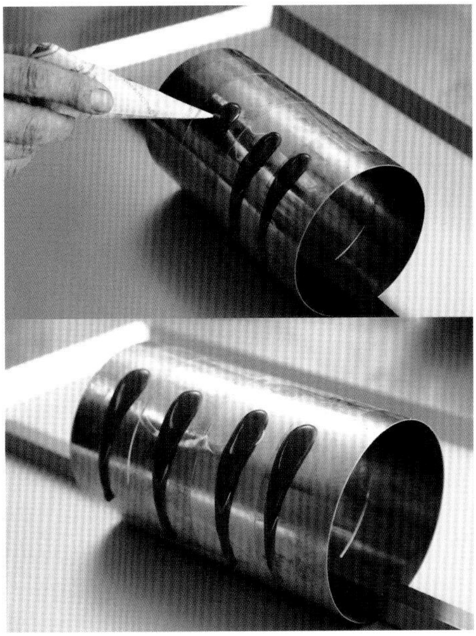

1 （上の飾り）テンパリングしたチョコレートをコルネに詰め、OPPシートを巻きつけた筒に絞り、チョコレートの重さで垂れるままの自然な形に固め、17～18℃の場所で1日おく。

2 （サイドの飾り）テンパリングしたチョコレートをコルネに詰め、OPPシートに丸く小さく絞り、冷凍庫で冷やしたスタンプを押しつける。チョコレートが固まったらスタンプを外す。17～18℃の場所で1日おく。

■ その他

＊ピストレ用チョコレート（同量のカカオバターとチョコレートを合わせて溶かし、40℃にする）

組み立て

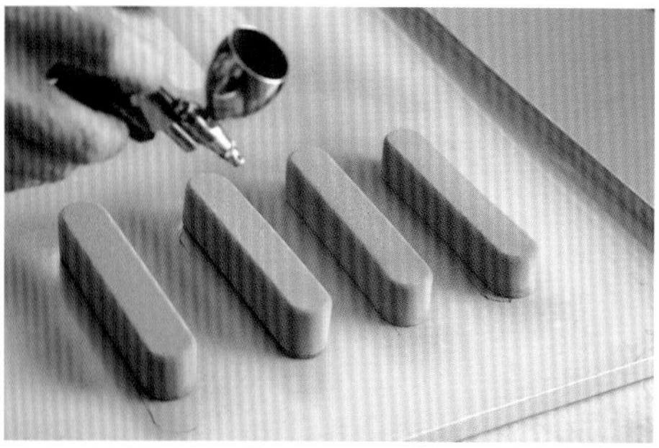

1 冷凍したクレームショコラを型から出して並べ、ピストレ用チョコレートを吹きつける。

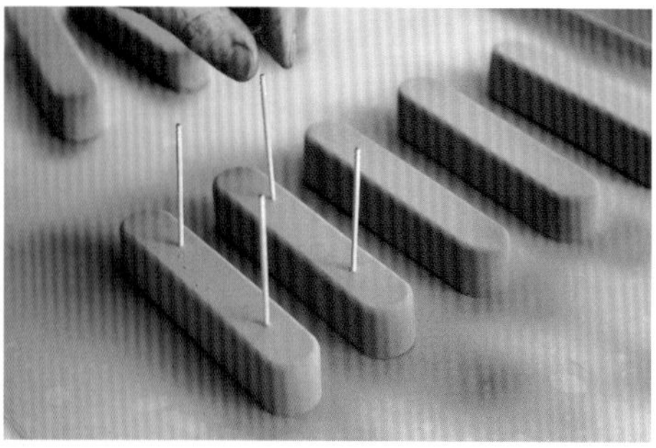

2 持ち上げられるよう竹串を2本ずつ刺す。

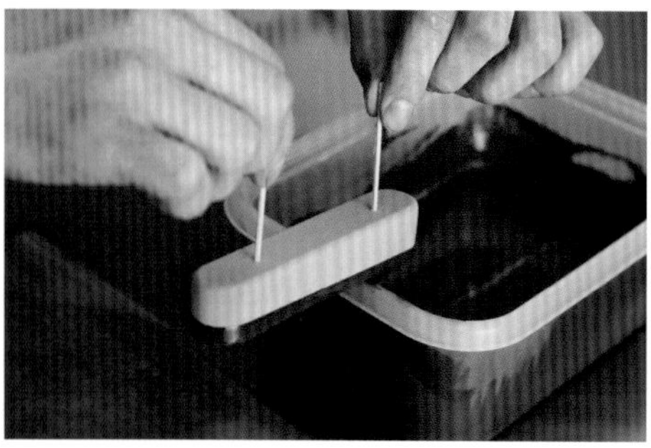

3 クレームショコラの下⅓ほどを36～40℃のグラサージュにつけて数回上下させ、余分をきる。

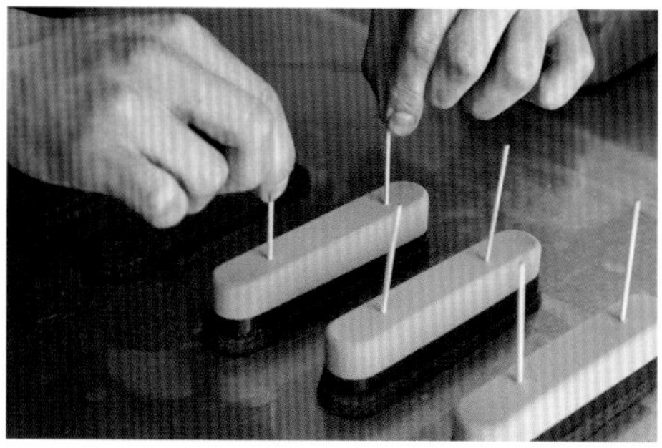

4 ビスキュイショコラにのせる

5 竹串を外し、シャンティカカオをクレームショコラの上に波状に絞る。

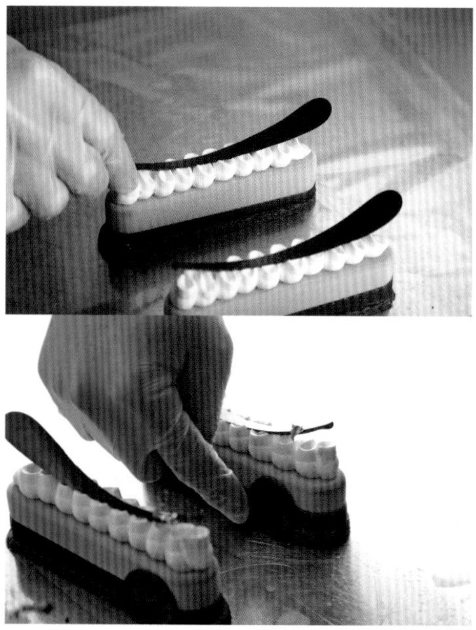

6 飾り用チョコレートと金箔（分量外）を飾る。

ジュレドショコラ

Éclat des Jours Pâtisserie

中山洋平

ビーントゥーバーチョコレートの
フルーティでピュアな風味を生かしたジュレで、
製品由来のカカオニブの食感がアクセント。
相性のよいフレッシュフルーツと合わせ、
ミント風味のシロップで満たした、
爽やかな夏向けの一品です。底に少量敷いた
クレームドショコラでコクを補っています。

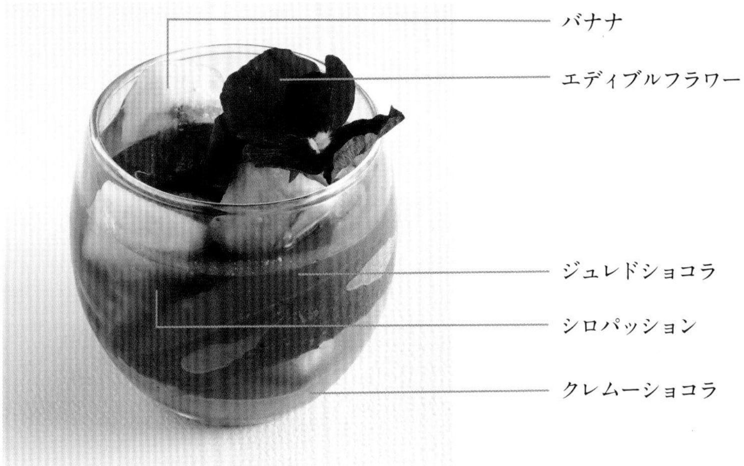

■ ジュレドショコラ

材料（8個分）

水 —— 450g
グラニュー糖 —— 50g
パールアガー8 —— 18g
*ビーントゥーバーチョコレート —— 100g
※ミニマルビーントゥーバーチョコレート「Fruits」（商品化未定の試作品）を使用。フルーティな風味で、カカオニブのカリカリとした質感を残してある。

作り方

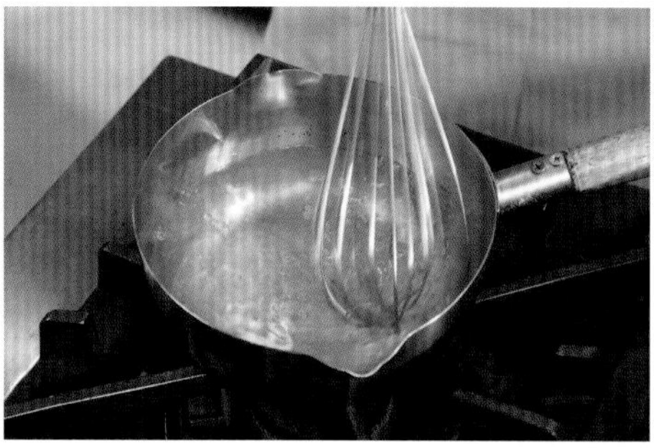

1 鍋に水を入れて沸かし、混ぜ合わせたグラニュー糖とパールアガーを加えて溶かす。

2 火を止めてチョコレートを加え、よく混ぜて均一にする。

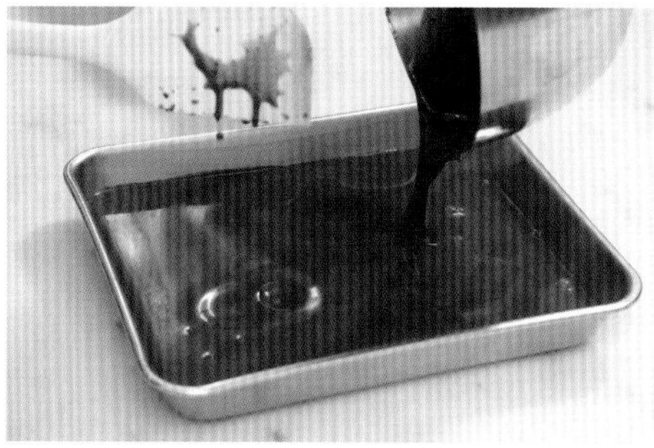

3 28cm×22cmのバットに流して厚さ1cmほどに冷やし固める。

■ クレムーショコラ

材料（8個分）

生クリーム35% —— 120g
牛乳 —— 25g
加糖卵黄（20%）—— 25g
グラニュー糖 —— 20g
*ビーントゥーバーチョコレート（左記ジュレドショコラと同様）—— 50g

作り方

1 鍋に生クリーム、牛乳、グラニュー糖の半量を入れて沸かす。

2 ボウルに卵黄と残りのグラニュー糖を入れて泡立て器ですり混ぜる。

3 2に1を加えて混ぜ、鍋に戻して82℃まで炊く。

4 3をチョコレートを入れたボウルに漉し入れる。

5 よく混ぜて乳化させる。

6 グラスに20gずつ絞り入れ、冷蔵庫で冷やし固める。

■ シロパッション

材料（8個分）

ミントの葉 —— 5g
ボーメ30°シロップ —— 70g
水 —— 230g

作り方

1 鍋に水を沸かしてミントを加え、火を止めて蓋をし、10分おいて風味を移し、漉す。

2 1にボーメ30°シロップを加えて混ぜる。よく冷やす。

■ その他

バナナ
エディブルフラワー

組み立て

1 ジュレドショコラをバットから出し、縦に幅1.5cmほどのひも状に切り分ける。

2 クレムーショコラを冷やし固めたグラスに1を16分の1量ずつとぐろ状に入れ、1.5cm角にカットしたバナナを入れる。これをもう一度繰り返す。

3 シロパッションを注ぎ入れ、エディブルフラワーを飾る。

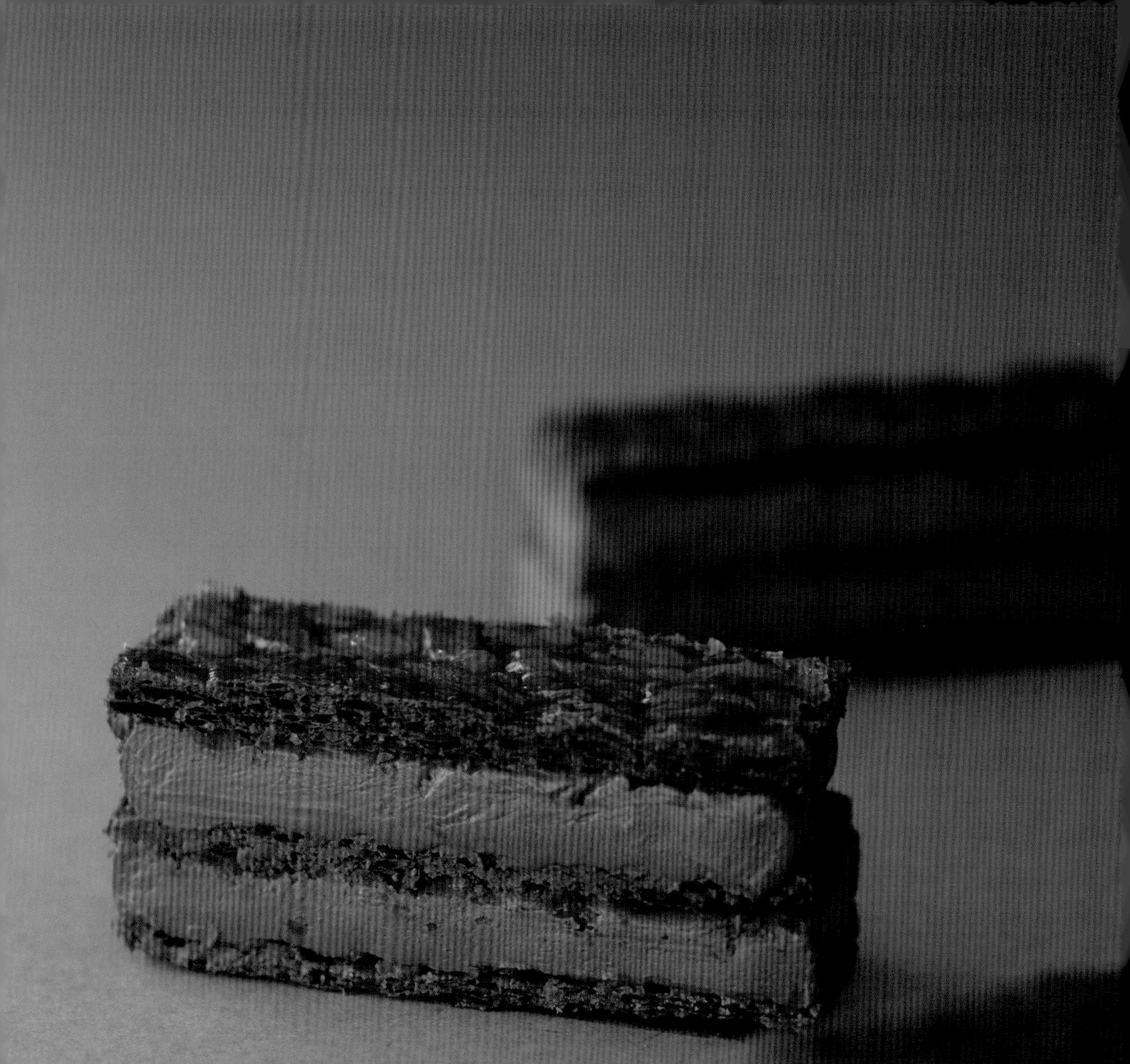

ミルフィーユ ショコラメゾン

PÂTISSERIE AVRANCHES GUESNAY

上霜考二

クレームパティシエールに自家製チョコレートのガナッシュを
同量以上混ぜ込み、たっぷりと挟んだミルフィーユ。
フィユタージュは織り込み用バターに
「繊細な香りでクリームのフレーバーを邪魔しない」
非アルカリ処理のカカオパウダーを練り込んでいます。

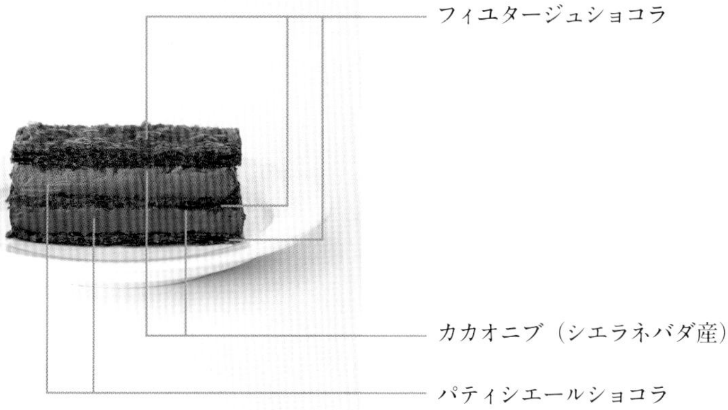

■ フィユタージュショコラ

材料（60cm×40cmの天板6枚分）

デトランプ
- 発酵バター（ノルマンディ産／細かく切ったもの）―― 140. 3g
- 薄力粉 ―― 420. 9g
- 強力粉 ―― 420. 9g
- 水 ―― 360. 7g
- 塩 ―― 18g

折り込みバター
- 発酵バター（ノルマンディ産／ポマード状）―― 851.8g
- カカオパウダー（カカオハンターズ）―― 100.2g

※デトランプの材料とフードプロセッサーは冷蔵庫で冷やしておく。

※薄力粉、強力粉、塩は合わせてふるっておく。

作り方

1 ボウルに折り込みバター用のバターとふるったカカオパウダーを入れ、泡立て器で均一に混ぜる。

2 ラップの上に取り出し、20cm×20cm程度の正方形に整えて包み、冷蔵庫で一晩おく。

3 フードプロセッサーにデトランプの材料を入れ、低速で粉気がなくなるまで撹拌する。

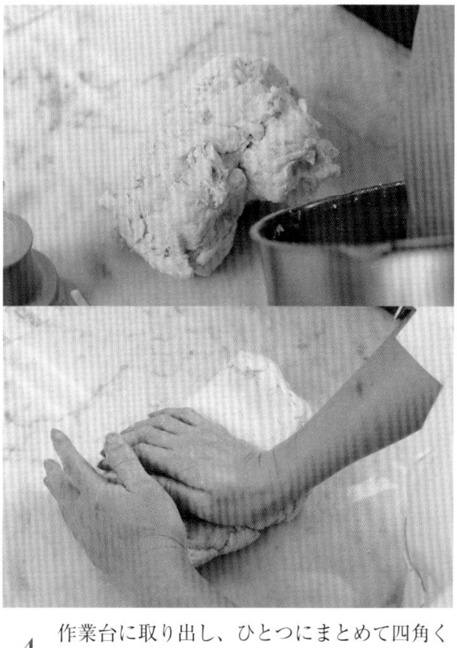

4 作業台に取り出し、ひとつにまとめて四角く整える。

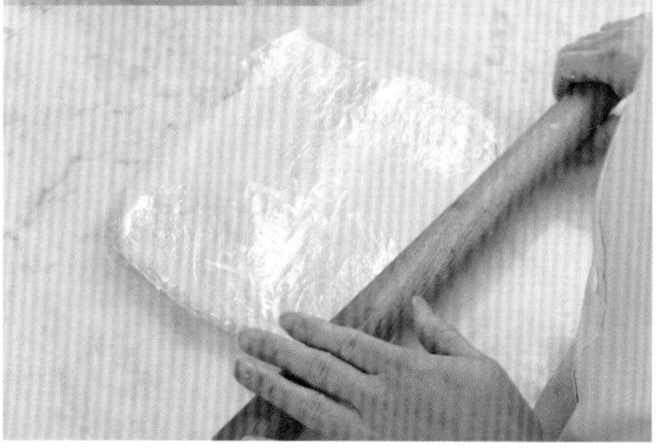

5 麺棒で平らにならしてラップで包み、さらに形を整えて冷蔵庫で一晩おく。

6 2を室温に出し1時間ほどおく。

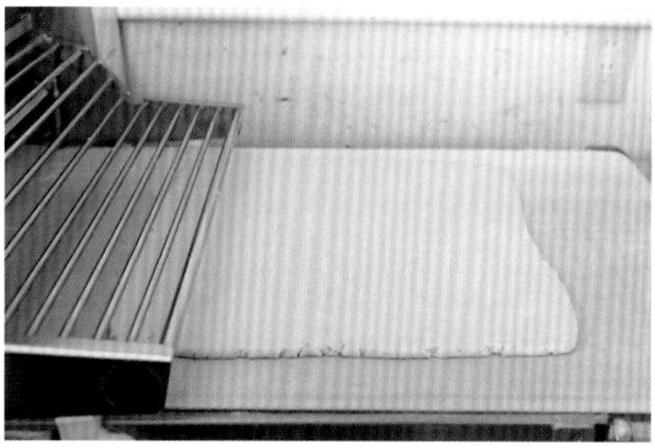

7 5をシーターにかけてバターを包める大きさの正方形にのばす。

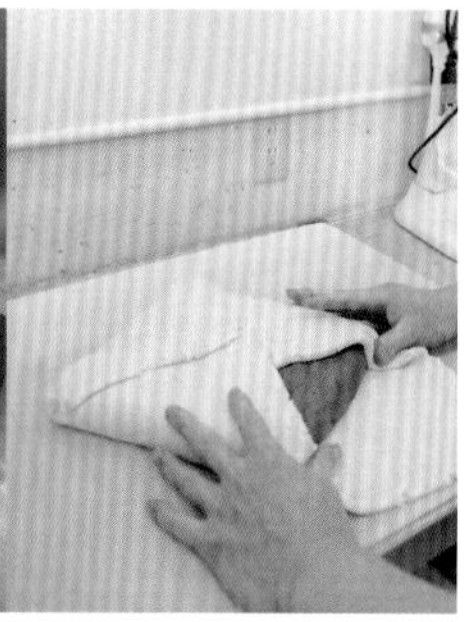

8 6のバターを麺棒で叩いて柔軟性を出し、7で包む。

9 打ち粉（分量外）をして麺棒で叩いてデトランプのつなぎ目を接着し、バターとデトランプの隙間も埋める。

10 シーターにかけ、ときどき90度回転させてのばす方向を変えながら生地を長方形の8㎜厚さにのばす。

11 10を四つ折りにする（横長に置いて左右の端を持ち上げ、合わせ目を生地の中央ではなく左右どちらかに寄せてたたみ、さらに中央で半分にたたむ）。

12 途中デトランプからバターがはみ出ないように生地の端を麺棒で押さえる。

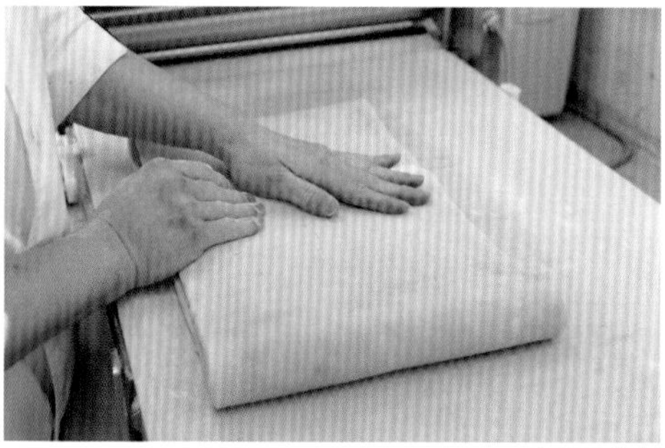

13 10～12を繰り返し、四つ折りを計2回行い、ラップで包んで冷蔵庫で1時間休ませる。

14 三つ折りを2回して冷蔵庫で1時間休ませ、さらに三つ折りを1回する。

15 6等分に切り、すぐに使わない分はラップで包んで冷凍保存する。

16 15をシーターで1㎜厚さにのばし、打ち粉をしてピケし、冷凍する。

17 翌日オーブンペーパーを敷いた天板に16をのせ、180℃のコンベクションオーブン（ダンパー閉）で8分焼く。

18 オーブンペーパーと天板をのせ、さらに8分焼く。生地の上下をひっくり返してさらに8分焼く。

19 粉糖をふり、210℃で4分焼く。粉糖が溶けずに残っていたらさらに1分焼く。冷ます。

■ パティシエールショコラ

材料（11個分）

クレームパティシエール（前日炊いたもの／下記参照）── 513.4g
＊シエラネバダ産カカオ豆使用自家製チョコレート70％ ── 293.2g
牛乳 ── 293.2g

○クレームパティシエール … 凍結卵黄300g、グラニュー糖160g、カスタードパウダー 140gを混ぜる（a）。合わせて沸かした牛乳1000gとバニラビーンズ１本をaに加えてよく混ぜ（バニラは除く）、鍋に移して炊き上げて漉し、バター 100gを混ぜ込む。

作り方

1 溶かして40℃にしたチョコレートをボウルに入れ、沸かした牛乳を数回に分けて加えてゴムベラで混ぜ、乳化させる。

2 仕上げにブレンダーでなめらかにする。

3 クレームパティシエールをミキサーのビーターでほぐし、2を少しずつ加えて乳化させる。撹拌しすぎると分離するので注意。

4 ラップで包み、冷蔵庫で一晩おく。

■ その他

カカオニブ（シエラネバダ産）

組み立て

1 フィユタージュショコラを10㎝×30㎝に3枚切り出し、2枚にパティシエールショコラを絞る。

2 パティシエールショコラをパレットナイフで平らにならす。

3 カカオニブを散らす。

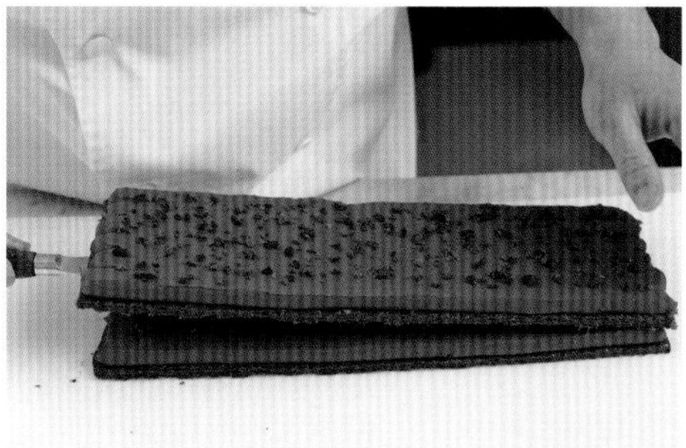

4 3を重ねる。

5 残ったフィユタージュショコラを3㎝幅に切る。

6 5を4にのせ、一番上のフィユタージュの幅に合わせて、バーナーで温めたケーキナイフでカットする。

エクレールショコラ

Éclat des Jours Pâtisserie

中山洋平

クラシカルな構成は変えず、
チョコレート菓子に仕上げたエクレール。
とくにクリームは味をマスキングしにくい全卵を用い、
口どけを損なわないぎりぎりの量の
チョコレートを加えるなど、副材料との
バランスでカカオ感を前面に出します。

■ パータシューショコラ

材料（40 個分）

A
- 牛乳 —— 250g
- 水 —— 250g
- 発酵バター —— 250g
- ＊ヴァローナP125 —— 60g
- グラニュー糖 —— 15g
- 塩 —— 5g

薄力粉 —— 290g
カカオパウダー —— 5g
全卵 —— 約10個分

作り方

1 鍋にAを入れて火にかけ、ダマができないように泡立て器で混ぜながら沸かす。

2 均一に混ざったら火を止めて薄力粉、カカオパウダーを加え、混ぜて均一にする。

3 再び火にかけ、炒るように混ぜる。ひとかたまりになり、鍋底についた生地がはがれるようになればよい。

4 3をミキシングボウルに移し、中速のビーターで撹拌して冷まし（60℃よりやや下が目安。冷ましすぎないよう注意）、卵を少しずつ加えて生地をのばしていく。

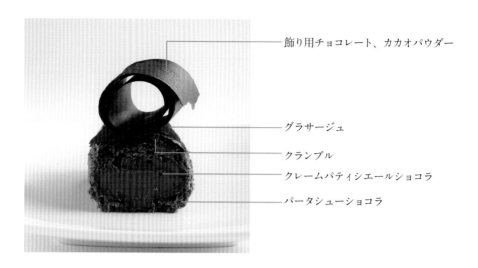

5 ゴムベラで持ち上げるとスッと三角形に垂れるかたさが目安。プレーンなシューよりもやや卵の量を少なく、かたく仕上げる。

6 16切片目口金で幅2cm×長さ13.5cmに絞り出し、冷凍する。

■ クランブル

材料（作りやすい分量）

カカオパウダー —— 10g
薄力粉 —— 110g
アーモンドパウダー —— 100g
グラニュー糖 —— 100g
発酵バター（冷えたもの）—— 100g

作り方

1 バター以外の材料をミキシングボウルに入れ、低速のビーターで撹拌して均一にし、バターを少しずつ加えてひとまとまりにする。

■ クレームパティシエールショコラ

材料（作りやすい分量）

A
- 牛乳 —— 600g
- 生クリーム35% —— 350g

B
- 全卵 —— 150g
- グラニュー糖 —— 200g
- 薄力粉 —— 40g
- コーンスターチ —— 20g

*ヴァローナカライブ —— 280g

作り方

1 鍋にAを合わせて火にかけ、沸かす。

2 ボウルにBを合わせて泡立て器ですり混ぜ、1を2～3回に分けて加えて均一に混ぜる。鍋に戻して火にかけ、ヘラで混ぜながら気泡が大きくなり混ぜる抵抗が軽くなるまで炊く。

3 2にチョコレートを加えて混ぜ、乳化させる。

4 漉してラップを密着させて挟み、冷蔵庫で冷やす。ほぐして使う。

■ グラサージュ

材料（作りやすい分量）

ナパージュブロン —— 500g
ミロワールヌートル —— 500g
パータグラッセ —— 50g
水 —— 500g
カカオパウダー —— 100g
水飴 —— 100g
板ゼラチン（新田シルバー）—— 38g

作り方

1 鍋にゼラチン以外の材料を入れて混ぜ、火にかける。焦げないように混ぜながら煮詰めていく。ツヤが出て泡が大きくなり、泡立て器で持ち上げるとタラーッと糸をひく濃度が出たら火を止める。

2 ゼラチンを加えて混ぜる。

3 漉して冷蔵庫で冷やす。

■ 飾り用チョコレート

材料

*ヴァローナカライブ —— 適量

作り方

1 チョコレートを溶かして40℃にし（テンパリングしていない状態）、ローラーにつける。

2 作業台に帯状に塗る。

3 チョコレートが固まったら両脇にナイフで切り目を入れ、端のチョコレートが薄い部分を取りラインを整える。

4 チョコレートをはがして裏返し、端からくるくると巻く。

■ その他

カカオパウダー

組み立て

1 クランブルを2㎜厚さにのばして3㎝×14㎝にカットし、冷凍する。

2 シルパンを敷いた天板にパータシューショコラを並べ、1をのせる。

3 上火200℃、下火170℃の平釜（ダンパー閉）で35分焼く。110～120℃のコンベクションオーブンに移し、乾燥焼きする。

4 冷ました3の底にペティナイフなどで3か所穴をあける。

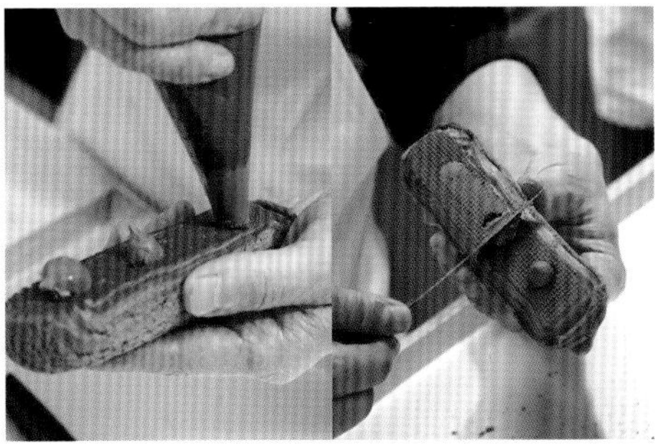

5 クレームパティシエールショコラをそれぞれの穴から絞り入れ、はみ出た分をパレットナイフで取る。

6 32～33℃に温めたグラサージュに5の上部をつけ、数回上下させて均一な厚みにする。

7 持ち上げて余分なグラサージュを落とし、指でさっときる。

8 飾り用チョコレートをのせ、片側にカカオパウダーをふる。

サバラン
カフェモカ

PÂTISSERIE AVRANCHES GUESNAY

上霜考二

チョコレートとコーヒーのカフェモカを
イメージした、甘くビターなサバラン。
グラス仕立てでシロップがふんだんに入り
みずみずしい仕上がりとなるため、
中央にクリームではなく軽いムースを入れて
テクスチャーを合わせています。
シャンティはコーヒー風味で、
モカソフトクリームのようなミルキーな味わい。

■ パータババ

材料（直径5cm×高さ4cmのセルクル20個分）

A
- 強力粉 —— 296g
- カカオパウダー（ヴァローナ）—— 21g
- 塩 —— 5g
- グラニュー糖 —— 29g

インスタントドライイースト —— 6g
牛乳 —— 93g
全卵 —— 296g
バター（ポマード状）—— 74g
※セルクルの内側にバター（分量外）を塗っておく。

作り方

1 牛乳を38℃に温め、イーストを加えて混ぜ、ぬれ布巾をかぶせて5分ほどおく。

2 卵を湯煎で40℃弱に温める。

3 Aの強力粉とカカオパウダーを合わせてふるい、ボウルに入れて残りのAを加えて泡立て器で混ぜる。

4 2に1を加えて混ぜる。

5 4を3に加え、ミキサーのビーターで高速で撹拌する。

6 均一に混ざったらバターを加え、均一になるまでさらに撹拌する。コシは出なくてもよい。

7 シルパットにセルクルを並べ、6の生地をセルクルの高さの半分よりもやや下まで絞り入れる。

8 生地に霧吹で水を吹きつけ、室温で型のフチより上に生地が持ち上がるまで発酵させる。

9 180℃のコンベクションオーブンで18分焼く。

■ カフェモカ

材料（15個分）

チョコレートベース（作りやすい分量）
- カカオパウダー（ヴァローナ）—— 40.9g
- グラニュー糖 —— 132.9g
- 湯 —— 81.8g

シロアカフェ（作りやすい分量）
- 水 —— 1090g
- レギュラーコーヒー粉末 —— 109g
- コーヒーエキス（トラブリカフェエキストラ）—— 8.8g
- グラニュー糖 —— 440g

作り方

1 チョコレートベースの全ての材料を混ぜ合わせ、ブレンダーで均一になるよう撹拌する。

2 シロアカフェを作る。水とレギュラーコーヒーを鍋に合わせて火にかけ、沸かして漉す。

3 ボウルにコーヒーエキス、2、グラニュー糖を入れて混ぜる。

4 3の1320gに1の180gを加えて混ぜる。

■ ムースショコラアレジェ

材料（45個分）

牛乳 —— 109g
板ゼラチン（グランベルシルバー）—— 1.3g
*ヴァローナエクアトリアール —— 150.5g
生クリーム35% —— 219g

作り方

1 溶かして40℃にしたチョコレートをボウルに入れ、沸かした牛乳を数回に分けて加え、そのつど混ぜて乳化させる。

2 ゼラチンを加えて溶かし、ブレンダーでなめらかにする。

3 生クリームを軽く角が立つくらいに立て、2を加えながらすくい混ぜる。

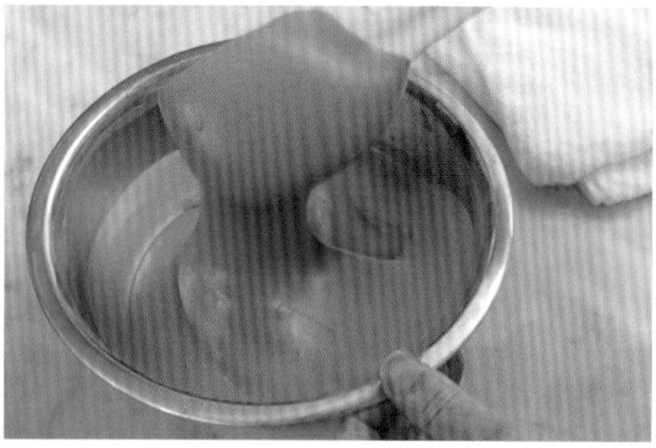

グラスに絞って平らにならすので、少しやわらかめのテクスチャーに仕上げる。

■ シャンティカフェ

材料（作りやすい分量）

A
- 生クリーム35%——200g
- レギュラーコーヒー豆——18.6g
- シナモンスティック——0.3g

グラニュー糖——40.3g
板ゼラチン（グランベルシルバー）——1g

作り方

1 鍋にAを合わせて火にかけ、沸いたらすぐに漉す。

2 1にゼラチン、グラニュー糖を加えて混ぜ、溶かす。

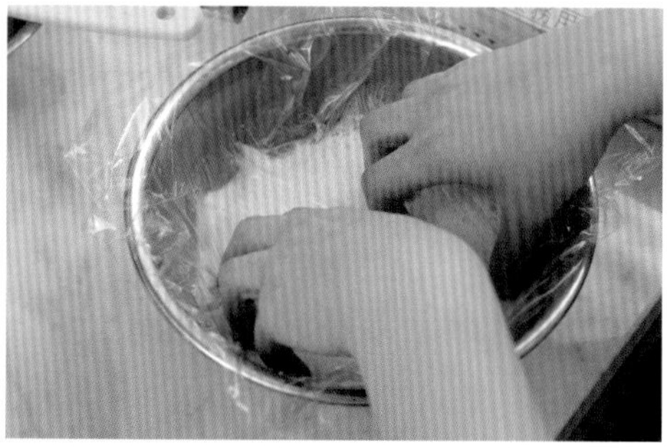

3 落としラップをして冷蔵庫で一晩おく。

4 ミキサーの中高速でゆるく角が立ち食感に軽さを感じる程度に立てる。

■ 飾り用チョコレート

材料

*不二製油ラクテデュオフロール —— 適量

作り方

1 チョコレートを室温にし、チーズ用のおろし金でおろしてふわふわとしたコポーを作る。

組み立て

1 パータババの底を削り、上部のセルクルの高さよりも膨らんだ部分をカットする。

2 外径6cm×高さ8.5cmのグラスに1を入れ、カフェモカを80g程度ずつ注ぎ、冷蔵庫で一晩おいた後冷凍する。

3 凍った2にムースショコラアレジェを10gずつ絞り、グラスの底を台に軽く打ちつけて平らにする。

4 シャンティカフェを星口金でグラスのフチまで絞る。

5 飾り用チョコレートをふんわりとのせる。

コングステンス

Chocolaterie HISASHI

小野林 範

ワールドチョコレートマスターズ2015で
総合準優勝した記念のプチガトー。
チョコレート入りクリームの甘みをぎりぎりまで抑え、
甘味の強いキャラメルポワールと
合わせることでカカオのフレーバーを引き立たせます。
クリームの乳化具合やメレンゲの強度が、
ふわふわのクリームに仕上げるポイントです。

■ ポワールソテー

材料（作りやすい分量）

洋ナシ（缶詰）―― 532g

A
- 洋ナシブランデー（ポワールウィリアム）―― 46g
- 洋ナシ缶詰のシロップ ―― 403g
- 洋ナシエキス（トックブランシュポワール）―― 13g
- シナモンスティック ―― 1本
- トンカ豆（3分割）―― 1.5個
- バニラビーンズ ―― 1本

はちみつ ―― 21g

B
- グラニュー糖 ―― 85g
- トレハロース ―― 85g
- ペクチンNH ―― 6.1g

柚子ピュレ ―― 50g
バター ―― 29g
カルバドス ―― 27g

作り方

1 洋ナシは5㎜角に切る。

2 鍋にA、1を入れて火にかけ、洋ナシに火が通ったらシロップを切る。

3 別の鍋にはちみつを入れて火にかけ、温める。2、混ぜ合わせたBを加えて混ぜ、水分を飛ばす。

4 柚子ピュレ、バターを加えて混ぜ、カルバドスを加えてフランベし、ボウルに取り出して冷ます。

■ シブーストショコラ

材料（直径55㎜×高さ45㎜のセルクル28個分）

牛乳 ―― 184g
生クリーム35% ―― 130g
卵黄 ―― 123g
薄力粉 ―― 16g
*カカオバリーガーナ ―― 102g
*カカオバリーガイア71% ―― 102g
卵白 ―― 307g
乾燥卵白 ―― 4.5g
グラニュー糖 ―― 10g+102g
水 ―― 33g
ゼラチンマス※1 ―― 90g

※1ゼラチンマス…ゼラチン（新田ゴールド）を5倍の水に溶かして冷やし固めたもの。

※セルクルの内側にフチよりも少し高いOPPシートをセットしておく。

作り方

1 鍋に牛乳、生クリームを入れ、70℃に温める。

2 ボウルに卵黄、薄力粉を入れて泡立て器で混ぜ、1の半量を加えて混ぜる。

3 鍋に残った1を沸かし、沸騰状態を維持するように2を少しずつ加えて混ぜ、無糖のクレームパティシエールを炊き上げる。ゼラチンマスを加えて溶かす。

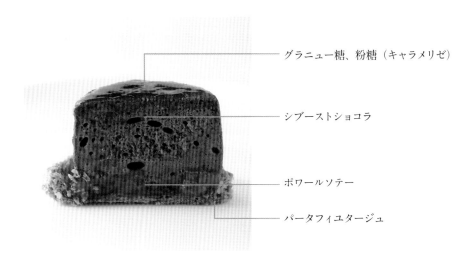

4 ボウルにチョコレート2種を入れて2を加え、軽く混ぜてそのまま少しおいておく（混ぜきると分離する）。

5 ミキシングボウルに卵白、乾燥卵白、グラニュー糖10gを入れ、低速で立て始める。

6 鍋にグラニュー糖102gと水を入れて火にかけ、118℃まで上げる。

7 5のミキサーを高速にし、6を少しずつ加えてふわふわのイタリアンメレンゲを立てる。少しツヤが出て、ボウルの側面に沿ってもこもことしたかたまりができればOK。立てすぎると分離する。

8 7の少量を4に加え、泡立て器でしっかりと混ぜる。

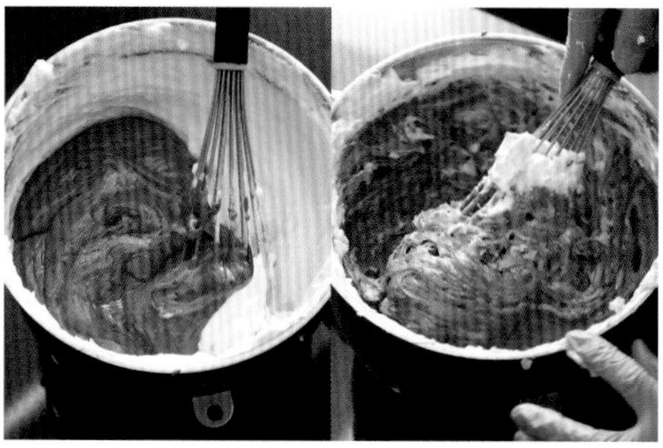

9 残りの7を泡立て器でぐるぐると混ぜてキメを整えてから、8を加えて泡立て器ですくい混ぜる。

混ぜ終わり。この後絞る際に完全に合わさるよう、メレンゲが少し残っていてよい。気泡が潰れないうちに素早く作業する。

10 9を絞り袋に入れ、セルクルに38gずつ絞り入れる。表面をスプーンでならす。

11 ポワールソテーを10の上に流して冷凍してセルクルを外す。

■ パータフィユタージュ

材料（作りやすい分量）

塩 —— 14g
グラニュー糖 —— 13g
薄力粉 —— 312g
強力粉 —— 312g
バター —— 63g
水 —— 141g
牛乳 —— 141g
発酵バター（折り込み用／冷たいもの）—— 500g

作り方

1 塩、グラニュー糖、薄力粉、強力粉、バターをフードプロセッサーで撹拌する。水と牛乳を加え、ひとまとまりになるまで撹拌する。ラップで包み、12時間以上冷蔵庫におく。

2 発酵バターを麺棒で叩いて25×25cm程度の正方形に整える。

3 1を、2を包める大きさに麺棒でのばす。

4 2を3で包み、つなぎ目を指でとじる。シーターで7mm厚さにのばし、3回折りを6回行う。

5 2.5mm厚さにのばして直径8cmのキク型で抜き、中央に重しをして180℃のオーブンで20分焼く。

■ その他

粉糖
グラニュー糖

組み立て

1 シブーストショコラのOPPシートをはがし、網の上にポワールソテーを下にして並べ、上面に粉糖を均一にふってバーナーでキャラメリゼする。

2 1のキャラメルが固まらないうちにグラニュー糖をふる。

3 グラニュー糖もバーナーでキャラメリゼし、2層のキャラメルを作る。全て同様にする。

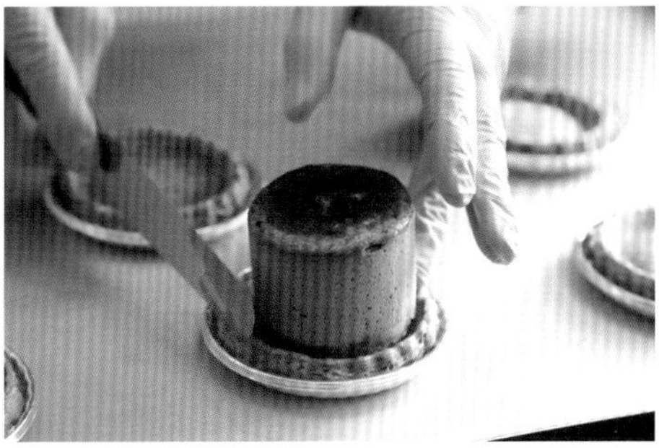

4 3をパータフィユタージュの上に置く。

フルール

PRESQU'ÎLE chocolaterie　小抜知博

濃密で華やかなタイベリーの香りを
ホワイトチョコレートムースの甘みで引き立てます。
ベリーやバラの香りを重ねてフローラルな印象を強めながら、
引き締め役にライムの香りも。
水分量が多くジューシーなセンターに対し、
ムースは最後まで余韻が残るよう敢えて油脂分が多めの配合としています。

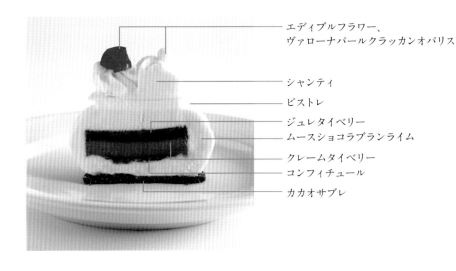

■ カカオサブレ

材料（作りやすい分量）

バター（ポマード状）—— 500g
グラニュー糖 —— 500g
A ┌ アーモンドパウダー —— 500g
　│ 薄力粉 —— 400g
　└ カカオパウダー —— 100g
※Aは合わせてふるっておく。

作り方

1 バターとグラニュー糖をゴムベラですり混ぜ、Aを加えて混ぜる。OPPシートで挟んで2㎜厚さにのばし、冷蔵庫で半日おく。

2 直径6㎝のセルクルで抜き、シルパンを敷いた天板に並べて160℃で10分焼く。

■ ジュレタイベリー

材料（54個分）

A ┌ タイベリーピュレ —— 662.8g
　└ グラニュー糖 —— 78.1g
板ゼラチン（グランベルシルバー）—— 16g
※直径約5㎝×深さ1.5㎝のシリコン型を使用。

作り方

1 鍋にAを入れて火にかけ、泡立て器で混ぜながら80℃まで温める。

2 火を止めてゼラチンを加え、溶かす。

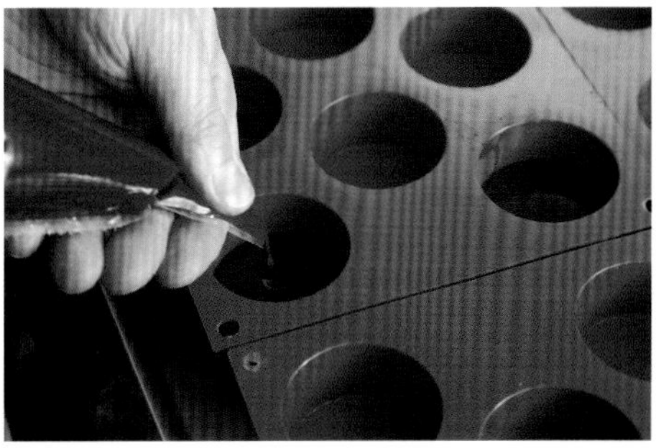

3 型に14gずつ絞り、平らにならして冷凍する。

■ クレームタイベリー

材料（54個分）

全卵 —— 189.2g
加糖卵黄（20%）—— 189.2g
グラニュー糖 —— 99.6g
A ［ フランボワーズピュレ —— 217.5g
　　タイベリーピュレ —— 217.5g
板ゼラチン（グランベルシルバー）—— 9.1g
バター —— 47.3g

作り方

1 ボウルに全卵、卵黄、グラニュー糖を入れて泡立て器ですり混ぜる。

2 Aを沸かして1に加えて混ぜる。

3 2を鍋に戻して火にかけ、混ぜながら84℃まで炊く。

4 ゼラチンを加えて溶かし、漉して氷水にあて、38℃まで冷やす。

5 4にバターを加え、ブレンダーで乳化させる。

6 冷凍したジュレタイベリーの上に16gずつ絞る。

■ コンフィチュール

材料（54個分）

冷凍フランボワーズホール —— 114.4g
グラニュー糖 —— 88g
モモ果汁（トックブランシュ）—— 74.8g
トレハロース —— 26.4g

作り方

1 鍋に全ての材料を入れ、火にかける。

2 泡立て器で混ぜながらBrix64%まで炊き、冷ます。

3 冷凍したクレームタイベリーの上に4gのせて広げる。

■ ムースショコラブランライム

材料（シリコマート SF210 サムライ型 54 個分）

加糖卵黄（20%）—— 131.4g
グラニュー糖 —— 30.6g
生クリーム35%A —— 302.4g
牛乳 —— 302.4g
ライムの果皮（すりおろし）—— 5.4g
*ヴァローナオパリス —— 624.6g
*カオカアンカ —— 624.6g
板ゼラチン（グランベルシルバー）—— 19.8g
生クリーム35%B —— 1128.6g
ライム果汁 —— 50.4g

作り方

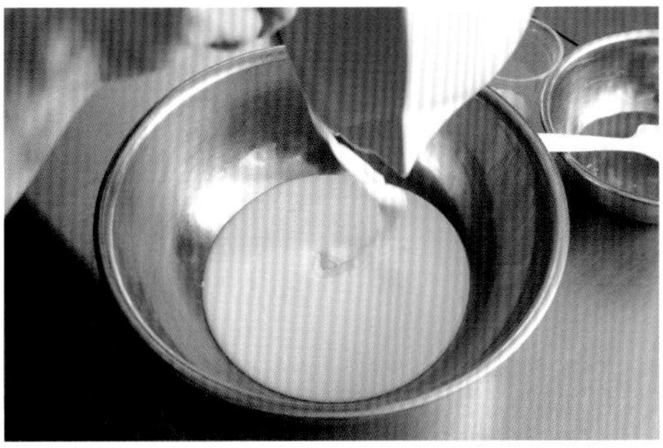

1 チョコレートは2種を合わせて溶かし、ボウルに入れて30℃にする。

2 鍋に生クリームA、牛乳、ライム果皮を入れて火にかけ、沸かす。

3 ボウルに卵黄、グラニュー糖を合わせてすり混ぜ、2を加えて混ぜて鍋に戻し、83～84℃まで炊く。

4 3を漉し器で漉す。

5 ライム果汁を温めてゼラチンを加えて溶かす。

6 5を35℃にし、4に加えて混ぜる。

7 26℃まで冷ます。

8 1に7を少量加え、泡立て器でゆっくりと混ぜる。分離するので、混ぜきらないところで止める。

9 少量の7を加えては混ぜる。これを繰り返し、7がある程度の分量入って分離しなくなったらよく混ぜて乳化させる。

10 全量入ったところ。28℃にする。ホワイトチョコレートは保形力が弱いため、低めの温度で作業してセンターのクレーム等を入れても沈まない強度をもたせる。

11 10℃の生クリームBを八分立てにする。

12 10に11の半量を加え、泡立て器でよく混ぜる。

13 残りの11を加え、泡立て器ですくい混ぜ、仕上げにゴムベラでボウルの側面もさらって均一にする。

■ シャンティ

材料（作りやすい分量）

生クリーム38% —— 900g
グラニュー糖 —— 45g
ローズウォーター —— 72g

作り方

1 生クリームにグラニュー糖を加えてゆるく立て、ローズウォーターを加えて絞りやすいかたさに立てる。

■ その他

*ピストレ用チョコレート（ホワイトチョコレートとカカオバターを3：7で合わせて溶かし40℃にする）
*ホワイトチョコレート
*ホワイトチョコレートの板（直径5㎝）
エディブルフラワー
ヴァローナパールクラッカンオパリス

組み立て

1 ムースショコラブランライムを型の半分より少し上まで絞り、重ねて冷凍したジュレタイベリー、クレームタイベリー、コンフィチュールをのせ、軽く埋める。

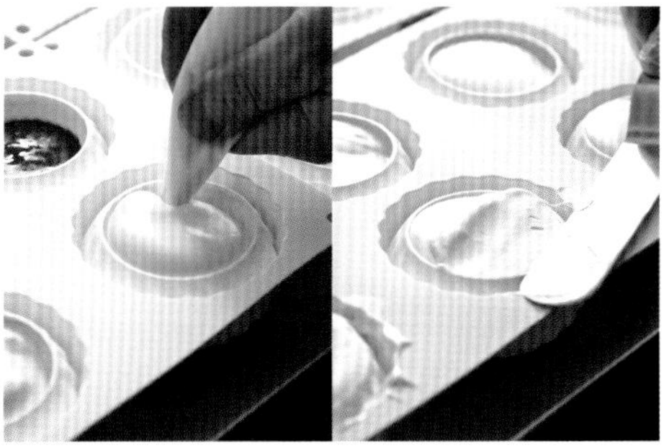

2 さらにムースショコラブランライムを絞り、型のフチですりきる。冷凍する。

3 2を型から出し、すりきった面を下にして作業台に並べ、ピストレ用チョコレートをピストレする。

4 3に竹串を刺して持ち上げ、溶かして40℃にしたホワイトチョコレートに下⅓程度をつけ、余分をきる。カカオサブレの上にのせる。

5 シャンティを上部に絞ってホワイトチョコレートの板をのせ、さらにシャンティを3か所に絞る。

6 エディブルフラワーを飾り、その上にナパージュ（分量外）を絞る。シャンティにパールクラッカンオパリスを飾る。

ホロスコープ
Chocolaterie HISASHI

小野林 範

WPTC2012で総合優勝をした記念のチョコレートケーキ。
ヘーゼルナッツとレモンの組み合わせのよさがテーマで、
あえてカカオ感のないホワイトチョコレートを使い、
その甘みとコクで、ふたつのフレーバーを引き立てます。
なめらかなムースとクレームを基調に、
生地やジャンドゥージャを重ね、多様な食感で飽きさせません。

■レモンケーキ

材料（60cm×40cmのカードル１枚分）

A
- アーモンドパウダー —— 340g
- 薄力粉 —— 84g
- ベーキングパウダー —— 8g

B
- トレハロース —— 96g
- 塩 —— 2g
- トレモリン —— 260g
- 全卵 —— 254g
- 卵黄 —— 254g
- レモン果皮 —— 12g

生クリーム40% —— 140g

※Aは合わせてふるっておく。

作り方

1. ミキシングボウルにBを入れ、ミキサーのビーターでリボン状になるまで立てる。
2. Aを加えてゴムベラで混ぜる。
3. 40℃に温めた生クリームを加えて混ぜる。
4. カードルに流し、180℃湿度40%のスチームコンベクションオーブンで10分ほど焼く。カードルを外して冷ます。8mm厚さにスライスする。

■ダックワーズシトロン

材料（60cm×40cmのカードル１枚分）

A
- 卵白 —— 296g
- グラニュー糖 —— 38g
- トレハロース —— 54g

B
- ヘーゼルナッツパウダー —— 226g
- 粉糖 —— 186g
- アーモンドパウダー —— 40g

レモン果皮（すりおろし）—— 12g

※Bは合わせてふるっておく。

作り方

1. ミキシングボウルにAを入れ、メレンゲを立てる。
2. 1にB、レモン果皮を加えてゴムベラで混ぜる。
3. カードルに流し、170℃湿度20%のスチームコンベクションオーブンで8分ほど焼く。

■キャラメルシトロン

材料（60cm×40cmのカードル１枚分）

- 生クリーム35% —— 1130g
- グラニュー糖 —— 302g
- トレハロース —— 280g
- レモンジュース —— 200g
- ゼラチンマス※ —— 120g
- 無塩バター —— 200g

※ゼラチンマス…ゼラチン（新田ゴールド）を5倍の水に溶かして冷やし固めたもの。

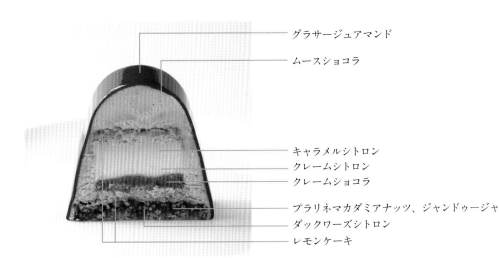

作り方

1 鍋にゼラチンマス以外の材料を入れて混ぜ、火にかけて106℃まで炊く（炊き上がり1520g）。

2 ゼラチンマスを加えて溶かす。

■ クレームシトロン

材料（60cm×40cmのカードル1枚分）

A
- レモン果汁 —— 688g
- 水 —— 208g
- 全卵 —— 816g
- トレモリン —— 520g
- トレハロース —— 312g

ゼラチンマス —— 124g
コアントロー54° —— 96g
バター（ポマード状）—— 488g

作り方

1 鍋にAを合わせて混ぜ、火にかけて混ぜながら炊く。

2 沸騰したら火を止め、ゼラチンマス、コアントロー54°を加えて混ぜる。

3 漉して35～40℃に冷ます。

4 バターを加え、ブレンダーでしっかりと乳化させる。

■ クレームショコラ

材料（60cm×40cmのカードル1枚分）

牛乳 —— 268g
生クリーム35% —— 268g
バニラビーンズ —— 1本
卵黄 —— 104g
トレハロース —— 50g
ゼラチンマス —— 36g
レモン果皮（すりおろし）—— 小さじ2
*カカオバリーガーナ —— 420g

作り方

1 鍋に牛乳、生クリーム、バニラビーンズを合わせて沸かす。

2 ボウルに卵黄、トレハロースを入れて泡立て器ですり混ぜる。

3 2に1を加えて均一に混ぜ（バニラビーンズは除く）、鍋に戻して80℃まで炊く。ゼラチンマス、レモン果皮を加えて混ぜる。

4 チョコレートの入ったボウルに漉し入れ、泡立て器で混ぜて乳化させる。

■ プラリネマカダミアナッツ

材料（作りやすい分量）

グラニュー糖 —— 140g
水 —— 28g
バター —— 28g
マカダミアナッツ（直径3㎜～5.5㎜程度のもの）—— 140g

作り方

1 鍋にグラニュー糖、水を入れて火にかけ、キャラメルを作る。

2 バターを加えて混ぜ、マカダミアナッツを加えて混ぜる。

3 オーブンペーパーに取り出して平らにのばし、粗熱を取り、砕く。

■ ジャンドゥージャ

材料（6.5cm×35.7cmのカードル1枚分）

ヘーゼルナッツペースト —— 244g
*カカオバリーガーナ —— 120g
米油 —— 120g
ライスパフ —— 120g

作り方

1 チョコレートを溶かして40℃にする。

2 全ての材料を混ぜ合わせる。

■ ムースショコラ

材料（13台分）

A
- *カカオバリーゼフィール —— 863g
- ヘーゼルナッツペースト —— 718g

B
- 生クリーム35% —— 645g
- 牛乳 —— 135g
- ゼラチンマス —— 147g

生クリーム35% —— 2948g

作り方

1 鍋にBを入れて火にかけ、ゼラチンマスを溶かす。

2 ボウルにAを入れ、1を加えて混ぜ、乳化させる。

3 生クリームを六分立てにし、2に加えて混ぜる。

■ グラサージュアマンド

材料（作りやすい分量）

ミロワールグラサージュ —— 500g
ヘーゼルナッツペースト —— 100g
*カカオバリーガーナ40% —— 50g
カカオバター黄、オレンジ —— 各適量

作り方

1 鍋にミロワールグラサージュを入れて火にかけて温め、ヘーゼルナッツペースト、チョコレートを加えてブレンダーで乳化させる。

2 カカオバターを加えて明るいオレンジに調整する。

3 冷蔵庫で1日おき、26℃に温めて使用する。

組み立て

1 センターを組み立てる。レモンケーキの半量を60cm×40cmのカードルに敷き込み、キャラメルシトロンを流して冷蔵庫で冷やし固める。

2 1の上にクレームシトロンを流し、平らにならして冷蔵庫で冷やし固める。

3 2の上にクレームショコラを流し、平らにならして冷蔵庫で冷やし固める。

4 3の上に残りのレモンケーキを敷き込む。

5 4を5cm×35.7cmにカットする（センター）。

6 OPP シートを敷き込んだ8cm×26cm×高さ7cmのトヨ型にムースショコラを流し入れ、センターを入れて中心にくるように押し込む。

7 プラリネマカダミアナッツをまんべんなく散らす。

8 ジャンドゥージャを敷き込み、さらにダックワーズシトロンを敷き込み、冷凍する。

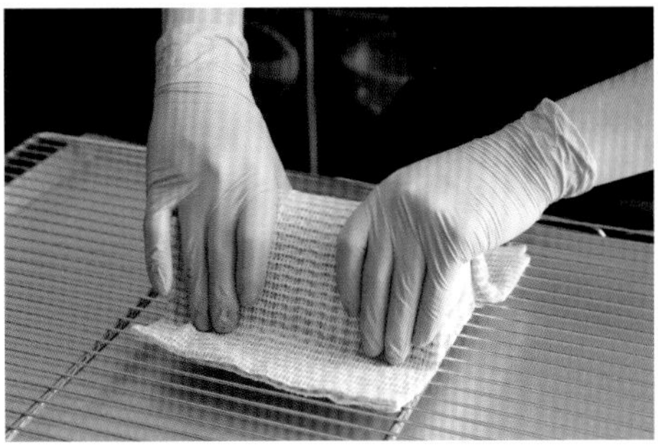

9 8を型から取り出し、ぬれ布巾をあてて表面を少し溶かす。

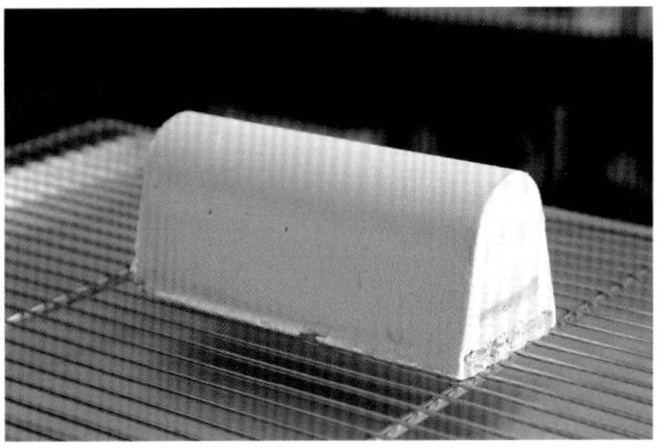

10 OPP シートをはがす。表面が毛羽立った状態になる。

11 26℃のグラサージュアマンドをかける。端はかからないようにカードをあて、断面を出す。3cm幅にカットする。

エキゾチックキャラメル

Four Seasons Hotel TOKYO AT OTEMACHI

青木裕介

パッションフルーツやバナナの南国的な甘酸っぱさと、
キャラメルの甘苦さがハーモニーを作るアントルメ。
マンジャリのムースが果実感に寄り添います。
センターのジュレはコーンスターチを使い、
クリーミーで周囲と一体感のある舌ざわりに。
口どけのよいビスキュイや底のクルスティアンで
食感に変化をもたせ、サイドのシュー生地を使った
ビスキュイで立体感を出しています。

FOUR SEASONS
HOTEL

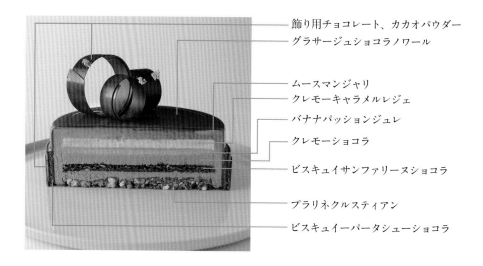

■ ビスキュイサンファリーヌショコラ

材料（60cm× 40cmの天板１枚分）

マジパンペースト —— 95g
卵黄 —— 151g
塩 —— 2g
*ヴァローナマンジャリ —— 49g
バター —— 105g
チェリーピュレ（常温）—— 37g
卵白 —— 213g
グラニュー糖 —— 48g
カカオパウダー —— 34g

※卵白とグラニュー糖は合わせてミキシングボウルに入れ、冷凍庫で凍る直前まで冷やしておく。
※カカオパウダーはふるっておく。

作り方

1 マジパンペーストと卵黄、塩をフードプロセッサーで撹拌してなめらかにし、ミキシングボウルに移して湯煎で軽く温め、中高速のビーターで白っぽくなるまで立てる。

2 チョコレートとバターを合わせて溶かして45℃にし、ボウルに入れる。1を数回に分けて加え、そのつど混ぜて乳化させる。

3 卵白とグラニュー糖を低速のミキサーで泡立て、ボリュームが出てきたら中高速にし、ツヤのあるしなやかなメレンゲを立てる。

4 2に3の少量を加えて泡立て器でよく混ぜる。

5 残りの3のうち半量を4に加え、ゴムベラでさっくりと混ぜる。

6 チェリーピュレを加えてすくい混ぜる。

7 ピュレが混ざりきらないタイミングでカカオパウダーを加え、すくい混ぜる。

8 残りの3を加えてすくい混ぜる。

9 オーブンペーパーを敷いた天板に流してパレットナイフで平らにならし、180℃のオーブンで12分焼く。

10 焼けたら天板から外して冷ます。

■ クレモーキャラメルレジェ

材料（直径 14cmの丸型 3 台分）

生クリーム35% —— 120g
グラニュー糖 —— 60g
水飴 —— 8g
バニラビーンズ —— 0.5本
塩 —— 1g
板ゼラチン（200ブルーム）—— 3g
*ヴァローナオパリス —— 75g
生クリーム35% —— 72g

作り方

1 生クリーム120gと水飴、バニラビーンズを鍋に合わせて沸かす。

2 別の鍋にグラニュー糖を入れて火にかけて色づけ、1を数回に分けて加えて色づきを止める。色づけ具合は、ホワイトチョコレートや生クリームの甘さや重さを抑えるイメージで強めに。

3 2をチョコレートに加えてブレンダーで攪拌し、50℃に下がったらゼラチンを加え混ぜる。

4 ボウルに移し、氷水にあてて35℃まで冷ます。

5 生クリーム72gを七～八分立てにし、少量を4に加えてゴムベラで混ぜてなじませる。

6 4と混ぜた5を生クリームのボウルに加えてすくい混ぜる。

■ バナナパッションジュレ

材料（直径 14cmの丸型 3 台分）

バナナピュレ —— 165g
パッションフルーツピュレ —— 110g
グラニュー糖 —— 28g
コーンスターチ —— 4.4g
板ゼラチン（200ブルーム）—— 4.4g
バニラペースト —— 1g

作り方

1 ゼラチン以外の全ての材料を鍋で沸かし、火からおろしてゼラチンを加えて混ぜ、氷水にあてて粗熱を取る。

クレモーショコラ

材料（直径14cmの丸型3台分）
生クリーム35%── 120g
牛乳── 120g
オレンジ果皮（すりおろし）── 0.5個分
卵黄── 30g
グラニュー糖── 15g
バニラペースト── 1g
板ゼラチン（200ブルーム）── 3g
*ヴァローナマンジャリ── 45g
*ヴァローナジヴァラ・ラクテ── 60g

作り方

1 生クリーム、牛乳、オレンジ果皮を沸かし、ラップをかけて15分おき、風味を移す。

2 卵黄とグラニュー糖を軽くすり混ぜ、バニラペーストを加えて混ぜる。1を加えて混ぜ、鍋に戻して84℃まで炊く。

3 ゼラチンを加えて溶かし、漉す。

4 チョコレートの入った容器に3を注ぎ、ブレンダーで乳化させる。

5 氷水にあてて35℃まで下げる。

プラリネクルスティアン

材料（直径14cmの丸型3台分）
焼成済みクランブル── 200g
塩── 1g
フィヤンティーヌ── 46g
*ヴァローナマンジャリ── 43g
ヘーゼルナッツプラリネ── 44g
ヘーゼルナッツ（ローストしたもの）── 37g

作り方

1 全ての材料を混ぜ合わせ、型に120gずつふわっと敷き詰める。

■ ムースマンジャリ

材料（3台分）
牛乳 —— 196g
板ゼラチン（200ブルーム）—— 4g
*ヴァローナマンジャリ —— 240g
生クリーム35% —— 392g

作り方

1 牛乳を沸かして火を止め、ゼラチンを加えて溶かす。

2 半分溶かしたチョコレートを入れた容器に1を注ぎ、ブレンダーで乳化させる。

3 氷水にあてて27～28℃に冷ます。

4 生クリームを七分立てにする。

5 4の⅓量を3に加えて泡立て器ですくい混ぜる。

6 残りの4を加えてゴムベラですくい混ぜる。

■ グラサージュショコラノワール

材料（作りやすい分量）

A
- 水 —— 125g
- グラニュー糖 —— 225g
- 水飴 —— 225g

板ゼラチン（200ブルーム）—— 22g
*ヴァローナマンジャリ —— 226g

B
- コンデンスミルク —— 160g
- ナパージュ（ヴァローナアブソリュ・クリスタル）—— 90g

作り方

1 鍋にAを沸かし、火からおろしゼラチンを加えて溶かす。

2 チョコレート、Bを入れた容器に1を注ぎ、ブレンダーで乳化させる。冷蔵庫で保管し、30℃に調整して使う。

■ ビスキュイーパータシューショコラ

材料（60cm× 40cmの天板１枚分）

A
- バター —— 40g
- 牛乳 —— 115g

B
- 薄力粉 —— 54g
- カカオパウダー —— 18g

C
- 卵黄 —— 68g
- 全卵 —— 44g
- 牛乳 —— 18g

卵白 —— 101g
グラニュー糖 —— 48g
※Bは合わせてふるっておく。
※卵白、グラニュー糖はミキシングボウルに入れて冷凍庫で凍る直前まで冷やしておく。

作り方

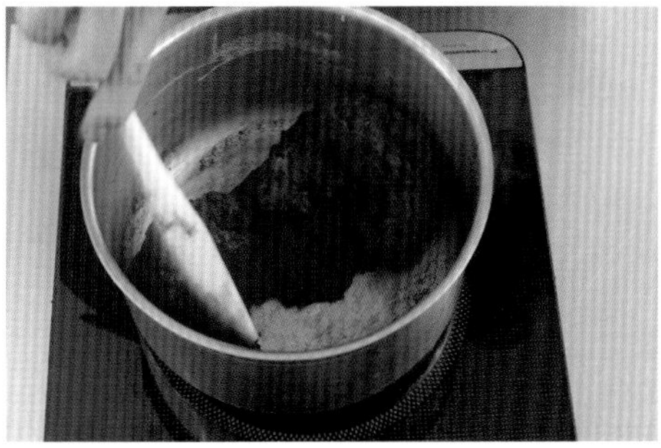

1 鍋にAを入れて火にかけ、バターが溶けて沸いたらBを加え、小麦粉に火が通りまとまるまで混ぜながら加熱する。

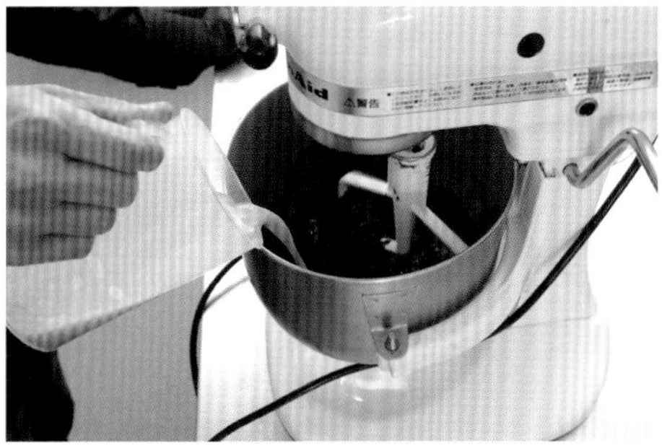

2 1をミキサーのビーターで撹拌して粗熱を取り、混ぜ合わせたCを少しずつ加え混ぜる。

3 別のミキサーに卵白とグラニュー糖を入れて冷やしておいたミキシングボウルをセットして中高速でしなやかな角が立つメレンゲを立てる。

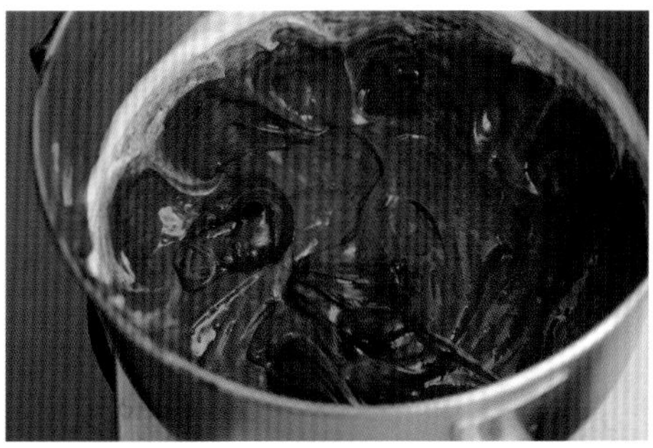

4 3の少量を2に加え、低速のビーターで撹拌し均一にする。

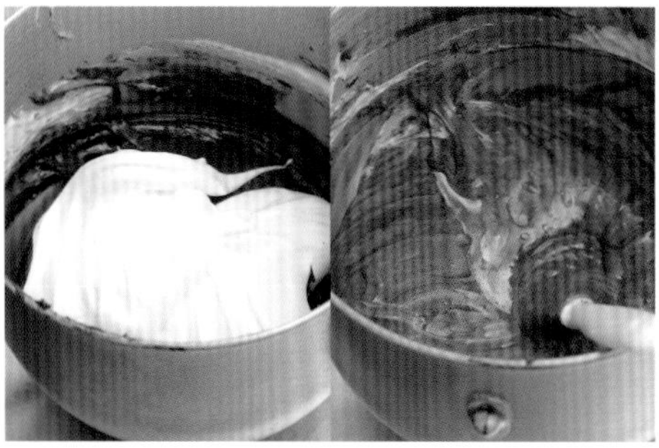

5　4をミキサーから外し、残りの3のうち半量を加えてゴムベラで底からしっかりとすくい混ぜる。

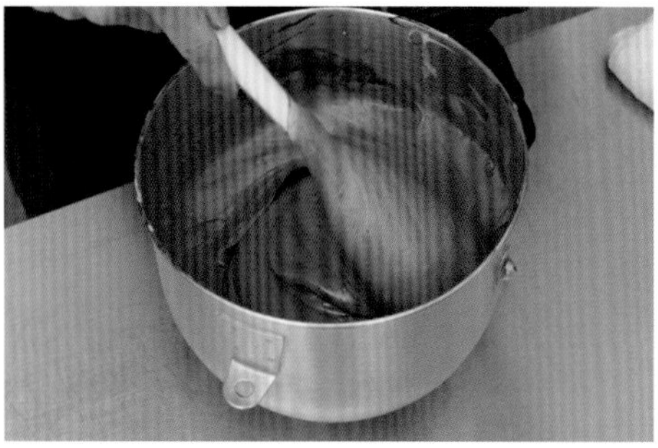

6　残りの3を加え、ツヤが出るまで同様にすくい混ぜる。

7　6の500gをシルパットにのせ、4㎜厚さにのばし、160℃のオーブンで8分焼く。

■ その他

*飾り用チョコレート（テンパリングしたチョコレートを薄くのばし直径16㎝×高さ1.5㎝、直径12㎝×高さ1㎝、直径4㎝×高さ1.5㎝、直径6㎝×高さ1.5㎝の円柱状に丸める。直径4㎝のものは2個作る）

カカオパウダー

組み立て

1　直径14㎝×高さ2㎝の円形の型に、クレモーキャラメルレジェを100gずつ流して冷凍する。

2　1の上にバナナパッションジュレを100gずつ流して冷凍する。

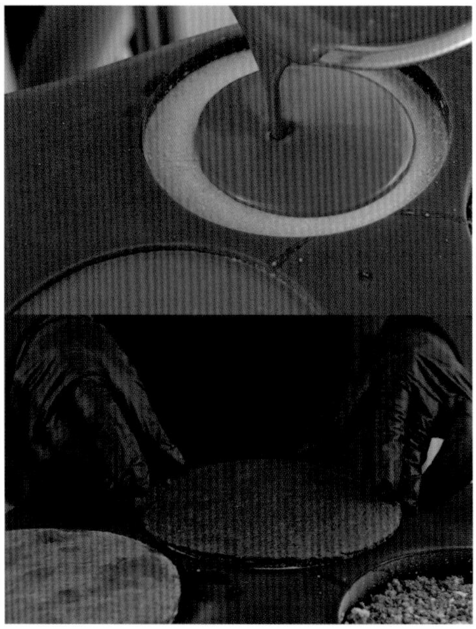

3　2にクレモーショコラを120gずつ流し、直径14㎝の円形にカットしたビスキュイサンファリーヌショコラをのせ、冷凍する。

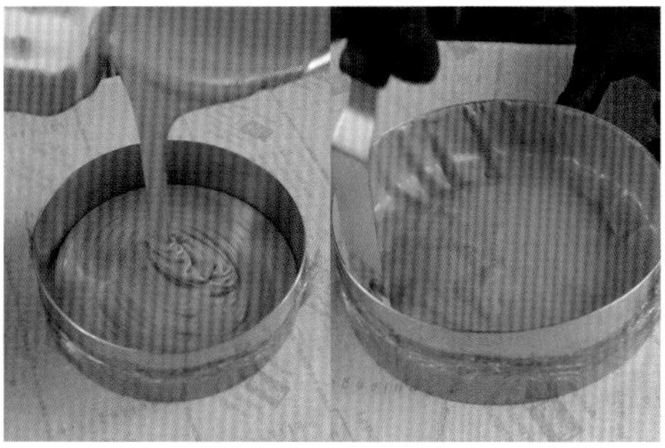

4 直径15cmのセルクルにムースマンジャリを流し、パレットナイフで側面にすり上げる。

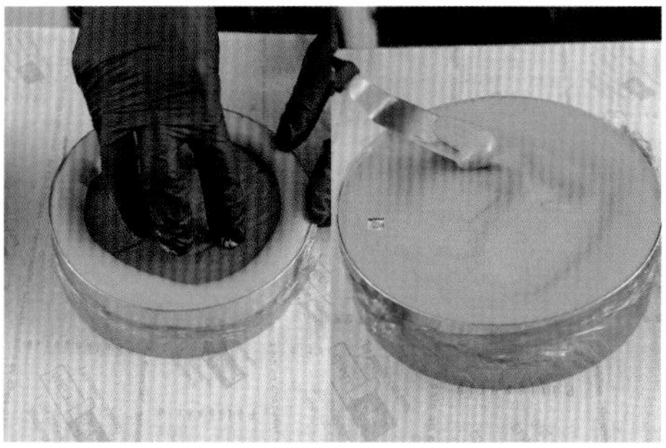

5 4に型から外した3を入れ、さらにムースマンジャリを流してセルクルのフチの高さで平らにならす。

6 プラリネクルスティアンをのせ、軽く押して密着させ、はみ出したムースマンジャリを取り、冷凍する（クルスティアンは押し込みすぎず、上面をセルクルのフチよりも高くしておく）。

7 6を型から外して網にのせ、30℃のグラサージュショコラノワールをかけ、パレットナイフで余分を落とす。

8 7をパレットナイフで持ち上げ、台紙の上に移す。このとき、6でクルスティアンを押し込みすぎているとパレットナイフを差し込みづらい。

9 26cm×3cmにカットしたビスキュイパータシューを側面に巻きつける（長さの余分は切り取る）。

10 直径16cmの飾り用チョコレートを9のビスキュイパータシューの外側に巻きつける。

11 残りの飾り用チョコレートにカカオパウダーをふり、10の上面に飾る。金箔（分量外）、ケーキエチケットを添える。

Part
4
Dessert, etc.
デザート、氷菓、ドリンク

デザートはカカオ感を前面に出した高カカオチョコレートの皿や、
季節感を意識した皿など異なるアプローチの3点を掲載。
夏にぴったりのアイス、ソルベ、冬向けのドリンクも紹介します。

Citrus Praline Chocolat
Four Seasons Hotel TOKYO AT OTEMACHI

青木裕介

ハイカカオのビターなチョコレートを主役にしたデザート。
オレンジマーマレードを合わせて、チョコレートのビター感に同調させながら
デザートとしての甘みのバランスをとり、
アプリコットやオレンジのジュレでフレーバーの抑揚をもたせて飽きさせません。

■ ビスキュイサンファリーヌショコラ

材料（30cm×20cmのカードル1枚分）

マジパン —— 48g
卵黄 —— 76g
塩 —— 1g
*ヴァローナマンジャリ —— 25g
バター —— 53g
チェリーピュレ（常温）—— 19g
卵白 —— 107g
グラニュー糖 —— 24g
ココアパウダー —— 17g

作り方

p.220と同様に作る。

■ パッションガナッシュ

材料（30cm×20cmのカードル1枚分）

パッションフルーツピュレ —— 138g
*ヴァローナジヴァラ・ラクテ —— 227g
転化糖 —— 56g
バター —— 83g

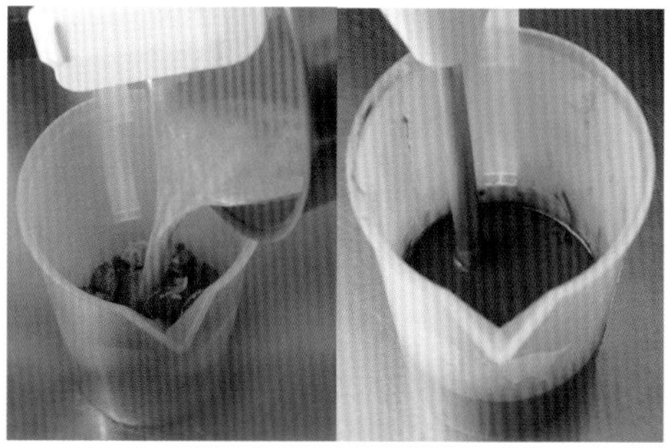

1 パッションフルーツピュレを沸かし、チョコレートと転化糖の入った容器に加え、ブレンダーで乳化させる。

2 1を40℃にし、バターを加えてブレンダーで乳化させる。

■ ガナッシュモンテ

材料（作りやすい分量）

A［生クリーム35%——180g
　水飴——20g
B［転化糖——20g
　*ヴァローナマンジャリ——158g
生クリーム35%——756g

作り方

1. Aを合わせて温め、水飴を溶かす。
2. Bの入った容器に1を注ぎ、ブレンダーで乳化させる。
3. 2に生クリームを加え、ブレンダーでなめらかに混ぜる。
4. 保存容器に移し、冷蔵庫で一晩おく。使う直前に泡立てる。

■ オレンジマーマレード

材料（作りやすい分量）

オレンジ（15分ずつ3回ゆでこぼしたもの）
——300g
パッションフルーツピュレ——96g
グラニュー糖——96g
ペクチンNH——4g

作り方

1. オレンジをカットし、中心部分と種を取り除く。
2. 1の300g、パッションフルーツピュレ、グラニュー糖、ペクチンをフードプロセッサーで撹拌する。
3. 鍋に移して沸かし、1分ほど煮詰める。
4. 容器に移し、冷蔵庫で冷やす。

■ クレモーキャラメル

材料（作りやすい分量）

A［グラニュー糖——150g
　水飴——150g
　水——35g
B［生クリーム35%——75g
　水——75g
　バニラビーンズ——1本
C［塩——7g
　コンデンスミルク——150g
　バター——100g

作り方

1. 鍋にBを入れて沸かし、火を止めて蓋をし、15分風味を移す。バニラのさやは除く。
2. 別の鍋にAを入れ火にかけ、キャラメルを作り、1を数回に分けて加えて混ぜる。
3. Cを加えて混ぜ、総量が80%に減るまで煮詰める。
4. 火を止めてブレンダーで撹拌し、なめらかにする。
5. 容器に移し、冷蔵庫で冷やす。

■ アプリコットジュレ

材料（60cm×40cmの天板1/2枚分）

A［アプリコットピュレ——158g
　マンダリンオレンジピュレ——14g
B［グラニュー糖——14g
　アガー（SOSA）——2.5g
板ゼラチン（200ブルーム）——2.7g

作り方

1. Aを鍋に入れて火にかけ、沸騰直前に混ぜ合わせたBを加えて溶かし、沸かす。
2. 火を止めてゼラチンを加え、溶かす。
3. 2をシルパットに3mm厚さに広げ、冷凍する。

■ チョコレートソルベ

材料（パコジェット容器１台分）

A
- 牛乳 —— 385g
- 粉乳 —— 22g
- グラニュー糖 —— 37g
- 水飴 —— 36g
- 安定剤 —— 1.5g

転化糖 —— 24g
生クリーム35% —— 3g
*ヴァローナトゥラカルム —— 90g

作り方

1 鍋にAを入れ沸かす。

2 チョコレートを入れた容器に1を加え、ブレンダーで乳化させる。

3 転化糖、生クリームを加え、ブレンダーで乳化させる。

4 冷ましてパコジェット容器に入れ、冷凍する。使用前にパコジェットにかける。

■ プラリネアイスクリーム

材料（パコジェット容器１台分）

A
- 牛乳 —— 285g
- グラニュー糖 —— 10g
- 粉乳 —— 15g
- 水飴 —— 12g
- 安定剤 —— 1.5g

プラリネペースト —— 90g
生クリーム35% —— 35g

作り方

1 鍋にAを入れて沸かし、冷ます。

2 ボウルにプラリネペーストを入れて1を少しずつ加え、そのつど泡立て器で混ぜる。

3 生クリームを加え、ブレンダーで乳化させる。

4 冷ましてパコジェット容器に入れ、冷凍する。使用前にパコジェットにかける。

■ アプリコットパッションクーリー

材料（作りやすい分量）

A
- アプリコットピュレ —— 168g
- パッションフルーツピュレ —— 168g

B
- グラニュー糖 —— 66g
- アガー（SOSA）—— 2g

作り方

1 Aを鍋に入れて火にかけ、沸騰直前に混ぜ合わせたBを加えて溶かし、沸かす。

2 容器に移し冷ます。

3 固まったら、ブレンダーで撹拌しなめらかにする。

■ その他

*チョコレートの板（ヴァローナトゥラカルムをテンパリングし5㎝×3㎝の紡錘形の葉型で抜いたもの／ 1皿7枚使用）
カカオ豆

組み立て

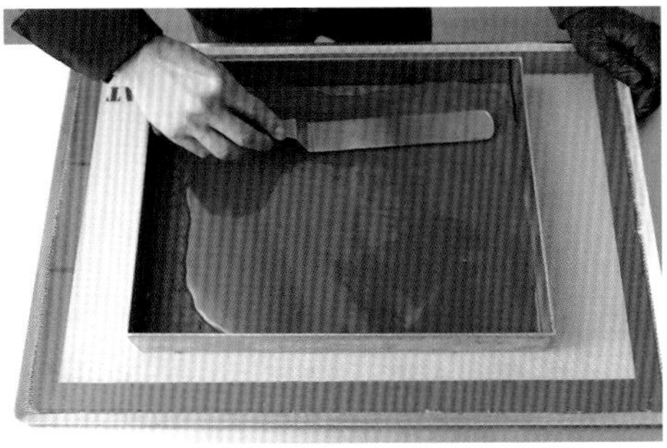

1 30cm×20cmのカードルにビスキュイサンファリーヌショコラをセットし、その上にパッションガナッシュを流して平らにならし、冷凍する。

2 1を5cm×3cmの紡錘形の型で抜き、チョコレートの板をのせる。

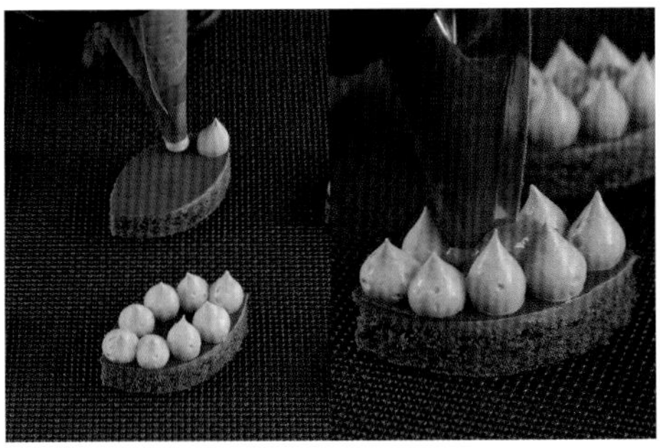

3 2のチョコレートを縁どるようにガナッシュモンテを小さく絞り、中心部にオレンジマーマレードを絞る。

4 チョコレートの板をのせる。

5 4は1皿につき3個使用。3個のうち1個は再度3と同様にガナッシュモンテを絞り、中心部にクレモーキャラメルを絞る。チョコレートの板をのせる。

6 2と同じ型で抜いたアプリコットジュレを器の中央に放射状に盛り、間に4を2個、5を1個並べる。

7 4にチョコレートソルベを、5にプラリネアイスクリームをクネルしてのせる。削ったカカオ豆を器にふる。

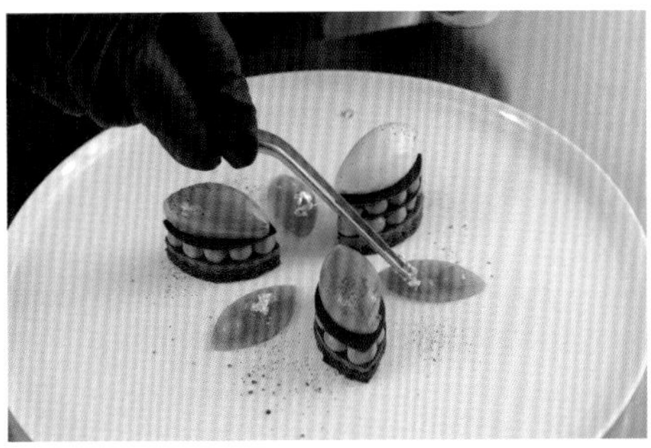

8 ジュレの上にアプリコットパッションクーリーを絞り、金箔（分量外）を飾る。

エキゾチックモヒート

Four Seasons Hotel TOKYO AT OTEMACHI

青木裕介

華のあるモヒートのソルベやトロピカルフルーツに、柚子のガナッシュ。
それらの清涼感を生かしながらホワイトチョコレートのコクで一皿の満足度を高めます。
ソルベの器もホワイトチョコレートをごく薄く塗り広げて固め、はかなく仕立てます。

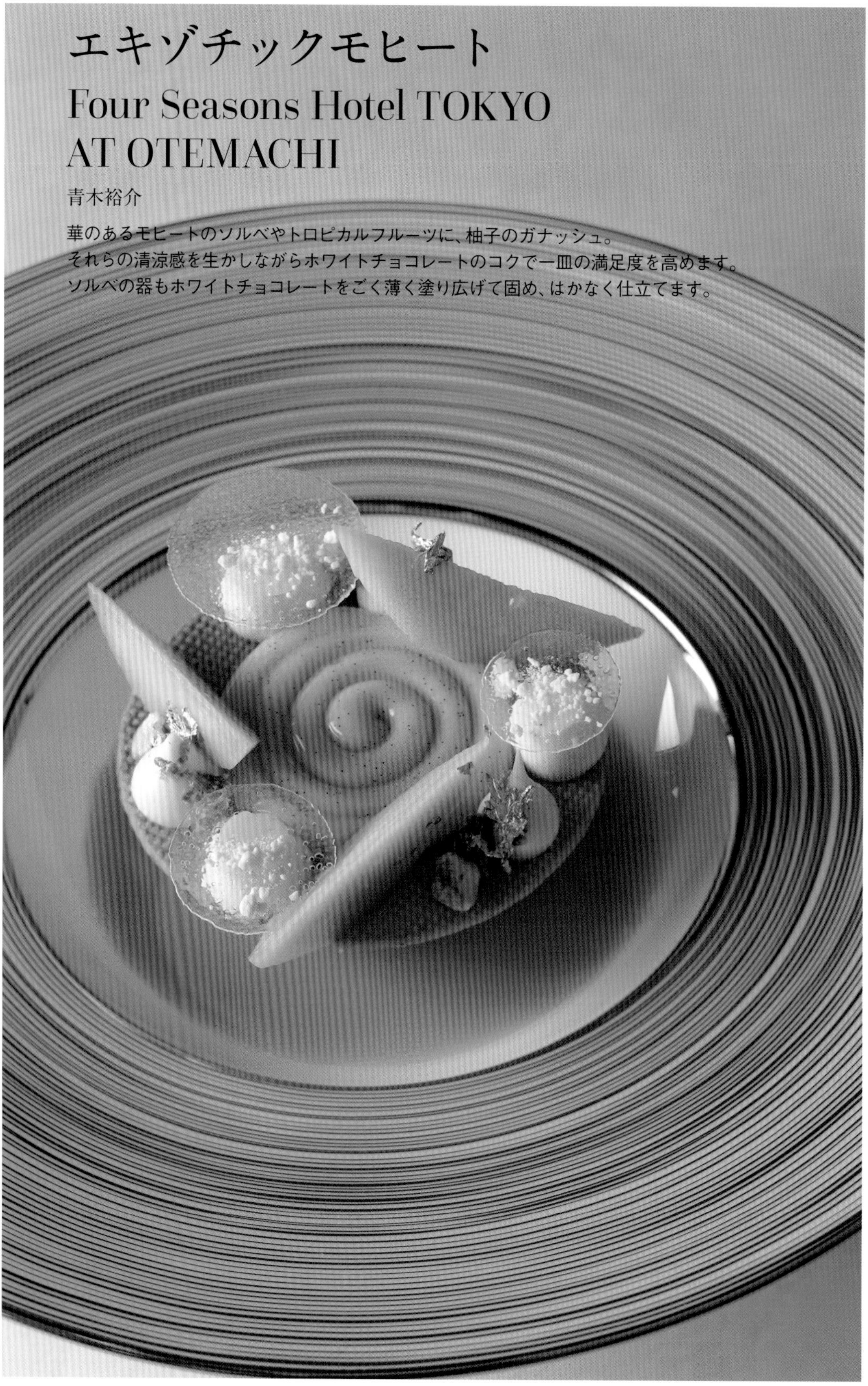

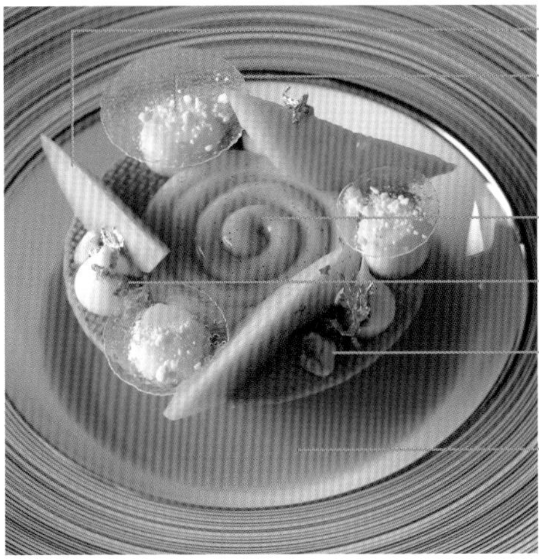

■ ヘーゼルナッツサブレ

材料（10皿分）

薄力粉 —— 272g
バター（冷たいもの）—— 164g
粉糖 —— 96g
アーモンドパウダー —— 28g
ヘーゼルナッツパウダー —— 14g
ヘーゼルナッツプラリネ —— 14g
全卵 —— 54g
塩 —— 3g

作り方

1 薄力粉とバターをフードプロセッサーにかけ、バターが細かくサラサラになるまで撹拌する。
2 残りの材料を一度に加え、まとまるまで撹拌する。
3 取り出してラップで包み、4時間ほど冷蔵庫におく。
4 2㎜厚さにのばし、直径9㎝の円形に抜き、160℃のオーブンで12分焼く。

■ クレモー柚子パッション

材料（10皿分）

A
- パッションフルーツピュレ —— 108g
- 柚子ピュレ —— 31g

B
- 卵黄 —— 108g
- 全卵 —— 120g
- グラニュー糖 —— 108g
- コーンスターチ —— 8.5g

ゼラチン（200ブルーム）—— 3.6g
*ヴァローナインスピレーション・ユズ —— 58g
バター —— 58g

作り方

1 鍋にAを入れて沸かす。
2 ボウルにBを入れて泡立て器で混ぜる。

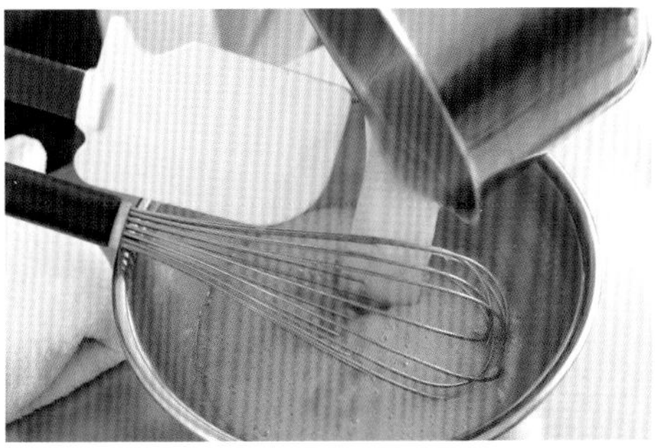

3 2に1を加えてよく混ぜる。

4 3を鍋に入れ、火にかけて混ぜながら炊き上げる。火を止めてゼラチンを加え、溶かす。

5 4を50℃に冷まし、チョコレート、バターを加えて混ぜ、乳化させる。

6 ブレンダーでなめらかにして容器に移し、冷蔵庫で冷やす。

7 絞り袋に詰めてシルパットに直径5cm程度のうずまき形に絞り出し、冷凍する。

■ グラサージュスプレー

材料（10皿分）

ナパージュ（ヴァローナアブソリュ・クリスタル）
—— 200g
水 —— 20g
バニラペースト —— 2g

作り方

1 ピストレする際に全て沸かし、漉してから使う。

■ ガナッシュモンテオパリス

材料（10皿分）

A
- 生クリーム35% —— 135g
- 水飴 —— 15g
- 転化糖 —— 15g
- バニラビーンズ —— 1/2本
- ライム果皮（すりおろし）—— 1個分

ゼラチン（200ブルーム）—— 1.8g
*ヴァローナオパリス —— 195g
生クリーム35% —— 360g
ライム果汁 —— 1個分

作り方

1 Aを沸かし、火を止めてラップをかけ、10分おいて風味を移す。

2 1を再度温め、ゼラチンを加えて溶かし、漉す。

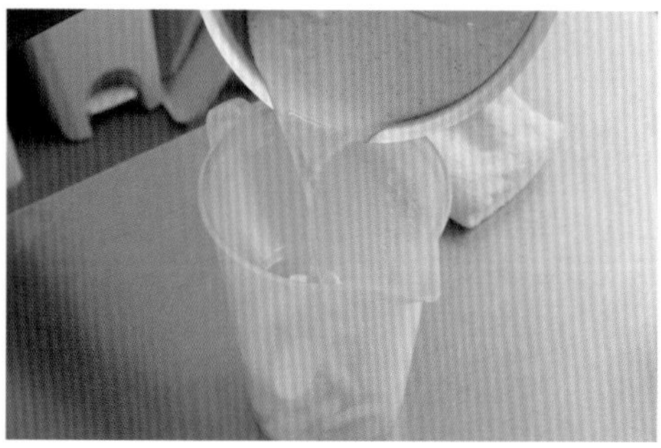

3 2をチョコレートを入れた容器に注ぎ、ブレンダーで乳化させる。

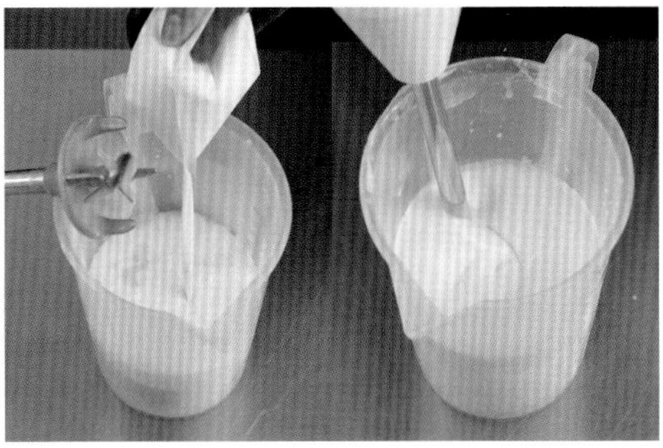

4 生クリーム360gを加えてブレンダーで乳化させる。

5 ライム果汁を加えてブレンダーで乳化させる。

■ ピスタチオクリスタリゼ

材料（10皿分）

ピスタチオ（¼カット）―― 120g
グラニュー糖 ―― 90g
水 ―― 30g
塩 ―― 2g
カカオバター ―― 5g

作り方

1 鍋にグラニュー糖と水を入れて火にかけ、117℃に煮詰めてピスタチオを加える。
2 シロップが結晶化するまで木ベラで混ぜ、再度火にかけ薄く色づける。
3 火を止めて塩、カカオバターを加えて混ぜる。
4 シルパットにあけ、冷ます。

■ チョコレートのカップ

材料

*ヴァローナオパリス ―― 適量

作り方

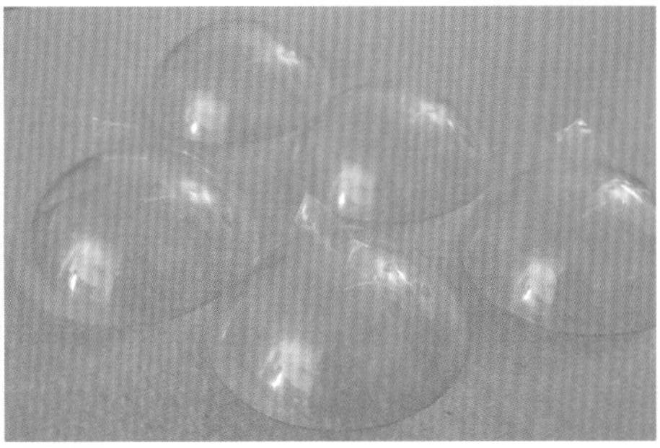

1 直径8.5cmの半球状の型を用意する。テープでつまみをつけておくと持ちやすい。

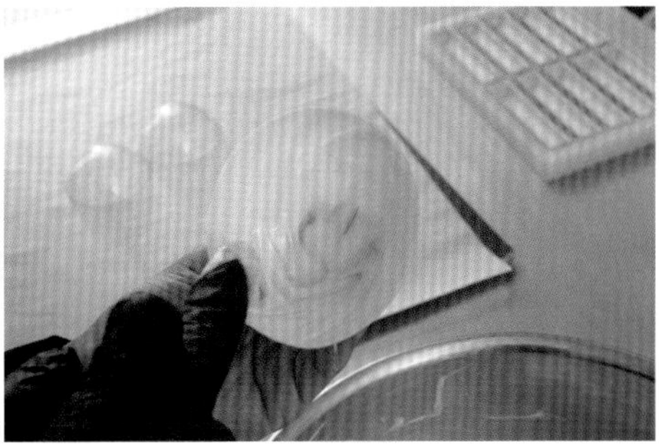

2 チョコレートをテンパリングし、1の型の内側に指で薄く塗る。

3 余分なチョコレートが底にたまらないよう型を伏せ、チョコレートが固まるまでおく。

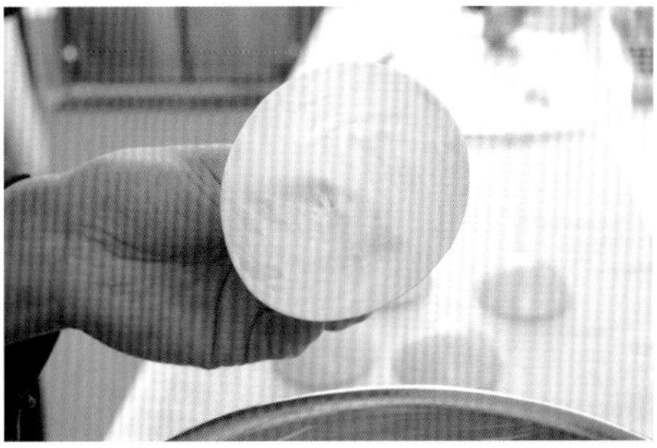

4 チョコレートの薄い部分に再度テンパリングしたチョコレートを塗り、固める。型を外して使う。

■ モヒートソルベ

材料（10皿分）

A
- 水 —— 645g
- グラニュー糖 —— 118g
- 水飴 —— 185g
- ヴィドフィックス —— 5g

ミントの葉A —— 10g
ミントの葉B —— 40g
ラム（プランテーショントラディショナルダークラム）—— 60g
ライム果汁 —— 110g

作り方

1 鍋にAを入れて沸かし、火を止めてミントの葉Aを加えてラップをかけ、30分おいて風味を移す。

2 ミントを取り出し、ラム、ライム果汁を加え、パコジェット容器に入れて冷凍する。

3 2の容器にミントの葉Bを加え、パコジェットにかける。直径5㎝の半球型に詰めて成形する。

■ パイナップルコンポート

材料（10皿分）

パイナップル —— 300g
バター —— 20g
はちみつ（アカシア）—— 20g
バニラビーンズ —— 0.5本

A
- ココナッツピュレ —— 37g
- マンゴーピュレ —— 37g
- パッションフルーツピュレ —— 37g

作り方

1 パイナップルを7～8㎜角に切る。

2 フライパンにバター、はちみつ、バニラビーンズ、1を入れ、ソテーする。

3 Aを加え、1分ほど煮詰める。

4 容器に移し、冷蔵庫で冷やす。

■ マンゴージンジャーソース

材料（10皿分）

水 —— 180g
レモングラス —— 18g
グラニュー糖 —— 24g

A
- マンゴーピュレ —— 120g
- パッションフルーツピュレ —— 90g
- 生姜絞り汁 —— 18g

作り方

1 鍋に水を入れて沸かし、レモングラスを加えて火を止め、ラップをかけて20分おいて風味を移す。

2 1を漉して144gを量り、グラニュー糖を加え再び温める。

3 火を止め、Aを加える。

4 容器に移し、冷蔵庫で冷やす。

■ チュイルオパリヌ

材料（10皿分）

グラニュー糖 —— 150g
水飴 —— 300g
フォンダン —— 300g

作り方

1 鍋に全ての材料を入れて火にかけ、160℃に煮詰め、シルパットにあけて冷ます。

2 1をフードプロセッサーで粉末状にする。

3 シルパットの上に直径2、3、4㎝の円を切り抜いたステンシル型をセットし、1をふりかけて型を外す。各サイズ10個ずつ作る。

4 3を150℃のオーブンで5分焼く。

5 シルパットからはがし、乾燥剤入りの容器に入れて保管する。

■ ホワイトチョコレートパウダー

材料（10皿分）
*ヴァローナオパリス —— 60g
マルトセックパウダー —— 15g

作り方

1 チョコレートを溶かして30℃にし、マルトセックパウダーを加え混ぜる。

2 パウダー状になるまで混ぜ、トレイに広げて固める。

■ その他

マンゴー（1皿につき20g使用）
ライムの果皮

組み立て

1 ヘーゼルナッツサブレにクレモー柚子パッションをのせ、冷凍する。グラサージュスプレーを沸かし、クレモー柚子パッションにピストレする。

2 1のクレモーの周りにガナッシュモンテオパリスを絞る。

3 ガナッシュの間にカットしたマンゴーをのせ、ガナッシュの上にピスタチオクリスタリゼ、ライムの果皮、金箔（分量外）を添える。

4 ホワイトチョコレートの器を皿に置き、モヒートソルベを入れる。

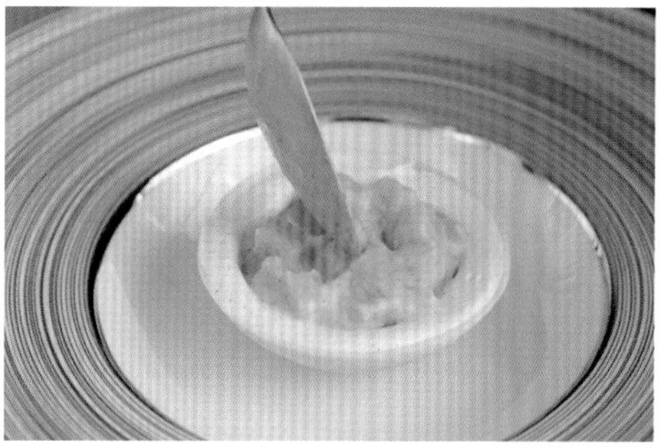

5 ガナッシュモンテをモヒートソルベのフチに沿って絞り、その内側にパイナップルコンポートを入れる。

6 2をのせマンゴージンジャーソースを流す。

7 ガナッシュの上にチュイルオパリヌをのせ、ホワイトチョコレートパウダーを飾る。

ほうじ茶モンブラン、ウィスキーアイスクリーム

Four Seasons Hotel TOKYO AT OTEMACHI

青木裕介

栗のほっこりとした味わいを生かす、秋のデザート。
マロンクリームの下はほうじ茶フレーバーのムースで、
ミルクチョコレートでやさしく香ばしい香りを引き立てます。
ムースのセンターにはジューシーで酸味のあるアプリコット。
はちみつとウィスキーのアイスで、大人向けにまとめます。

■ ジヴァラほうじ茶ムース

材料（10皿分）

牛乳 —— 200g
ほうじ茶茶葉 —— 13g
板ゼラチン（200ブルーム）—— 6.5g
*ヴァローナジヴァラ・ラクテ —— 210g
生クリーム35% —— 302g

作り方

1 鍋に牛乳を入れて沸かし、ほうじ茶茶葉を加えて火を止め、ラップをかけて20分おいて風味を移す。

2 1を漉して135gを量り、再び温める。火を止め、ゼラチンを加えて溶かす。

3 2をチョコレートの入った容器に加えてブレンダーで乳化させる。

4 氷水にあてて25℃に冷ます。

5 生クリームを七分立てにする。

6 5を4に2回に分けて加え、すくい混ぜて均一にする。

■ アプリコットコンポート

材料（10皿分）

セミドライアプリコット —— 250g
水 —— 250g
グラニュー糖 —— 90g
オレンジ果皮（すりおろし）—— 0.5個分
レモン果皮（すりおろし）—— 0.5個分
バニラビーンズ —— 0.5本

作り方

1 鍋にアプリコット以外の材料を入れて沸かし、アプリコットを加え、再度沸かす。

2 容器に移し、冷蔵庫で一晩おく。

■ アプリコットオレンジジュレ

材料（直径3cmの球形シリコン型10個分）

A ┌ アプリコットピュレ —— 100g
│ マンダリンオレンジピュレ —— 25g
│ グラニュー糖 —— 13g
│ バニラペースト —— 0.5g
└ コーンスターチ —— 1g
板ゼラチン（200ブルーム）—— 1g
アプリコットコンポート（上記参照）—— 138g

作り方

1 鍋にAを入れて沸かし、火を止めてゼラチンを加えて溶かす。

2 ボウルに移して冷まし、刻んだアプリコットコンポートを全量加え、混ぜる。

3 型に流し、冷凍する。

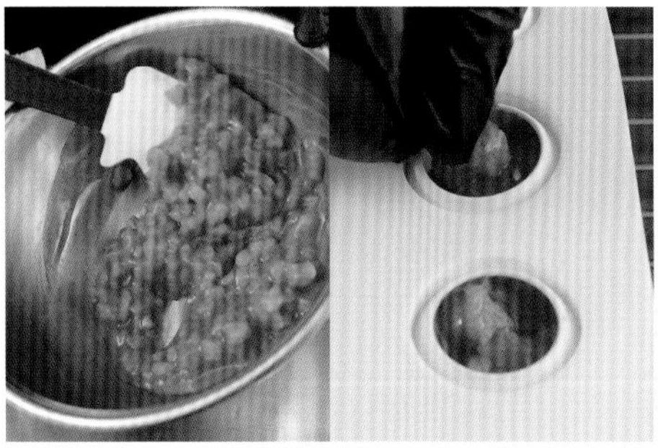

■ きな粉シュトロイゼル

材料（10皿分）

A ┌ バター（室温）—— 28g
│ カソナッド —— 28g
│ アーモンドパウダー —— 28g
│ 薄力粉 —— 28g
└ きな粉 —— 10g
*ヴァローナオパリス —— 40g
B ┌ フィヤンティーヌ —— 12g
│ プラリネペースト —— 26g
└ きな粉 —— 20g

作り方

1 ミキサーのビーターでAを混ぜ、シルパットに広げて160℃のオーブンで15分焼く。

2 1が冷めたら、溶かしたチョコレート、Bと混ぜ、トレイに広げて冷蔵庫で固める。

■ マロンクリーム

材料（10皿分）

パートドマロン —— 150g
和栗ペースト —— 150g
生クリーム35% —— 98g
ラム —— 12g

作り方

1 パートドマロンと和栗ペーストをミキサーのビーターの低速で混ぜ、生クリーム、ラムを加え混ぜる。

2 冷蔵庫で冷やす。

■ カシスクーリー

材料（10皿分）

カシスピュレ —— 88g
ナパージュ（ヴァローナアブソリュ・クリスタル）
—— 200g

作り方

1 材料をブレンダーで混ぜ、冷蔵庫で冷やす。

■ ウィスキーアイスクリーム

材料（10皿分）
牛乳 ── 240g
卵黄 ── 48g
グラニュー糖 ── 40g
A
- 生クリーム35% ── 80g
- はちみつ（アカシア）── 60g
- ウィスキー ── 19g
- 安定剤 ── 3g

作り方

1 牛乳を沸かす。

2 ボウルに卵黄、グラニュー糖を入れて泡立て器ですり混ぜ、1を加えて均一に混ぜ、鍋に戻して84℃まで炊き、急冷する。

3 2にAを加え混ぜる。

4 3をパコジェット容器に移し、冷凍する。使用する前にパコジェットにかける。

■ ホワイトチョコレートパウダー

p.241参照。

■ その他

粉糖
*コーティングショコラ（ヴァローナオパリス200gとカカオバター100gを溶かして35℃にする）
アマランサス
紅葉形のチョコレートの飾り

組み立て

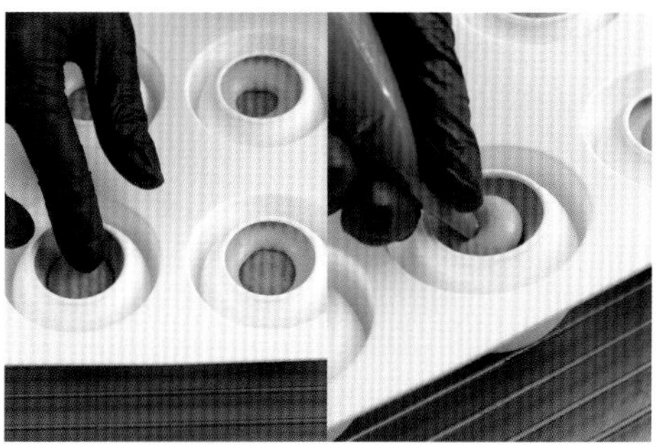

1 ジヴァラほうじ茶ムースを直径5cmの球形シリコン型の半分くらいまで絞り、コンポートと混ぜたアプリコットオレンジジュレを入れ、上に再度ムースを絞る。

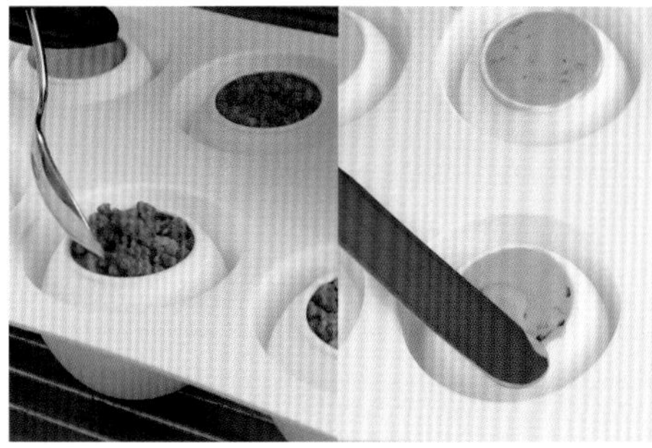

2 さらにきな粉シュトロイゼルを入れ、最後にムースを絞って平らにし、冷凍する。

3 2を型から外し、竹串で刺してコーティングショコラにくぐらせ、トレイに並べる。同じコーティングショコラをスプレーガンでムースにピストレし、冷蔵庫で解凍する。

4 3にマロンクリームを絞り、粉糖をふる。

5 チョコレートの飾りに粉糖をふって4にのせ、器に盛る。カシスクーリーを皿に絞り、マロンクリーム、アマランサスで飾る。ウィスキーアイスクリームを添え、皿にホワイトチョコレートパウダーをふる。

Crème glacée au chocolat

クレームグラッセ・オ・ショコラ

LES CACAOS　黒木琢磨

アングレーズベースの、コクのあるアイスクリーム。
同店では毎年使用するチョコレートを変えており、
ややフレーバーに特徴のあるチョコレートを選び
カカオ感とフレーバーの個性の両方を打ち出します。
ここではフルーティなベリーズ産カカオの
チョコレートを使用し、華やかな香りと、
コクの中に酸味を感じさせる仕立てに。

■ クレームグラッセ・オ・ショコラ

材料（作りやすい分量）

牛乳 —— 1912g

A
- 粉乳 —— 50g
- グラニュー糖 —— 342g
- カカオパウダー —— 220g
- トレハロース —— 86g
- アイス用乳化安定剤 —— 14g

*ベリーズ産カカオ豆使用自家製チョコレート 72% —— 200g

B
- クレームドゥーブル —— 194g
- 卵黄 —— 82g

作り方

1 牛乳は半量ずつに分けてそれぞれ鍋に入れ、ひとつは20℃に、もうひとつは60℃にする。

2 ボウルにチョコレートを入れ、60℃の牛乳を少しずつ加えては混ぜ、乳化させて50℃にする。

3 ボウルにAを入れて泡立て器で混ぜ、20℃の牛乳を半量ずつ入れてダマのないように混ぜる。

4 3を鍋に戻して火にかけ、50℃にする。

5 別のボウルにBを入れて泡立て器で混ぜ、4を少量加えてのばしてから残りを加えて混ぜる。

6 5に2を加えて混ぜる。

7 6を加熱殺菌（68℃以上30分間）後冷却する（レ・カカオではアイスクリームマシンの機能を使用）。

8 アイスクリームマシンにかける。

Sorbet pulpe de cacao et framboise

ソルベ・パルプドカカオ・エ・フランボワーズ

LES CACAOS　黒木琢磨

カカオの果肉（カカオパルプ）をフランボワーズと合わせて、
フルーツ同士の相性のよさを楽しませるソルベ。
ライチを思わせるトロピカルな風味は夏にぴったりです。
スパイスや香草のフレーバーが加わってもおいしい。

■ ソルベ・パルプドカカオ・エ・フランボワーズ

材料（作りやすい分量）

カカオパルプピュレ —— 1814g

A
- ミネラルウォーター —— 540g
- 水飴 —— 64g
- 転化糖 —— 64g
- はちみつ —— 64g

B
- グラニュー糖 —— 356g
- トレハロース —— 238g
- アイス用乳化安定剤 —— 15g

フランボワーズ —— 750g

グラニュー糖 —— 150g

作り方

1 フランボワーズはグラニュー糖と混ぜ、冷蔵庫で一晩おき、出てきた水分ごと真空包装して85℃で30分湯煎し、冷蔵庫で冷やす。

2 鍋にAを入れて混ぜ、火にかけて50℃にする。

3 ボウルにBを入れて泡立て器で混ぜ、2を⅓量ずつ加えてそのつどダマにならないようよく混ぜる。

4 3を2の鍋に戻し、加熱殺菌（68℃以上30分間）後冷却する。（レ・カカオではアイスクリームマシンの機能を使用。時短のため鍋で50℃まで上げてアイスクリームマシンに移し加熱・冷却）。

5 アイスクリームマシンに15分かける。

6 1の水気をきる。

7 5に6を加えて粗く混ざる程度にマシンを回す。

Chocolat chaud

ショコラ・ショー

LES CACAOS　黒木琢磨

原種に近く、素朴な風味のアマゾナス産カカオを使ったショコラ・ショー。
湯気とともに鼻に抜けるカカオの香りと、
体が温まるようなバニラやシナモンの甘やかな香りも
ほんのわずかに漂わせる、フレーバーを楽しむホットドリンクです。

■ ショコラ・ショー

材料（作りやすい分量）

- A
  - 牛乳 —— 388g
  - 生クリーム35% —— 32g
  - バニラビーンズ —— 1/6本
  - シナモンスティック —— 1g
- 塩 —— 0.1g
- B
  - カソナッド —— 14g
  - カカオパウダー —— 4g
- *ブラジル・アマゾナス産カカオ豆使用自家製チョコレート —— 70g

作り方

1 鍋にAを入れて弱火にかける。

2 スパイスの香りを移しながらゆっくりと温める。

3 沸いたら塩を加えて溶かす。

4 ボウルにBを入れ、2を少量ずつ加えてダマがないようにのばす。

5 4を漉す。

6 ボウルに溶かしたチョコレートを入れ、5を少量ずつ加えてダマがないようにのばす。温めて提供する。

■ チョコレート菓子作りの主な用語

材料

クーベルチュール
製菓用チョコレート。カカオマス(p.11、14)にカカオバター、糖分、乳化剤、香料、(ミルクチョコレートの場合は粉乳も)などが添加され、カカオバターは国際規格により31%以上を含むことが義務づけられている。なめらかさや流動性に長ける。ホワイトチョコレートはカカオマスを含まないが、慣例的にクーベルチュールとして扱われている。

カカオニブ
p.11、13参照。

カカオパウダー
p.22 参照。

カカオハスク
p.13 参照。

カカオバター
p.22 参照。

カカオパルプ
p.22 参照。

カカオマス
p.11、14 参照。

ホワイトカカオ
カカオの主要品種3種の中でも生産量の少ないクリオロ種の一種で、アントシアニン色素が極めて少ない白色の希少種。ビター感や渋味がやさしいとされる。

ルビーチョコレート
バリーカレボー社が開発し2017年に発表された、ピンク色のチョコレート。発色は特定のカカオ品種、産地や色素添加によるものではない自然の色とされ、酸味がある。他のチョコレートと同様に加工できる。鮮やかな色を生かした用途のひとつとして、バラの花の造形例を右記に紹介。

■ ルビーチョコレートの使用例
バラの花の造形
(制作・ショコラトリーヒサシ)。

1 ルビーチョコレートをフードプロセッサーで攪拌し、可塑性のある状態にする。

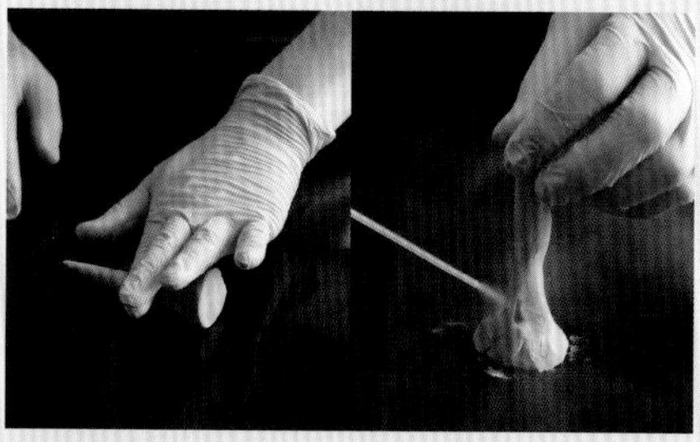

2 花の芯を作り、立てて作業材との接着部分を液体窒素スプレーで固める。

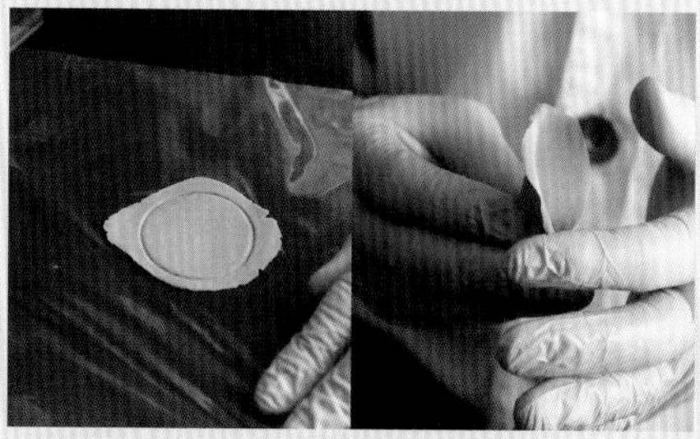

3 チョコレートを OPP シートで挟んで薄くのばして円形に抜き、花弁のように湾曲させフチを薄くする。

4 花弁のように形作ったチョコレートを芯に一枚ずつ押しつけて接着していく。

道具

エンローバー

ボンボンなどにコーティングのチョコレートをかけるベルトコンベア式の機械。アタッチメントでエンローバーをつけられるテンパリングマシンもある。

ギターカッター

複数張られたギターの弦のような線で、やわらかい食品をカットする器具。本書ではボンボンの製造に使用。

チョコレートフォーク

チョコレートのコーティングを手作業で行う際にボンボンなどをのせるフォーク。二股や三股のもの、球形のチョコレートをのせやすい円形のものなどがある。

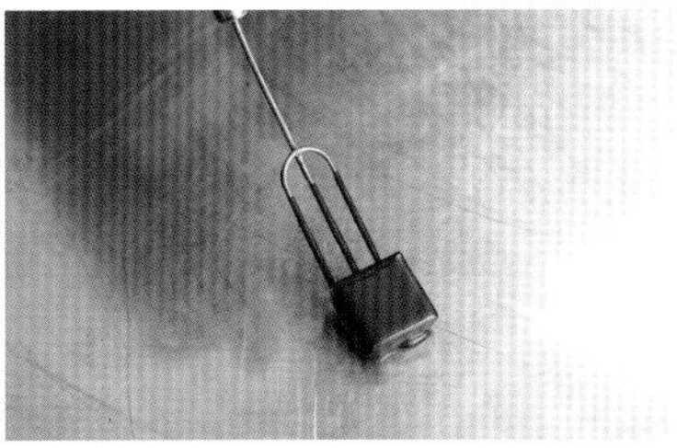

ピストレ

チョコレートとカカオバターなどの油脂を混ぜた液体を、スプレーガンで吹きつける作業。ピストレ用スプレーガンを指す場合もある。

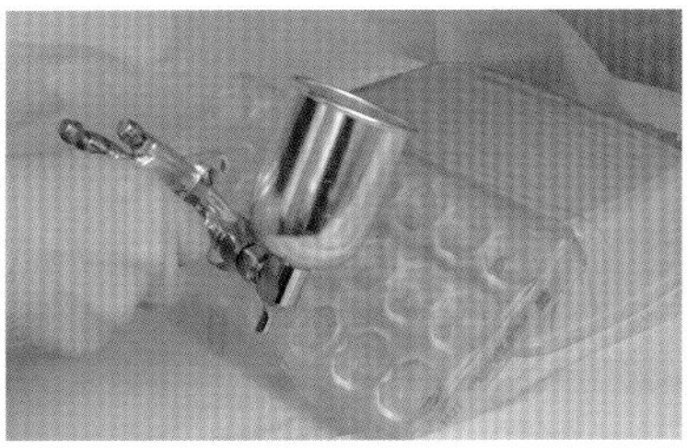

ラクレットパスカル

生地などを均一な幅・厚さにのばす器具。

その他

コポー

丸みがつくように削った飾りを兼ねるチョコレート。

シャブロネ

ガナッシュなどやわらかいパーツの周りにチョコレートの膜を作る作業。

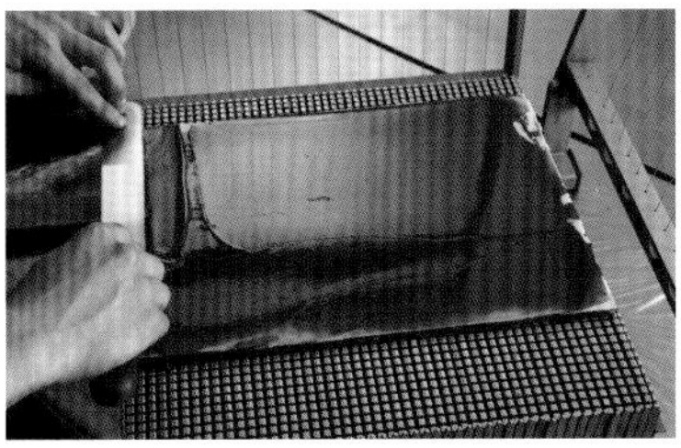

テンパリング

p.16参照。

ブルーム

チョコレートの油脂分や糖分が表面に浮いて白っぽくなる現象。前者をファットブルーム、後者をシュガーブルームと呼ぶ。

著者紹介 Introduction de l'auteur

■ フォーシーズンズホテル東京 大手町
Four Seasons Hotel TOKYO AT OTEMACHI

青木裕介

製菓学校卒業後、「浦和ロイヤルパインズホテル」に入社しフランス菓子の基礎を習得。「ザ・リッツカールトンドーハ」「フォーシーズンズリゾートバリ・アットジンバランベイ」等で長い海外勤務を経て2020年に「フォーシーズンズホテル東京 大手町」エグゼクティブペストリーシェフ就任。2018年「ヴァローナチョコレートシェフコンペティション」優勝の他、海外の大会優勝・受賞歴多数。

東京都千代田区大手町1-2-1
03-6810-0600（代表）

■ パティスリーアヴランシュゲネー
PÂTISSERIE AVRANCHES GUESNAY

上霜考二

専門学校卒業後渡仏し、ノルマンディーのパティスリー「ル・パヴェ・デュ・ロワ」で修業。帰国後「オテル・ド・ミクニ」等を経て、神楽坂「ル・コワンヴェール」等でシェフパティシエを務める。2015年「パティスリーアヴランシュゲネー」を開業。近年、かねてからのチョコレートへの興味が高じ、ビーントゥーバーチョコレートの製造を開始。パティスリーにおけるカカオの新しい表現を追求する。

東京都文京区本郷4-17-6 1F
03-6883-6619

■ プレスキル・ショコラトリー
PRESQU'ÎLE chocolaterie

小抜知博

製菓学校卒業後、都内のショコラトリーや「ザ・リッツカールトン東京」で経験を積み、2016年「プレスキル・ショコラトリー」の開業に伴いシェフショコラティエに就任。カカオ豆の産地に足を運んで知識を深め、ビーントゥーバーショコラと、そのショコラを使った各種菓子作りを手掛ける。2022年日経新聞フォンダン・ショコラランキング第1位、ICAアジアパシフィック大会銀賞・特別賞など受賞歴多数。

東京都武蔵野市吉祥寺本町2-15-18
0422-27-2256

■ ショコラトリーヒサシ
Chocolaterie HISASHI

小野林 範

大学在学中に「クラブハリエ」でアルバイトを開始。卒業後同店に入店し製菓の基礎技術を習得。その後チョコレート部門シェフとなり、独学で研鑽を積み技術を向上させ、WPTC2012チョコレートピエス部門で優勝。チームで総合優勝も収める。「ワールドチョコレートマスターズ2015」では総合準優勝。2018年「ショコラトリーヒサシ」開業。Cacao Barryアンバサダー。

京都府京都市東山区夷町166-16
075-744-0310

■ レ・カカオ
LES CACAOS

黒木琢磨

製菓学校卒業後、「シェ・シーマ」「パティシエ・シマ」でフランス菓子の基礎を習得。2002年に渡仏し、パティスリー、レストラン、ショコラトリー等で7年間研鑽を積む。帰国後「ピエール・マルコリーニ」のシェフパティシエに就任、カカオの魅力に開眼。2016年「レ・カカオ」をオープン。自家製チョコレートを用いた幅広い製品でカカオとフランス菓子の魅力を発信する。

東京都品川区東五反田2-19-2
03-6450-2493

■ エクラデジュールパティスリー
Éclat des Jours Pâtisserie

中山洋平

製菓学校卒業後、「ホテル日航東京」等を経て渡仏しオート・サヴォワやパリのパティスリーで修業。帰国後銀座「銀座菓楽」、京橋「ルエールサンク」のシェフパティシエを務め、2014年「エクラデジュールパティスリー」開業。シンプルな構成とバランスの工夫で素材をストレートに感じさせる菓子作りを得意とする。実家がパン店で、同店にも自家製パンが毎日並ぶ。2020年豊洲ベイサイドクロス店オープン。

東京都江東区東陽4-8-21
TSK第2ビル 1F
03-6666-6151

■スタッフ
撮影　■柿崎真子（プレスキル・ショコラトリー、ショコラトリーヒサシ、エクラデジュールパティスリー）
　　　■田邊美樹（フォーシーズンズホテル東京 大手町、パティスリーアヴランシュゲネー、レ・カカオ）
デザイン　■フロッグキングスタジオ
DTP　■有限会社 天龍社
校正　■株式会社 みね工房
装丁　■フロッグキングスタジオ
編集協力　■松本郁子
編集担当　■柳沢裕子（ナツメ出版企画株式会社）

本書に関するお問い合わせは、書名・発行日・該当ページを明記の上、下記のいずれかの方法にてお送りください。電話でのお問い合わせはお受けしておりません。

・ナツメ社webサイトの問い合わせフォーム
https://www.natsume.co.jp/contact
・FAX（03-3291-1305）
・郵送（下記、ナツメ出版企画株式会社宛て）

なお、回答までに日にちをいただく場合があります。正誤のお問い合わせ以外の書籍内容に関する解説・個別の相談は行っておりません。あらかじめご了承ください。

ナツメ社Webサイト
https://www.natsume.co.jp
書籍の最新情報（正誤情報を含む）はナツメ社Webサイトをご覧ください。

チョコレート・バイブル

2022年11月2日　初版発行

著　者　青木裕介　上霜考二　小抜知博　小野林 範　黒木琢磨　中山洋平

発行者　田村正隆

発行所　**株式会社ナツメ社**
〒101-0051 東京都千代田区神田神保町1-52 ナツメ社ビル1F
電話　03（3291）1257（代表）　FAX　03（3291）5761
振替　00130-1-58661

制　作　**ナツメ出版企画株式会社**
〒101-0051 東京都千代田区神田神保町1-52 ナツメ社ビル3F
電話　03（3295）3921（代表）

印刷所　図書印刷株式会社

ISBN978-4-8163-7274-2
〈定価はカバーに表示してあります〉
〈乱丁・落丁本はお取り替えいたします〉
Printed in Japan